高阶财务管理案例丛书

THE COMPLETE INTERPRETATION OF MANAGEMENT REPORT DESIGN CASE

管理报告设计案例精解

吴昌秀◎著

机械工业出版社
CHINA MACHINE PRESS

基于责任的企业内部管理会计报告设计是国际先进企业的基础管理体系，但凡规范应用该体系的国内企业，其内部管理效率与市场竞争能力都得到了大幅度的提升，如华为、海尔、联想等。本书汇集了作者17年管理会计咨询经验，通过三个案例的全景展示，对基于责任的管理报告设计的方方面面进行了系统的分析和梳理。本书内容包括：责任中心概述；某世界500强企业的管理架构、责任中心体系及其运作模式、管理报告实现过程——内部结算方法、管理报告和分析报告设计、数据获取频率和分析系统架构；国内某大型民营汽车集团公司的内部会计报告设计方法——包括公司管理架构、责任中心体系设计以及基于预算与标准成本结合模式下的企业各责任单位管理报告的出具逻辑；某大型央企基于责任的管理会计报告设计方法，包括管理架构、责任中心体系设计和公司总部层面、区县公司层面及营业厅层面管理报告的设计逻辑和方法；某跨国公司管理报告模板。

本书以案例的方式、咨询式的语言，借助大量的图表，直观、形象、全面地介绍了管理会计责任报告的设计过程和方法，相信会对企业的财务人员、高级管理者提高管理水平大有帮助。

图书在版编目（CIP）数据

管理报告设计案例精解/吴昌秀著. —北京：机械工业出版社，2017.8

（高阶财务管理案例丛书）

ISBN 978-7-111-57586-3

Ⅰ. ①管… Ⅱ. ①吴… Ⅲ. ①企业管理－财务管理 Ⅳ. ①F275

中国版本图书馆CIP数据核字（2017）第186314号

机械工业出版社（北京市百万庄大街22号 邮政编码 100037）

策划编辑：曹雅君 责任编辑：曹雅君 刘 静

责任校对：李 伟 封面设计：MK

责任印制：张 博

三河市国英印务有限公司印刷

2017年9月第1版第1次印刷

170mm×242mm・15.5印张・292千字

标准书号：ISBN 978-7-111-57586-3

定价：68.00元

凡购本书，如有缺页、倒页、脱页，由本社发行部调换

电话服务

服务咨询热线：（010）88361066

读者购书热线：（010）68326294

读者购书热线：（010）88379203

网络服务

机工官网：www.cmpbook.com

机工官博：weibo.com/cmp1952

教育服务网：www.cmpedu.com

金书网：www.golden-book.com

前　言

基于责任的企业内部管理会计报告设计是国际先进企业的基础管理体系。为什么这么说呢？其实这个问题非常好回答，因为我们目前在管理会计领域所应用的绩效管理也好，计划预算管理也好，滚动预测管理也好，这一切的基础都是基于“责任”进行目标的分解和差距分析。但很多企业忽视了我们的差异分析所应用的实际数据根本不是基于“完全责任”收集出来的，因为大多数企业的财务系统仅能支持对外财务报表的要求，而对外报表更多会考虑合理避税等其他需求。另外，很多企业内部责任中心体系设计不尽合理，该承担利润中心责任的，却承担了收入中心责任，该 A 部门承担的成本却在核算过程中由 B 部门承担了，这就导致了内部“免费资源”的争抢，何谈先进管理？因此，缺乏“责任基础”，一切构建在此基础上的管理会计都难以产生实质性的效果。目前，很多企业在管理会计方面与国际先进企业的差距还很大，它们目前开展的一些管理会计工作很多情况仅模仿了先进企业的“形”，却没有学到先进企业管理的“神”。这也是为什么这些管理活动难以实现管理目标的原因。

“阿米巴”管理模式的创始人稻盛和夫认为，在市场容量有限的情况下，企业就得和客户讨价还价，而企业在这方面无优势可言。因此价格是由客户，也就是市场决定的。企业的利润只能由制造部门产生。既然如此，就应当让制造部门承担起实现“成本最小化”的责任，依靠身处现场的一线员工在生产作业中自觉地处处精打细算，主动控制成本。因此，就必须缩小核算单位，否则，管理者只知道总成本，却不了解该成本具体是怎么产生的、制造过程中到底哪个环节成本过高，想降低成本就无从下手。而如果只依靠管理者去指导、督促制造部门降低成本，则即使他能够及时了解现场情况，面对问题层出的生产环节以及瞬息万变的市场价格，照样会分身乏术。所以，还必须将部分管理权力赋予生产一线的基层单位，使其成为员工主动控制成本的经营实体。基于这样的思路，从 1963 年起，稻盛和夫对京瓷公司的制造部门进行了改造，将每一个能够独立完成业务的基层单位细分为相对独立的小团体，并要求它们对自己的成本和利润进行独立核算，这就是所谓“阿米巴”的由来。“阿米巴”管理模式的核心在于几个关键词：“划小核算”“授权”“激励”。其核心本质就是建立一套合理的责任中心体系，尤其是一套责权利清晰的“利润中心”体系。让这些一线单位当家做主，激发其工作的主动性和创造性。从这一点来看，“阿米巴”管理模式的核心也是基于责任视角进行内部责任中心体系和管理会计报告设计。

2016年，财政部出台了《管理会计基本指引》(财会〔2016〕10号)，在其"第五章 信息与报告"的第二十二条至第二十七条，对管理会计的信息和报告做了系统的阐述，包括管理会计信息包含的内容、信息收集渠道、管理会计如何利用现代信息技术对信息进行处理、管理会计信息的要求、管理会计报告的内容及分类、管理会计报告期间。其中，"第二十六条 管理会计报告是管理会计活动成果的重要表现形式，旨在为报告使用者提供满足管理需要的信息。管理会计报告按期间可以分为定期报告和不定期报告，按内容可以分为综合性报告和专项报告等类别。"以上这些表述对管理会计信息和报告做了比较全面、系统的阐述。但我个人觉得，当前国内管理会计工作者比较缺的是实践经验。虽然市面上的管理会计教材对责任会计有专门的章节进行介绍，但这些教材介绍的仅是一些概念，对"如何实现责任会计报告"描述得不够深刻。目前，国内企业中管理会计报告应用比较领先的企业（如华为、海尔、联想等），都是在国际咨询公司的帮助下，直接引入国际企业管理会计报告的实践，直接与国际企业管理理念和思路接轨。应该说，这些企业基于责任的管理会计报告体系设计对其提升内部管理、激发全员责任感、提升在国际市场的竞争力起到了非常大的作用。

当前，我国经济已经进入"新常态"，传统经济产能过剩，因此产业转型和管理升级并举已经成为很多大中型企业的共识。在国家层面大力倡导和应用管理会计之际，作为在管理会计咨询和信息化领域工作了近17年的我来说（尤其是在国际咨询公司工作的10年经验），觉得有这个责任，对这个领域一些国外的先进实践经验，结合已经在国内一些大型企业的应用情况，进行系统的总结，以期待能够帮助国内企业提升对管理会计基础——基于责任的管理报告体系的理解，尽快练好这项基础内功，并尽早与国际先进企业的管理会计接轨。

在过去17年的管理会计咨询及系统实施的职业生涯中，我有机会接触了国内外各行业、各种所有制类型数百家企业的高级财务管理人员，有机会了解他们在开展管理会计报告过程中遇到的一些问题和困惑。在解决这些企业问题的日日夜夜，我也在思考，虽然各企业的行业特点、业务模式、管理风格差异很大，但是否能够把这些问题加以提炼，形成一本对企业的管理层、管理会计人员开展管理会计报告工作具有指导意义的书，使他们对管理会计报告的本质有一个更清晰的认识，对设计企业内部基于责任的管理报告的具体流程和方法有一个更完整、更直观、更深刻的认识。正是从这个角度出发，本书选取了三个案例进行责任报告设计详细解析。这三个案例包括一家500强外资企业、一家国内大型民企、一家国内大型央企。在写作过程中，本书特别注重突出以下三个方面的特点：

（1）实务性。用大量的图形和表格将抽象的理论简单、直观、生动形象地表达出来，因此既适合企业的财务人员、高级管理者阅读，也适合企业的业务人员和一般管理人员阅读。

（2）实用性。本书以咨询式语言，结合本人多年的咨询实践，紧扣企业实施管理会计报告需要解决的管理难题，详细介绍了各案例企业的管理架构、责任中心体系设计以及责任报告实现的方法。因此特别适合企业在推行责任报告的过程中，将其作为各级管理者的培训参考书和工具书。

（3）全面性。本书以案例的方式，全面介绍了管理会计责任报告的设计过程和方法。

本书共分五部分，其中：第 1 章介绍了责任中心的含义和考核指标；第 2 章介绍了某世界 500 强外企的管理架构、责任中心体系及其运作模式、管理报告实现过程——内部结算方法、管理报告和分析报告设计、数据获取频率和分析系统架构；第 3 章详细介绍了国内某大型民营汽车企业的内部责任报告设计方法，包括公司管理架构、责任中心体系设计以及基于预算与标准成本结合模式下的企业各责任单位责任报告的出具逻辑；第 4 章详细介绍了国内某大型央企的责任报告设计方法，包括管理架构、责任中心体系设计和公司总部层面、区县公司层面及营业厅层面责任报告的设计逻辑和方法；附录部分以某跨国公司的内部报告为案例，为大家提供一些常用的报告分析模板。

最后，在本书的写作过程中，我要感谢我的爱人赵常丽女士，没有她的支持，我也很难有大量的时间投入本书的写作。限于我的认识和写作水平，书中尚存在不少缺点，恳请广大读者批评、指正。同时，我也殷切希望有机会和各位企业高管、管理会计工作者共同探讨企业的管理会计提升思路和方法，也希望有机会和管理会计理论界的同仁共同探讨中国管理会计的提升思路和路径。

吴昌秀
18611624373@sina.cn
2017 年 8 月于北京

目 录

第 1 章

责任中心概述

责任中心是指承担一定经济责任，并享有一定权利的企业内部部门或者业务单元。责任中心就是将企业经营体分割成拥有独自产品、服务或市场的几个绩效责任单位，然后将总部的管理责任及权限授予这些单位之后，将它们处于市场竞争环境或者模拟市场竞争环境之下，透过基于责任的成本费用转移和客观性的利润计算，实施必要的业绩衡量与奖惩，以期达成企业设定的经营成果的一种管理制度体系（Management System）。

责任中心界定是进行企业责、权、利划分的基础，也是企业内部基于责任的管理报告设计的基础。通常，根据公司规模大小及内部管理架构和管控模式的不同，在一个公司内部，可以划分为以下责任中心类型。

1.1 投资中心

1.1.1 投资中心的含义

投资中心（Investment Center）是既对成本、收入和利润负责，又对投资效果负责的责任中心。投资中心具有利润中心（见第 1.2 节）所描述的全部职责，同时对于营运资本和实物资产也具有责任与权力，并以其所使用的有形资产和无形资产的运作水平作为业绩计量标准的中心，如超大型集团所属的子公司、事业部等。投资中心是最高层次的责任中心，它拥有最大的决策权，特别是拥有投资决策权，因此也承担最大的责任。投资中心必然是利润中心，但利润中心并不都是投资中心。利润中心没有投资决策权，而且在考核利润时也不考虑所占用的资产。

典型投资中心的业绩计量标准是投资报酬率和经济附加值。但试图提高投资报酬率指标的管理者有可能会有拒绝那些投资报酬率低于部门目前投资报酬率却高于部门资本成本的投资机会的倾向。这个问题可以通过经济附加值来克服。经济附加值通过从部门净收益中减去部门平均投资的资本成本而得到。

1.1.2 投资中心的考核指标

除考核利润指标外，投资中心主要考核能集中反映利润与投资额之间关系的指标，包括投资利润率、经济附加值。

1. 投资利润率

投资利润率又称投资收益率，是指投资中心所获得的利润与投资额之间的比率，可用于评价和考核由投资中心掌握、使用的全部净资产的盈利能力。其计算公式为

$$\text{投资利润率}=\frac{\text{利润}}{\text{投资额}}\times 100\%$$

其中，投资额是指投资中心的总资产扣除对外负债后的余额，即投资中心的净资产。

为了评价和考核由投资中心掌握、使用的全部资产的总体盈利能力，还可以使用总资产息税前利润率指标。其计算公式为

$$\text{总资产息税前利润率}=\frac{\text{息税前利润}}{\text{总资产}}\times 100\%$$

总资产息税前利润率指标的优点是：能反映投资中心的综合盈利能力，具有横向可比性，可以作为选择投资机会的依据，可以正确引导投资中心的经营管理行为，使其长期化。但该指标的最大局限性在于会造成投资中心与整个企业利益的不一致，这也是为什么很多投资中心除了使用该指标外，还需要通过经济附加值来衡量投资中心业绩的原因。

2. 经济附加值

经济附加值是指投资中心获得的利润，扣减其投资额（或净资产占用额）按规定（或预期）的最低收益率计算的投资收益后的余额。其计算公式为

经济附加值 = 利润-投资额（或净资产）×规定或预期的最低投资收益率

经济附加值指标能够反映投入产出的关系，能避免本位主义，使个别投资中心的利益与整个企业的利益统一起来。

1.2 利润中心

1.2.1 利润中心的含义

利润中心（Profit Center）是指拥有产品或劳务的生产经营决策权，是既对成本负责又对收入和利润负责的企业内部业务单元。由于利润等于收入减成本和费用，因此利润中心实际上是对利润负责的责任中心。它有独立或相对独立的收入

和生产经营决策权，从战略和组织角度，利润中心被称为战略业务单元（Strategic Business Unit，SBU）。利润中心在人事管理、流动资金使用等经营上享有很高的独立性和自主权，能够编制独立的利润表，并以其盈亏金额来评估其经营绩效。利润中心一般覆盖产品开发、制造、销售及财务、人事等各项活动，形同“大公司”里的“小公司”，负责人必须对营运的结果（盈或亏）负责。因此，利润中心也往往处于企业中较高的层次（仅次于投资中心），能通过生产经营决策，对本单位的盈利施加影响，为企业增加经济效益，如有独立经营权的分厂、分公司等。

一般说来，利润中心应将其产品大部分销售给外部客户，在公司内部，利润中心视同一个独立的经营个体，管理者具有几乎全部的经营决策权，对大部分原材料、商品和服务都有权选择供应来源，因此，可根据利润指标对其做出评价。但在利润中心，管理者没有责任和权力决定该中心资产的投资水平，因而利润就是其唯一的最佳业绩计量标准。同时这些利润数字水平还需要补充大量短期业绩的非财务指标，采用适当方法计量的利润是判定该如中心管理者运用他们所取得的资源和其他投入要素创造价值能力的一个短期指标。

利润中心的类型包括自然利润中心和人为利润中心两种。自然利润中心具有全面的产品销售权、价格制定权、材料采购权及生产决策权。人为利润中心也有部分的经营权，能自主决定本利润中心的产品品种（含劳务）、产品产量、作业方法、人员调配、资金使用等。一般地说，只要能够制定出合理的内部转移价格，就可以将企业大多数生产半成品或提供劳务的成本中心改造成人为利润中心。

1.2.2　利润中心的考核指标

（1）当利润中心不计算共同成本或不可控成本时，其考核指标是利润中心边际贡献总额，该指标等于利润中心销售收入总额与可控成本总额（或变动成本总额）的差额。

（2）当利润中心计算共同成本或不可控成本时，其考核指标是可控利润总额或者税前利润（税率的变化是管理者无法控制的）。

1.3　收入中心

1.3.1　收入中心的含义

收入中心（Revenue Center）是指负有销售收入和销售费用责任的销售部门、市场营销中心、销售单位。确定收入中心的目的是为了组织营销活动。典型的收入中心通常是从生产部门取得产成品并负责销售和分配的部门，如公司所属的销售分公司或销售部。若收入中心有制定价格的权力，则该中心的管理者就要对获取的毛收益负责；若收入中心无制定价格的权力，则该中心的管理者只需对实际销售量和销售结构负责。为使收入中心不仅仅是追求销售收入达到最大，更重要的是追求边际贡献达到最大，在考核收入中心业绩的指标中，应包括某种产品边际贡献等概念。

随着分配、营销和销售活动中作业成本法的逐渐采用，销售单位能够把它们的销售成本和对每个消费者提供服务的成本考虑进去，这样企业就能够用作业成本制度把履行营销和销售活动的收入中心变成利润中心，从而可以对销售部门的利润贡献加以评估。因而，将许多分散的经营单位仅仅作为收入中心的情况越来越少了。

收入中心的管理责任人，对本单位的整体产品销售活动负责。管理责任人具有决策权，其决策能够影响决定本单位销售收入和销售费用的主要因素，包括销售量、销售折扣、销售回款、销售员佣金等。

1.3.2 收入中心的考核指标

对收入中心的考核，主要包括三个方面：

（1）控制企业销售目标的实现：销量（或市场占有率）、销售收入。

➢ 核查各收入中心的分目标与企业整体的销售目标是否协调一致。保证依据企业整体目标利润所确定的销售目标得到落实。

➢ 检查各收入中心是否为实现其销售分目标制定了切实可行的营销措施，包括营销策略、营销手段、营销方法、营销技术、营销力量以及了解掌握市场行情等。

（2）控制销售收入的资金回收：回款率。

销售过程是企业的产成品向货币资金转化的过程，对销售款回款的控制要求主要有：

➢ 各收入中心对货款的回收必须建有完善的控制制度，包括对销售人员是否都定有明确的收款责任制度，对已过付款期限的客户是否定有催款制度。

➢ 将销货款的回款列入各收入中心的考核范围，将收入中心各销售员的个人利益与销货款的回款情况有效地结合起来考核。

➢ 收入中心与财务部门应建立有效的联系制度，以及时了解掌握销货款的回款情况。

（3）控制坏账的发生。

对坏账的控制要求主要有：

➢ 每项销售业务都要签订销售合同，并在合同中对有关付款的条款做明确的表述。

➢ 在发生销售业务时，特别是与一些不熟悉的客户初次发生重要交易时，必须对客户的信用情况、财务状况、付款能力和经营情况等进行详细的了解，以预测销货款的安全性和及时回收的可能性。

对收入中心的考核包括三个方面的指标：

（1）销售收入目标完成百分比。其计算公式为

$$销售收入目标完成百分比=\frac{实际实现销售收入额}{目标销售收入额}\times 100\%$$

（2）销售款回收平均天数。其计算公式为

$$销售款回收平均天数=\frac{\sum(销售收入\times 回收天数)}{全部销售收入额}$$

（3）坏账损失发生率。其计算公式为

$$坏账损失发生率=\frac{当期坏账损失额}{当期全部销售收入额或赊销收入额}\times 100\%$$

1.4 成本中心

1.4.1 成本中心的含义

成本中心（Cost Center）是指只对成本费用负责的内部单位或部门。成本中心的范围最广，只要有成本费用发生，负责产品生产或劳务提供的部门都可以建立成本中心，从而在企业形成逐级控制、层层负责的成本中心体系。一般情况下，成本中心的任务是为企业或者内部利润中心提供在产品、半成品、产成品、服务，但不会在本责任环节直接形成用货币计量的收入。基于上述情况，考核各成本中心的工作绩效时，只需要考核成本、质量及效率，不衡量收入和利润。

成本中心的成本存在多种分类，在责任会计中，一个最重要的成本分类是将成本按可控性分类，分为可控成本和不可控成本两大类。几种分类具体介绍如下：

1. 成本中心的可控成本和不可控成本

成本中心的规模和业务范围大小各有不同，但是均以成本中心的责任成本作为对其考评的指标。责任成本是责任中心应该承担经济责任的各种可控成本的总和。也就是说，成本中心主要考核可控成本，也可称为责任成本。

可控成本是某一成本中心所能够控制，并受其经济活动所影响的成本。可控成本和不可控成本的分类是相对于一定的时间和空间范围而言的，具体说来，是相对于特定的责任中心和特定的期间而言的。离开一定的条件讨论某项成本是否可控就毫无意义，因为一项成本对于某个责任中心来说是可控的，但对于另一个责任中心来说却可能是不可控的。例如，生产所需原材料的价格对生产部门而言是不可控的，但对采购部门来说则是可控的。另外，有的成本对于下级责任中心来说是不可控的，而对于上级责任中心而言则是可控的。例如，在生产设备原值

和折旧方法既定的条件下，其折旧费对于具体使用设备的生产车间这一成本中心来说是不可控的，但对于拥有投资决策权力的上级责任中心来说，则是可控的。一般而言，随着管理层次的提高，成本的可控性也不断增加。从可控性的期间特点来看，有的成本从短期看是不可控的，但从较长时期看却是可控的，即随着期间跨度的延长，成本的可控性也不断增强。

2. 成本中心的直接成本和间接成本

另外，成本中心的成本从成本产生的源头分析看，可以分为直接成本和间接成本。

从成本的发生同成本中心的关系看，凡是各成本中心直接产生的成本称为"直接成本"，成本中心承担的由其他部门分配来的成本称为"间接成本"。

除了责任中心的上述两种分类外，我们需要重点理解成本中心的责任成本和产品成本的区别。

责任成本是成本中心在一定期间内发生的各项可控成本的总和。通过责任中心实际发生的责任成本与预算成本的分析比较，可以明确成本差异发生的经济责任，考评责任中心的工作绩效。应该指出，与财务会计中的概念不同，成本中心计算并考核的是责任中心的责任成本，而不是产品成本。责任成本与产品成本的主要区别如下：

（1）两者核算的对象不同。责任成本是以责任中心为对象来归集生产成本，计算各个责任中心应负责控制的成本。产品成本是以产品为对象来归集生产成本，计算各产品实际应承担的成本。

（2）两者核算的原则不同。责任成本的核算原则是"谁负责，谁承担"，也就是说，凡是由某个成本中心负责控制的成本，就应由该成本中心承担；产品成本的核算原则是"谁受益、谁承担"，也就是说，所发生的成本使哪个产品受益，就应由哪个产品来承担。

（3）两者核算的目的不同。责任成本的核算目的是用以反映和考核成本中心责任预算的执行情况，控制成本中心的生产耗费，它是出于内部管理和控制的需要；产品成本的核算目的是进行存货计价和收益计量。

（4）两者成本的内涵不同。产品成本只包括直接材料、直接人工和制造费用三项生产成本，责任成本还可以包括管理费用、销售费用和财务费用等期间费用。

由于责任成本和产品成本都是反映在生产经营过程中所发生的耗费，因此就某一特定时期来说，整个企业的产品总成本与整个企业的责任成本的总和相等（剔除期间费用影响），这是两者之间的主要联系。

1.4.2　成本中心的考核指标

成本中心具有只考虑成本费用、只对可控成本承担责任、只对责任成本进行考核和控制的特点。其中，可控成本具备三个条件，即可以预计、可以计量和可以控制。

从财务视角看，成本中心的考核指标包括成本差异额和成本差异率两项指标：

成本差异额=实际责任成本费用-预算责任成本费用

$$\text{成本差异率}=\frac{\text{成本差异额}}{\text{预算责任成本费用}}\times 100\%$$

成本差异额或者差异率为正数，表示责任中的责任成本超出了预算目标，其成本控制不利，绩效较差；反之，成本差异额或者差异率为负数，表示责任中的责任成本低于预算责任目标，成本控制有利，绩效较好。

1.5　费用中心

1.5.1　费用中心的含义

费用中心（Expense Center）是指仅对费用发生额负责的企业内部部门，费用中心可以用货币量衡量投入，而产出却不能用货币量加以衡量，它是以控制经营费用为主的责任中心。

费用中心可应用于企业内部各管理部门，其目的在于在预算支出内提供最佳的服务。该中心最大的优点为既可控制费用又可提供最佳的服务质量，其缺点为不易衡量其绩效，因为通常其产出或者服务质量无法量化。

1.5.2　费用中心的考核指标

费用中心的控制目标是特定期间内的各项明细费用不超标，并据此评估达成效果。

同成本中心类似，费用中心的费用也可分为可控费用和不可控费用。通常企业考核费用中心的为部门可控费用。

1.6　各责任中心要点总结

如图 1-1 所示，投资中心和利润中心的差别在于前者拥有完整的投资权。通常，只有超大型企业的事业部才有投资权，因为只有到一定规模之后，大型多元化的企业才会把投资权下放到事业部，否则，一般规模企业的事业部通常为利润中心，企业不会把投资权下放下去的。

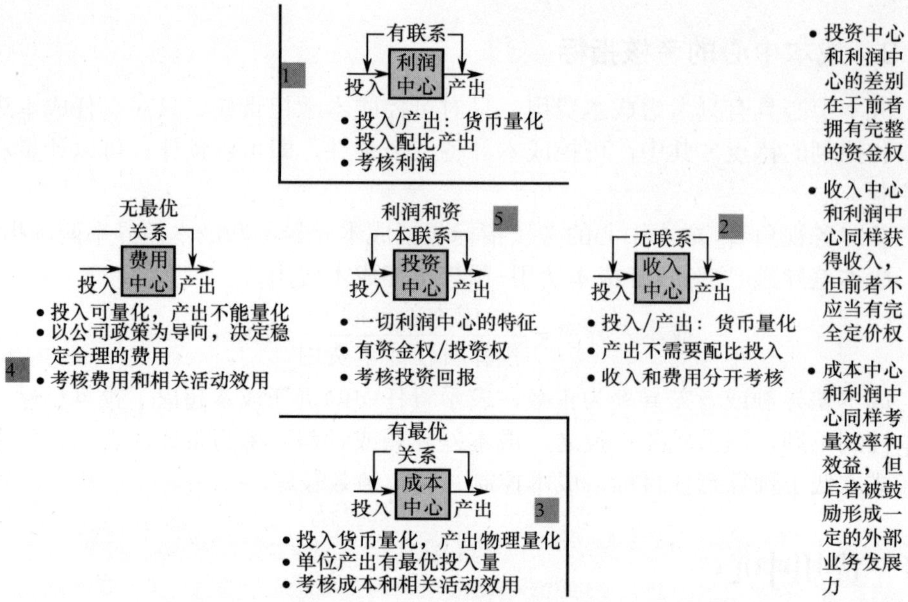

图 1-1　责任中心界定方法

收入中心和利润中心同样获得收入，但前者不应当有完全定价权。它是在费用预算范围内，完全执行企业为其制定的价格进行销售。这种管理模式问题很多，如如何保证其销售执行与公司利益一致，销售更多的高毛利产品？因此，利润中心管理模式很好地克服了这些缺点，成为目前主流的管理模式。

成本中心和利润中心同样考量效率和效益，但后者是被鼓励形成一定的外部业务发展力，也就是说利润中心通常为在企业的授权范围内，独立面向市场的经营体。

成本中心和费用中心的核心差异在于前者可以提供标准的产品和服务，而后者往往无法量化自己输出的产品或服务。例如，企业的财务部门往往是费用中心，但财务共享中心往往可以设定为成本中心，因为它可以界定自己的产品服务为票据的处理，即成本可衡量为单位发票的处理成本。

第2章

世界500强某跨国公司A管理报告设计案例

2.1 A公司概述

A 公司创立于美国，是全球最大的信息技术和业务解决方案公司，目前拥有全球雇员 40 多万人，业务遍及 160 多个国家和地区。2014 年，A 公司的全球营业收入超过 900 亿美元，净利润超过 120 亿美元。

一直以来，A 公司以“多维矩阵”的组织架构闻名。十分明显的一点是，这种矩阵式组织结构能够弥补对组织进行单一划分带来的不足，如图 2-1 和图 2-2 所示。

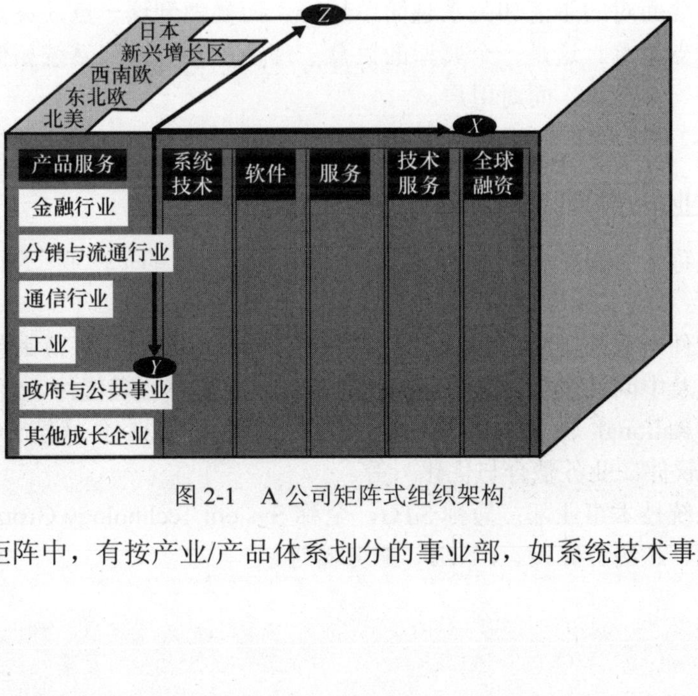

图 2-1　A 公司矩阵式组织架构

在这个矩阵中，有按产业/产品体系划分的事业部，如系统技术事业部、软件事业部、服务事业部、技术服务事业部、全球融资事业部等；有按照行业等划分的"业务单元"，如金融行业、分销与流通行业、通信行业、工业、政府与公共事业、其他成长行业；当然，按地域市场划分也是这个多维矩阵的第三个维度，如北美、东北欧、西南欧、新兴增长区和日本。这三条纵横交错的划分准线的有机结合就构成了一个立体网络，这就是 A 公司的多维矩阵组织系统。很显然，"X、Y、Z 三个划分准线"在这个系统里缺一不可。如果不按地域细分，就无法针对各地区市场的特点把工作深入下去。而如果不对产业/产品线进行细分，就不会有非常了解这些产品的专业团队。而按照行业划分，就会专门有人来研究各个行业客户对 A 公司产品的需求特点。总体上讲，多维矩阵系统保证了各个部门之间相对的独立和协调，每一个处于交叉点中的人都要受到产品、区域、行业四个不同方向上的影响，每一个人的工作都和其他人有相互作用。各方面的信息和知识在立体矩阵的节点上进行汇总，这样就最大限度地发挥了个人的价值。

"尽量细分和精通本行的同时，又能通过协调把这些资源有效整合在一起"——被认为是 A 公司组织架构的成功之处。在 A 公司人眼里，这实际上是一个团队协作（Teamwork）的过程。而从外部，或者从用户的角度看，A 公司力图留给用户这样一种印象：一个用户只需要对一个"销售"（Salesman）就可以解决问题。这个销售可以卖给用户所需要的一切，从一台个人计算机（PC）到一揽子解决方案，包括了软件、硬件、合作伙伴的二次开发和咨询服务等。A 公司称之为一个统一的面向用户的出口（One Voice），为了避免客户在得到 A 公司服务的时候，不至于被内部的组织及多头管理弄得无所适从，一切问题都在 A 公司内部系统协调解决，用户需要面对的事情和关系越简单越好。而要做到这一点，灵活的结构体系是一个重要支撑点。这是一个典型的黑盒子理论，不管内部系统如何错综复杂，外部"只有一个出口"面对用户。

如图 2-2 所示，以下将对 A 公司的组织架构的各个维度展开介绍。

2.1.1 产业/子产业

产业也称为 Brand，A 公司共有五大产业及其下属的子产业（Sub Brand），具体部门包括：

（1）软件事业部：简称 SWG，全称 Software Group。业务范围包括软件行业解决方案以及中间件产品，如业务分析软件、企业内容管理软件、信息管理软件、ICS 协作、Rational 软件（软件生命周期管理）、Tivoli 软件（整合服务管理）、WebSphere 软件（业务整合与优化）等。

（2）系统技术事业部：简称 STG，全称 System Technology Group。业务范围包括大型机、超级计算机、UNIX、服务器等。

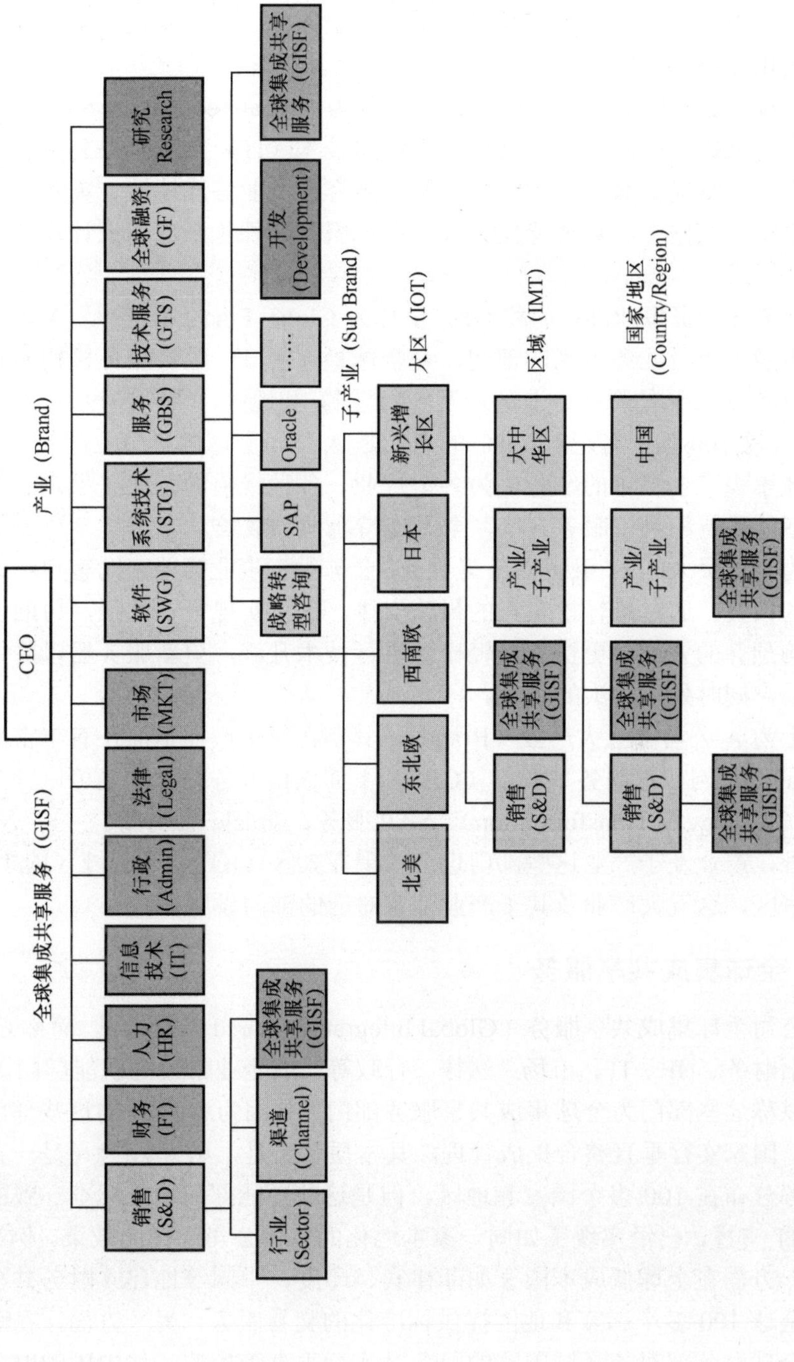

图 2-2　A 公司矩阵式组织架构展开

（3）服务事业部：简称 GBS，全称为 Global Business Service。业务范围是为客户提供咨询及系统实施服务。咨询服务涵盖战略变革、应用技术服务、财务管理服务、人力资源管理服务、客户关系管理服务、供应链管理及采购服务、业务分析及优化服务等领域。

（4）技术服务事业部：简称 GTS，全称为 Global Technology Service。业务范围包括基础架构的访问管理和支持，为信息技术（IT）策略、办公室系统支持与终端设备、网络提供服务。同时，其服务内容涉及业务连续性、灾难恢复、互联网安全系统、数据中心及智能化集成、系统服务、外包服务、云计算、大数据等领域。

（5）全球融资事业部：简称 GF，全称为 Global Finance。它是 A 公司旗下以专业从事融资租赁业务为主的部门，是全球最大的 IT 融资服务机构。它在全球具有近 360 亿美元的资产，业务遍及 55 个国家和地区，客户超过 12.5 万家，在全球《财富》100 强中有超过 75% 的企业是 A 公司全球融资事业部的客户。在中国，已经累积了十多年的经验，为各个行业、各种规模的企业提供定制的全新及二手设备的租赁和融资服务方案，全力支持企业的成长。

身为全球最大的 IT 融资服务提供商，全球融资事业部能帮助客户加速对技术与服务的投资，通过可轻松负担的付款安排，提早实现投资回报，协助企业以尽量不影响预算的方式，更快、更轻松地进行技术升级，更新服务器以降低技术过时的风险，同时处置淘汰的设备。

以上为 A 公司的五大产业（Brand），其实在每个产业下面还有丰富的子产业（Sub Brand），例如在服务事业部（GBS）下面根据服务的不同又可以分为战略转型咨询（Strategy & Transformation）、SAP 服务、Oracle 服务等。

另外，产业及子产业这些部门也会体现在大区（IOT）及区域（IMT）层面，在大中华区，这五大产业及其子产业都有对应的部门设置。

2.1.2 全球集成共享服务

A 公司全球集成共享服务（Global Integrated Shared Function，简称 GISF）在总部包括财务、HR、IT、市场、法律、行政等一般企业常设的职能部门。但 A 公司之所以称这些部门为全球集成共享服务部门，是因为 A 公司的这些部门对全球各区域、国家实行垂直整合集成管理，其本质含义是，尽管 A 公司是一家全球公司，业务分布在 100 多个国家和地区，但是这些功能部门通过标准一致的流程和强大的 IT 支撑，已经实现了如同一家本地化的单体公司一样的效果。例如，其财务部门一方面在全球低成本国家如菲律宾、印度、中国等地建立财务共享服务中心，为全球 100 多个国家和地区提供标准化的交易服务；另一方面，在财务管控方面，全球财务部对各区域国家的财务是实行垂直管控的，如中国的财务更多的是执行全球统一体系、政策、流程。当然，中国的财务也同时受大中华区负责人及大中华区各产业负责人的管理。这些分散在全球各国家的财务的定位主要是支持业务决策分析，一般称为“业务财务”。也就是说，A 公司的财务实现了“集中的更集中，分散的更分散”管理理念。所谓集中，主要体现在两个方面：①会计核算、费用报销等交易类的财务通过全球财务共享服务中心实现了集中；②在总部财务，建立了一支共享专家团队，实现了资金管理、预算管理、财务分析、税务筹划、会计政策、流程优化的专家共享，也就是说在总部财务集中设立一个财务专家团队，进行财务政策、流程的统一管理，全球各地的财务更多的是执行总部制定的流程和标准，这样既节省了到处设立专家的昂贵的成本，同时也能保证整个公司执行统一一致的流程。所谓分散，主要是指为业务提供决策支持的财务需要分散在业务一线，具体帮助各区域负责人及各区域的产业负责人、销售的负责人进行预算管控、业务分析、决策支持等。

如图 2-2 所示，GISF 部门设置不仅在总部独立存在，同时在总部的销售部门、总部的各产业、大区、区域以及大区、区域的各产业也都存在。

2.1.3　销售部门

A 公司的销售部门（Sales &Distribution）包括行业销售、硬件软件销售及全面解决方案团队，以及所有的售前支持团队、电话网络销售团队等。A 公司销售团队跨行业、多领域、跨地域地为客户提供全面解决方案、服务器、硬件销售支持和基于电子商务基础架构中间件的软件的销售以及客户支持。

A 公司已形成了一个具有强大适应能力的畅通的销售网络，源源不断地把产品送到消费者手中。公司综合考虑了各个行业的销售模式，并详细地分析了市场，从而设计出适合自身的销售渠道。

（1）直接销售（行业（Sector））。公司通过市场代表和系统工程师直接把产品卖给消费者。A 公司拥有面向大型客户的庞大的销售队伍，并通过产品目录和直接邮购向客户销售自己的产品。销售部门主要按行业进行划分：包括金融行业、分销与流通行业、通信行业、工业、政府与公共事业、其他成长企业。

（2）间接销售（渠道（Channel））。公司也通过中间商把产品卖给消费者。

A 公司的销售部门不仅在总部独立存在，同时它在大区（IOT）和区域（IMT）也都独立存在。

2.1.4　大区、区域、国家/地区

A 公司在全球 160 多个国家和地区开展业务，在地区维度上，主要分为五个大区：北美、东北欧、西南欧、日本和新兴增长区，这些大区又称为集成运营团队（Integrated Operation Team），简称 IOT，也就是说 A 公司在全球设了五个 IOT。每

个大区下又可分为几个区域，这些区域又称为集成管理团队（Integrated Management Team），简称 IMT。例如新兴增长区（Growth Market Unite IOT）下包括了大中华区、巴西、俄罗斯等 IMT。在 A 公司，国家/地区（Country/Region）层面基本上不会像 IMT 一样再设置一套完整的运作机构了，更多的是偏销售角色。有时仅仅是设置一些办公地，雇用一些当地的人，这些人由 IMT 层面的相关机构统一管理。

2.1.5 总部研究部门及各产业的开发部门

A 公司在全球设立了八大研究中心，其中一个设在中国，其余在美国、印度、以色列、日本等。A 公司中国研究室主管说："我们把研发中心设在印度和中国，不是因为这些地方成本较低，而是我们要聆听世界不同地方客户对 A 公司产品需求的声音。"

A 公司研究课题包括业务分析与优化、云计算和物联网的技术创新及在商业和社会上的应用；同时进行 A 公司所有核心品牌软件开发及行业产品与解决方案开发的实验，形成了完整的开发体系，在计算机系统硬件、系统软件、半导体设计和存储系统等领域拥有卓越的开发能力。

在 A 公司全球整合企业战略中，软件开发已经形成了一个全球性的开发网络和跨地域的整合模式，在五大品牌软件之外，还设有 SOA 方案中心（SOA Solution Center）、新兴技术学院（Emerging Technology Institute）等软件研发，实验室服务（Lab Based Services）、SOA 设计中心（SOA Design Center），北亚太 SOA 技术战略与合作部（North AP SOA BPTSE）、SaaS 中心（SaaS Center）以及全球化服务（Globalization Services）等多种技术服务。

以 SOA 设计中心为例，它可以为企业级客户提供 SOA 架构和解决方案设计、SOA 概念验证以及基于行业研发的产品需求和技术原型。在零售业，已经帮助实施了美国最大的汽车服务与配件零售企业基于 SOA 架构的系统整合；在航运业，为中国最大的海运企业提供了基于 SOA 架构的解决方案，并成功实施了其中的电子数据交换（EDI）系统；在政府行业，则帮助澳大利亚的政府客户提供了基于 SOA 的企业 IT 系统转型方案。

A 公司总部的研究（CHQ Research）和总部各产业的开发（Brand Development）是有严格区分的，研究部门更多侧重于前沿技术和基础研究。而与此相对应的开发则侧重于各事业部子产业的应用研究。这两个部门分属于不同的部门层级。研究部门属于 A 公司的一级部门，而开发则属于某个事业部下的部门，因此，属于二级部门。

2.2 A 公司责任中心设定及其管控模式

A 公司作为典型的全球运营的超大型企业，它对下属企业既不是财务管控，也不是战略管控，而是运营管控，这对于一些国内大型企业而言，会感觉到无法想象，也无法理解。那么，规模体量如此之大的 A 公司内部是如何进行有效的协作和管理呢？我个人认为，主要靠责、权、利相匹配的一套责任报告体系和基于计划预算和预测的运营管控体系。要设计好这套管理体系，首先要分析和界定三维复杂矩阵组织下每个部门的责、权和利，这是设计责任报告和进行计划预算预测体系运作的前提。

2.2.1　A 公司责任中心设定的原则

A 公司针对自身复杂的、矩阵式组织架构的特点，为了让各维度下的组织能够责权利清晰，各条线负责人能够有效协作，在责任中心设定过程中，坚持以下重要原则：

1. 关键财务指标要与各责任中心的管理职责适配——不多也不少

责任中心设定的前提是清晰定义各部门的管理角色和职责，尽量避免管理职责的重复，以降低由定义不清晰而带来的复杂处理流程和额外的管理成本。在此前提下，A 公司针对不同责任中心的职责下达不同的利润指标，如图 2-3 所示。例如：

（1）针对行业维度负责人，例如大中华区的电信行业负责人，下达总毛利指标（Total Manufacture Cost Gross Profit，TMC GP），该指标的内涵是直接毛利（BMC GP 或 Direct Gross Profit）减去保修、运输等间接成本后的利润（当然，销售费用也会考核，只是作为另一个独立指标）。这就对行业维度负责人的责任做了清晰的界定，行业维度在 A 公司被定义为辅助利润中心。本案例后续会详细说明。

（2）针对负责区域中的某个大客户的负责人，例如针对大中华区中国移动负责人，则下达分摊前净利润（Net Earnings Before Allocation，NEBA）。该指标的内涵是产品在该行业的收入减去制造、服务的直接成本和保修、运输等间接成本后，再减去在该客户上发生的直接人员成本、差旅及其他可识别的直接费用后的利润。也就是说，对区域大客户负责人来说，他所负责的利润指标的口径近乎完全（仅差 A 公司总部的费用分摊），这就要求他既要负责收入的达成，同时也要精细控制各项费用。

（3）针对各区域下的子产业维度，例如大中华区的硬件事业部或软件事业部则下达税前利润（Pre-Tax Income，PTI）。该指标是在 NEBA 的基础上，再减去总部管理费用分摊、研发费用分摊（硬件是以专利费的方式分摊），再加上其他业务利润之后的利润。也就是说子产业维度以及各子产业之上的产业（Brand）维度不像行业维度属于辅助利润中心，而是不仅属于主利润中心，而且也属于投资中心，它必须保证投资效益，必须保证盈利。本案例后续会详细说明。

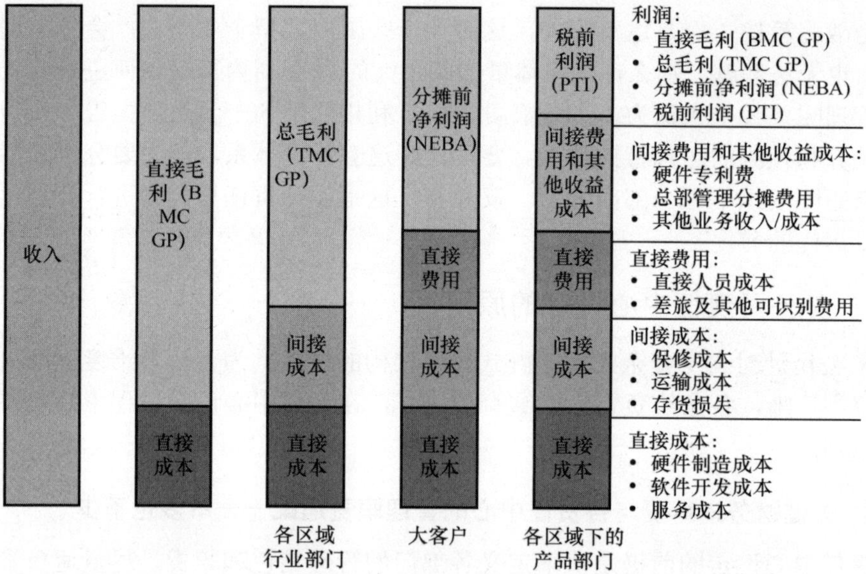

图 2-3　A 公司基于不同责任中心职责下达不同的利润指标

2. 职责/责任最大化——尽可能明确每个财务指标的唯一管理责任人，A 公司基本上不存在“双算”

在 A 公司几乎不会在不同产业事业部之间双算收入，一般通过收入拆分或内部结算成本的方式进行，要点如下：

（1）对具体哪个 Brand 负责完成销售有很清晰的职责定义。

（2）有多少人可以因为完成销售而获得绩效遵守非常明确的绩效认定规则，且是有限制的。

（3）A 公司内部管理体系与外部财务报告的分类信息保持一致（《美国通用会计准则》要求）。

（4）在 A 公司历史上也曾经有不同产业/子产业之间的收入双算，结果是每个 Brand 都完成了预算指标，但是在公司层面却未完成预算目标，导致内部经营分析数据的逻辑过于复杂化。

3. 各内部责任中心的关键财务指标需要与外部报告保持一致——杜绝“内部利润”“内部收入”等指标

内部利润中心是一个相对高成本的管理模型，在应用之前需认真评估业务收益，A 公司历史上也曾经出现过内部模拟利润中心，但它带来了管理混乱，使各责任中心不能聚焦于集团真实财务数据，同时产生了额外的管理和财务核算成本。为简化管理模型，A 公司现在已经不再使用内部利润中心，而采用共享服务中心或成本中心的模式管理类似业务。

因此，在 A 公司负责管理成本或费用的组织或个体不能用“内部收入”进行衡量，也不能将它们定义为“利润中心”或“需要管理损益表”的组织。

为了让读者更清晰地理解 A 公司复杂矩阵式组织下各部门的职责分工，以下将详细介绍 A 公司责任中心体系的划分及不同责任中心的管控原则。

2.2.2　A 公司投资中心及其管控原则

A 公司全球各产业子产业事业部作为投资中心，对产品生命周期内的投资收益负责，通过战略规划和年度计划、预算使产业、子产业、区域的收入、毛利、利润、现金流等指标与投资回报目标相衔接，同时通过产品规划和集成产品开发（Integrated Product Development，IPD）流程对研发投入和投资回报进行管理。也就是说，A 公司每年都对自己的产品进行长远规划，通过对市场的前瞻性研究，提前启动产品的规划和开发，从而满足各事业部作为投资中心考核投资回报率指标的要求。

1. 投资中心对应的组织

在 A 公司，投资中心对应的组织为全球各产业/子产业，需要注意的是投资中心仅包含各产业在全球层面（集团层面）的部门，而不包括大区或者区域层面的各产业部门，这些大区和区域的产业部门只有执行权，没有投资权。

2. 投资中心管控原则

（1）A 公司全球各产业/子产业是公司三维矩阵组织的主要组成部分，负责对产品战略、产品投资负责，通过研发和并购将产品推向市场。

（2）通过研发计划、商业模式设计、产品生命周期定价策略等来实现其作为投资中心的整体目标。

（3）负责批准新产品、新服务项目的投资与发布。

（4）通过跟踪每年业务规划预算的执行情况来管理产品生命周期投资业务。

（5）将定价组合分析与战略规划、年度执行计划相衔接。

（6）负责事业部各开发项目的管理。

3. 投资中心关键财务指标

A 公司全球各产业/子产业考核的关键财务指标是：投资回报率（ROI）、内部报酬率（IRR）、投资回收期（Payback Period）、收入（Revenue）、毛利（GP）、税前利润（PTI）和自由现金流（Free Cash Flow，FCF）。

2.2.3 A公司利润中心及其管控原则

1. 利润中心对应的组织

在A公司，利润中心分为主利润中心和辅助利润中心。其中，主利润中心对应的组织为：

（1）全球产业/子产业事业部、大区/区域产业/子产业事业部。也就是说全球产业/子产业事业部是投资中心，也自然就是利润中心；而大区/区域产业/子产业事业部仅为利润中心。

（2）大区/区域/全球销售部门（IOT/IMT/S&D）：大区/区域产业/子产业事业部已经是利润中心，它们对应的大区/区域负责人自然也是利润中心。同理，大区对应的全球销售部门自然也是利润中心。

辅助利润中心对应的组织为：行业（Sector），关于为什么叫辅助利润中心，这是和该组织的定位及职责权限相关的，详见下文。

2. 利润中心设置的层级

利润中心设置到某个合理层级，而不是相应维度的最低层级。

（1）Brand 维度:

➢ Global Brand/Sub-brand、IOT/IMT Brand/Sub-brand 是利润中心。

➢ Sub-brand 层级下的 PL（Product line，产品线）/SL（Service Line，服务线）通常不定义为利润中心。例如 GBS 是一个产业，GBS 下设 SAP 服务为一个子产业，SAP 部门再细分的 ERP 产品实施为一个 PL。

（2）Geo（Geo 是 Geography 的简称，区域）维度：

➢ S&D （全球）、IOT、IMT 是利润中心。

➢ IMT 下的国家或地区通常不定义为利润中心，例如大中华区在 A 公司为一个 IMT，但中国大陆、香港地区、台湾地区、澳门地区任意之一都不是利润中心。

（3）Sector 维度:

➢ 行业及行业下的大客户（Integrated Account，集成客户）。例如中国移动及其下属各省市公司是一个大客户或者一个集成客户，也是一个利润中心。

➢ 每个单一客户通常不定义为利润中心，例如北京移动就不是一个利润中心。

3. 利润中心管控原则

（1）利润中心职责划分。在A公司，利润中心主要负责管理客户关系，促成销售，交付产品和服务以履行合同，承担端到端的销售与交付职责。A 公司有三类利润中心：分别是 Brand（产业）、Geo（区域）和 Sector（行业），各自承担不同的职责：

➢ Brand 和 Geo 是主要维度的利润中心，对完整的损益表负责，在 IOT/IMT 层面，IOT/IMT 与产业的 PTI 是互锁的，也就是说在某个 IOT/IMT，如在新兴增长区的大中华区，所有子产业应承担的 PTI 之和等于大中华区负责人应承担的 PTI。由于两个维度的组织的目标是一致的，因此，在工作协同上自然是相对容易。

➢ Sector（行业及行业下的大客户（集成客户））是辅助利润中心，负责“直接利润”，聚焦在收入、直接费用、毛利和 NEBA 上面，而不关注完整的 PTI，它与 Brand 和 Geo 在毛利上是互锁的。在月度滚动预测中，Sector 只关注收入预测。

（2）利润中心的定价/折扣授权。

➢ Brand 不仅负责产品规划、开发，还要负责市场和渠道战略，在发布产品时进行定价。

➢ Geo 负责客户关系、当地市场和销售策略管理，执行 Brand 部门制定的定价策略。

➢ Sector 面向客户，识别并协调不同的 Brand，以满足客户的独特需求，向客户销售“解决方案”。Sector 销售团队在合同框架下拥有“有限的”定价授权，因此它是辅助利润中心。

4. 利润中心对所管辖的成本中心承担管理责任，成本中心的支出需结算给利润中心

➢ A 公司的 Brand 组织对销售闭环负责，也对产品和服务的交付负责。

➢ Brand 可以要求成本中心的人员提供支持。当成本中心派出的技术专业人员在支持项目上花费了精力，则其费用会归集到项目上，后续会详细介绍它们之间的结算规则。

➢ 成本中心有的可能只支持某个国家/地区，有的可能支持多个国家/地区。

5. 利润中心关键财务指标

A 公司各利润中心考核的关键财务指标为：

➢ 损益类财务指标：包括 Revenue、GP、NEBA（适用于行业和大客户）、PTI 。GP、NEBA 和 PTI 的内涵在前文已经详细描述，这里不再赘述。

➢ 资产负债类财务指标：包括 Controllable BS/CF indexes（可控的资产负债和现金流指标，如应收账款、回款等）。

2.2.4　A 公司成本中心及其管控原则

1. 成本中心对应的组织

A 公司成本中心对应的组织包括：Service Delivery（服务交付）部门、ISC

（Integrated Supply Chain，集成供应链）部门、Employee Welfare（员工公共福利）、Occupancy（物业成本）、 IT support（IT 支持）部门、SSC（Shared Service Center，共享中心）部门和 COE（Center of Expertise，专家中心）部门。

2. 成本中心管控原则

（1）成本中心也被称为“Cost Pool”，成本中心根据利润中心或其他组织的需求提供服务支持，但支出不能直接进入具体受益部门或项目，A 公司大量例行的内部结算都是通过成本中心先归集支出，再结算至项目成本或部门费用（通过 Rate-based（业务驱动）和 Labor-driven（人驱动）方式），详见后续介绍。

（2）成本中心必须加强对 O/U（差异）的分析（包括价差和量差）、管理和维护结算费率，通过提升自身效率来提供有竞争力的服务，以高质量、低成本、高客户满意度的服务完成交付。因此能够通过标准成本管理的活动尽量采用成本中心运作模式，但要符合成本效益原则。

➢ ISC 部门：通过标准成本法将制造成本吸收到产品中。

➢ 服务交付部门：通过人力费率将人力成本吸收到交付项目中。

➢ 员工公共福利、物业成本、Computing Center（计算中心）成本、SSC 部门和 COE 部门等不能直接归集到受益部门的支出，先采用成本中心方式归集支出，再通过一定方法结算转至其他部门费用或项目成本。

3. 成本中心关键财务指标

A 公司成本中心考核的关键财务指标包括两类：

（1）财务指标：总成本（Total Cost）、单位成本（Unit Cost Rate）。

（2）运作效率类的指标：人员利用率（Utilization），每年成本率改进（Year-to-Year Cost Rate Reduction）、业界成本对比（Competitive Cost Benchmarking）、质量以及客户满意度等。

2.2.5 A 公司费用中心及其管控原则

1. 费用中心组织

A 公司对应的费用中心组织有 GISF、Research（总部研究中心）、Development（各产业下设的开发中心）。这些部门在前文已经做了详细介绍，这里不再赘述。

2. 费用中心管控原则

（1）费用中心一般不直接面向外部客户负责端到端的销售与交付，但提供公司和利润中心必不可少的平台功能，A 公司采用全球集成共享的方法，按照每个大部门下设的功能进行全球统一的流程定义，从而实现总部及各事业部内部的平台支撑部门的共享。

➢ GISF 运作所发生的费用缺乏弹性，费用降低很难立竿见影。总体上来看，A 公司对 GISF 的费用是从财务报表长远的角度进行规划的，要求保持效率持续提升、费用占收入比持续下降的趋势，并有明确的、可达成的目标。也就是说，主要看长期的效率改进和费用率降低，这就倒逼这些部门（财务、HR、行政、IT 等）通过流程改进、共享服务、服务外包等一切手段去降低费用。

➢ Brand（产业）和 Geo（区域）利润中心组织下的 GISF 的费用目标，由 GISF 全球负责人与所支持利润中心的主管协商确定，共同管理。

➢ GISF 全球负责人负责开发和制定职能战略，简化业务流程，包括重建流程、去除冗余工作及投资相关自动化的 IT 系统、建设共享服务中心，并负责和管理各 GISF 的总支出，提升员工技能。

（2）每个全球功能部门（财务、HR、行政、IT 等）负责人制定自己的费用支出基线和效率目标，报请高管层审批，功能部门负责人会依次将目标分解给总部以及不同的区域和产业的功能部门主管。

（3）不同的区域和产业的各项销售和管理费用并非超过预算就严格不能发生，关键是要说明业务原因和获得审批，并且与收入、PTI 指标结果形成平衡。

（4）费用中心有自身的存在价值和工作目标，其中能够形成成本中心的部分费用可通过结算（如 SSC/COE 等）方式结算至利润中心，其余部分原则上不对其他责任中心进行结算。在特殊情况下，可基于重要性原则（如金额、跨部门支持时间等）个案处理，基于部门之间协议进行基于“不加价”的费用结算转移，后续在结算方法中进行详细介绍。

3. 费用中心关键财务指标

关键财务指标包括 Gross Expense（总费用）、YTY Spending（YTY 是 Year to Year 的简称，YTY Spending 就是年费用比较）、E/R（Expense to Revenue，费用占收入比）。

2.2.6 A 公司收入中心及其管控原则

1. 收入中心对应的组织

A 公司收入中心对应的组织是渠道（Channel）。渠道的主要职责是：

（1）负责产品销售。

（2）基于产业/子产业设定的费用目标管控销售费用。

（3）在 A 公司，渠道（业务伙伴或者 A 公司.com）通常没有得到价格授权，仅仅负责在特定渠道的销售。渠道按照事先确定的基于销量的折扣率进行结算，超出规定部分需要得到产业/子产业（Brand/Sub Brand）部门领导的审批。

2. 收入中心管控原则

（1）提升产品销量：这是收入中心的第一责任，也是最重要的责任。

（2）管理和控制销售人员费用：收入中心通常也具有费用中心的一些属性，因此，控制费用也是收入中心的重要职责。对于 A 公司而言，销售人员费用是销售费用中最大的费用。

（3）控制差旅等其他费用：差旅费也是和人相关的重点管控的费用项。

3. 收入中心关键财务指标

关键财务指标包括收入（Revenue）、直接费用（Direct Expense）。

以上是 A 公司组织架构中，不同组织的责任定位、承担的职责、管控模式及考核的关键指标。这些是 A 公司作为一个全球超大型企业进行体系化运作的基础，通过这些体系的搭建，A 公司即使业务和组织都十分纷繁复杂，也能够有序运作，这是大型企业，尤其是超大型企业特别值得学习的地方。

2.3 A 公司责任中心之间的内部结算体系

前文已经对 A 公司各责任中心职责、运作模式及其关键财务指标做了详细阐述。那么这些指标的内涵是什么？如何计算？如何实现责任的精确界定？本节将详细介绍其实现手段——内部结算。在 A 公司，内部结算主要包括五种方法，即成本费用的直接归集法、一事一结法、量价结算法、会计分摊法和管理分摊法，如图 2-4 所示。下面将对每种方法详细介绍，以便于读者能够更加深刻地理解。

2.3.1 直接归集法

1. 定义

直接归集法（Direct-charging）是指支出能够直接对应和归集到具体项目或部门（成本中心），从而直接形成项目成本或部门费用，从而实现成本费用至相关责任中心的一种最常见的成本结算方法。

2. 应用场景

在 A 公司，任何情况下，能够直接归集的成本/费用应该直接归集到部门（成本中心）、项目，从而进入利润中心的损益表，如图 2-4 所示。这一点比较容易理解。目前，国内很多企业都实施了 SAP 等大型 ERP 系统或者国内的 ERP 系统。在 ERP 系统中，费用一般都可以直接归集至成本中心（部门），在 SAP 系统中，在归集至部门（成本中心）的同时，还可以归集至项目（通过内部订单的方式）。

另外，直接归集法还经常应用于产品、服务成本的核算，这一点十分容易理解，不再赘述。

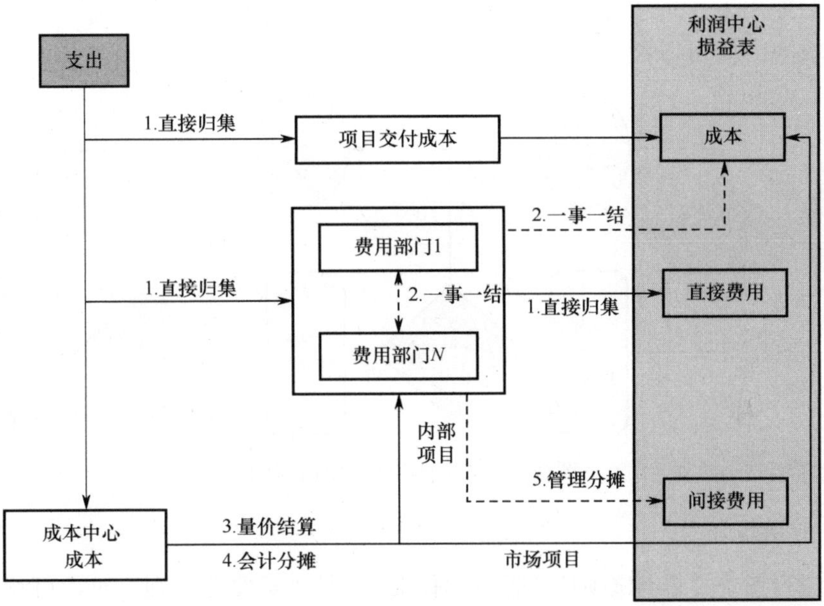

图 2-4　A 公司内部结算体系

2.3.2　一事一结法

1. 定义

一事一结法（Case by Case Cross-charging）是指两个不同的部门之间根据事先协议，将支出从发生的源部门结算到受益部门或项目。通常这种方法仅限于极少数情况，基于重要性原则进行个案处理。这种方法在国内企业应用不多，但在跨国公司中，为了责任的清晰界定，杜绝部门之间的免费午餐，往往会根据重要性等原则，采用这种内部结算方法。

2. 应用原则

在因特定目的的业务需要，部门之间发生协作或者相互支持等内部交易业务运作时，也不一定都需要进行内部结算，一般需同时满足以下原则才进行结算，如图 2-5 所示：

（1）匹配（Matching）原则：若一方提供的支持活动为对方带来了收益，基于匹配原则，提供支持方的相关支出可以考虑通过这种方法结算给对方（注意这里说的是支出，不是收益，所有内部结算方法针对的都是成本费用，与收益无关）。

（2）职责和使命（Mission）原则：若一方提供的支出活动属于自身的职责范围，则不应结算；反之，才可以考虑结算。

（3）重要性（Materiality）原则：应根据持续时间长短或金额大小来判断重要性，如短期出差、远程提供咨询建议以及金额较小时不应结算，而持续长期支持或金额较大时则可以考虑结算。

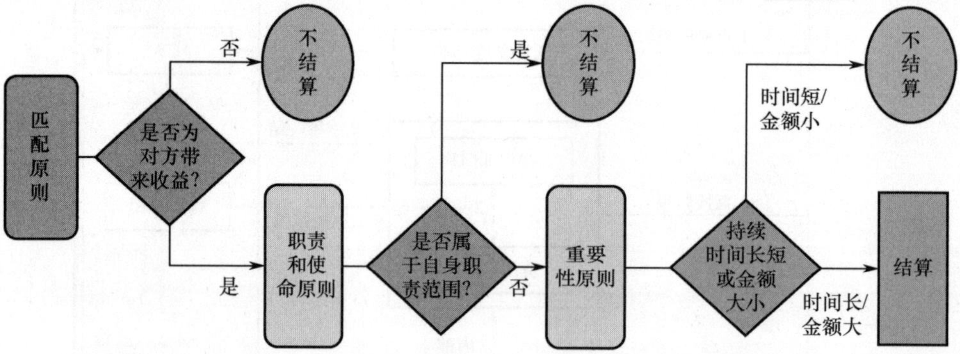

图 2-5　一事一结法的应用原则

3. 应用场景

在综合考虑“匹配原则”“职责和使命原则”“重要性原则”时，可参见以下案例，以加深对上述应用原则的理解：

【业务场景1】：A 公司总部行业领导到区域出差进行业务巡查，期间协助当地签下一笔大单。

分析：虽然此次出差为区域带来了收益，但属于行业领导履行自身职责，应用职责和使命原则，此类支持活动不应结算，应由总部行业领导所属部门自行承担费用。从公司年度预算来看，A 公司行业领导本身就有这样的部门费用预算来履行自身职责，因此无须考虑结算。

【业务场景2】：应区域要求，A 公司总部研发部门的人员出差到区域进行技术支持、客户定制开发等活动，有效协助区域完成了合同的交付。

分析：此支持活动为区域带来了收益，且不属于研发人员的职责范围，此类情况可应用匹配原则，但需同时考虑重要性原则：如支持时间较长时，可结算；如支持时间较短，则不结算。

关于这种结算方式是否要开票，造成不必要的税务支出问题，这是不少国内大型企业集团财务人员的顾虑。但是，集团内部跨法人之间的交易产生的税费问题，对于跨国公司来说，税务支出相对于“通过内部结算的手段，有效区分不同部门的责、权、利”，根本是可以忽略不计的事情。

【业务场景3】：由于临时出现重大机会点，应区域要求，总部研发人员出差到区域进行售前投标支持活动，成功协助区域签订合同，支持时间持续 1 个月；由于年初时区域未预计到此类需求，费用预算不足。

分析：此支持活动为区域带来了收益，且不属于研发人员的职责范围，支持时间也较长，原则上应该结算；但由于费用预算问题，区域可以与总部相关部门进行协商确定最终是否结算。这也就是说，一事一结法的应用也是比较灵活的，有时不同条线的领导之间平时互相帮助，为了省却双方协商谈价的麻烦，也就不结算了。

4. 具体应用流程

（1）原始费用发生方若拟结出费用，应估算有关成本费用金额作为计价基础。部门之间事前应就内部交易和结算事项进行协商达成共识，包括工作内容、时间、费用归属（是否结算）、工作标准等。其中是否结算应遵守前述的结算原则，需要结算的应当建立书面的责任说明书或者内部协议；也就是说，内部结算本身模拟的就是一个市场行为，如果双方是跨法人的两个部门，就和外部服务签订合同的流程是一致的。

（2）如果部门之间事前未达成协议的，参加业务活动的各部门应自行承担各自的费用，因为财务没有依据进行内部结算处理。在国际公司中，一切都是依据流程进行业务处理。反观有些企业通过手工报表进行调整，在这儿抠出一块费用，在那儿补上一块费用，时间长了自己也记不清楚为什么要这样做，这不是一个正规的集团化、国际化公司的管理报表的做法，也容易引起部门之间的争议。

（3）对于各部门因结算问题未履行自身职责对其他部门造成的损失，有关部门可以向自身或对方上级进行申诉。这也就是说，尽管这是内部交易、内部结算，对于服务提供者来说，也是有自律的，必须能够达到事先双方协商的服务标准。

2.3.3　量价结算法

1. 定义

在前文已述，A 公司通常将能标准化的作业或能通过标准成本法进行管理的活动，在符合成本效益的原则下，按成本中心进行运作（而不是基于内部收入的模拟利润中心运作）。在这种运作模式下，成本中心为其他组织提供服务，其支出不能直接进入到具体受益部门或项目，而是先通过成本中心归集支出，再采用“量价结算”（Usage–based Cross-charging）的方式结转至受益的利润中心，具体分为业务驱动和人驱动两种费率方式，如表 2-1 所示。

将支出通过“量×价”的方式从成本中心“结算”到其他责任中心或项目成本中，绝大多数结算都应该属于此类结算，这是一种“直接”的成本分配方法，也叫 Recovery。比较典型的案例就是成本中心通过使用量，将成本直接结算至项目成本中，从而进入项目所属的利润中心损益表。

在这种模式下，成本中心必须加强对结算差异（O/U，成本中心自身发生的实际成本费用和按照固定费率结算至其他责任中心的费用之间的差异）的分析，管理并维护结算费率，通过提升自身效率来提供及时、高质量、低成本、高客户满意度的服务，并对总成本、标准成本、O/U、每年成本率改进（包括与业界对比）等指标负责。也就是说，在这种模式下，尽管成本中心的费用要结算至其他利润中心，但 A 公司本身对成本中心的考核要求也是非常严格的。这就在公司内部形成了基于责权利的制衡体系，利润中心基于服务使用量的控制，控制自身的成本费用，成本中心基于单位成本（费率）进行控制，如表 2-1 所示。

表 2-1 "量价结算法"的两种结算方法

结算类型	结算方法	主要特点	常见结算形式	结算价格制定方法	结算价格包含内容
量价结算	人驱动	● 在提供劳务或产品的过程中以"人"为主要驱动因素 ● 采用工时系统来统计结算的业务量	● 人力费率×工作小时数	● 基于上年实际情况以及下年预算、人力资源计划、项目计划等计算确定人力费率（元/小时） ● 季度或年度根据成本中心的结算差异（O/U）调整人力费率（元/小时）； ● 人力费率的维护成本较高，A 公司只为交付服务人员分国家、分 BU、分职级设置费率	● 与交付服务人员相关的直接费用或间接费用 ● 不包含直接归集到交付项目或受益部门的费用，如差旅费
	业务驱动	● 在提供劳务或产品的过程中，以除"人"以外的其他可计量的业务量（如面积、座位等）为主要驱动因素	● 结算单价×业务量，如：利润中心应承担的 IT 设施费用=单位 Note 系统用户 IT 设施费×利润中心的 Note 系统用户数	● 预测下年费用总包和业务量需求来计算结算单价 ● 季度或年度根据结算差异（O/U）调整结算单价	● 包含成本中心发生的所有支出（包含人员、场地、原材料等）

2. 具体操作流程

在 A 公司，ISC 和服务交付部门是最大的成本中心，ISC 是 A 公司的全球共享制造部门，所有大型服务器的生产制造都是由其生产的。服务交付部门是一个专门提供各类服务交付的顾问团队。这两个部门都不直接面对客户（Sector 及 Brand 才直接面对客户），其支出都是通过结算等方式直接进入项目/合同成本。具体操作流程如下：

以下以服务交付部门为例，介绍一下 A 公司如何通过年初预算制定结算费率，实现成本中心和利润中心之间的内部结算，如图 2-6 所示。

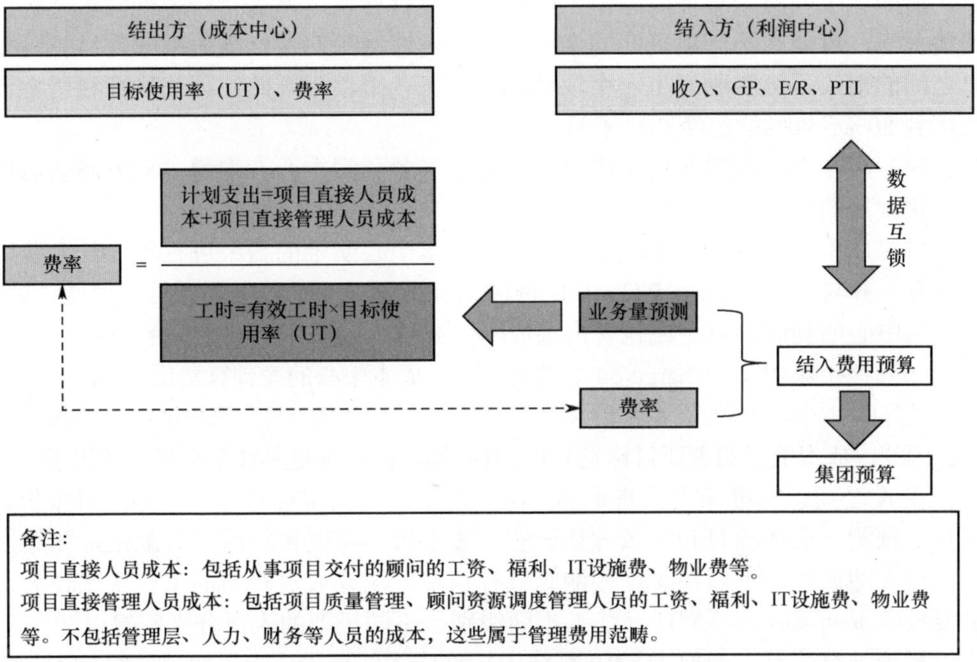

图 2-6　量价结算法的费率制定过程及其用途

（1）成本中心（成本结出方）在考虑上年情况、业界标杆以及效率改进的情况下，制定下年目标 UT（Utilization，使用率），UT 是所有咨询公司最重要的指标，它反映咨询顾问作为公司一种最重要资源的利用情况。因此，在制定明年的结算费率之前，作为成本中心的服务交付部门，必须要制定明年自身的顾问的目标使用率。

（2）利润中心（成本结入方）根据自身的预算指标（收入、GP、PTI、E/R 的要求以及自身明年的业务计划来预测下年度业务量，这个业务量是指利润中心对成本中心（服务交付部门）各类不同能力要求的顾问的服务人天总量，也就是成本中心提供的顾问服务的需求量。

（3）成本结出方（服务交付部门）根据各利润中心人天需求量的预测，在综合考虑自身的总费用、人员结构、人员薪酬涨幅、目标 UT 等因素后，确定人员配置与费率。如图 2-6 所示：

$$费率=\frac{项目直接人员的成本+项目直接管理人员成本}{有效工时\times目标使用率}$$

其中，项目直接人员成本是指服务交付部门招聘的各类顾问的人工成本（含工资、奖金、福利以及 IT 实施、物业等成本）；项目直接管理人员成本是指服务交付部门的项目质量管理及资源调度人员的人工成本；有效工时是指扣除了节假日之后的一个顾问一年可以正常工作的工时；目标使用率是指一个顾问正常工作的情况下，可能在不同项目之间来回切换，能够达到的目标利用率（通常不同项目之间的衔接不可能刚好上一个项目结束，下一个项目开始，因此目标利用率通常达到 80%～90%就已经不错了）。

（4）成本中心制定的费率需要与结入方（各利润中心）沟通，双方确认后作为集团预算的重要假设前提之一。

（5）成本结入方（各利润中心）根据成本中心制定的费率进行年度结入费用的预算，并与自身的 GP、PTI、E/R 目标综合平衡后，纳入集团预算。也就是说，各利润中心的利润预算是在包含内部成本中心结入的费用预算之后的结果。

（6）在扣除结出（Charge-out）的费用后，成本中心的净预算费用为 0，因为在集团预算中，成本中心的成本费用预算已经体现在了相对应的利润中心的预算损益表中。因此，成本中心的主要目标是 UT、费率等，而不再是具体多少成本费用了。

在 A 公司，标准的人员费率被广泛应用于公司的管理过程，包括项目报价、预算、预测、会计核算和绩效评估。它一般于每年年度预算时进行测定，如果发生比较大的偏差，可以在季度预测时进行调整。测算人员费率的工作量比较大，需要按照不同国家、不同产品线、不同级别、不同类型的人员分别测算。

量价结算法有点类似于 ERP 系统中标准成本的概念，为了快速结算成本，需要给材料等制定计划价格，这样只要有生产线领用，就可以立即按照计划价格进行成本结算。由于材料的实际成本涉及很多供应商的结算因素（如材料已经使用，但还没有和供应商结算，材料价格经常变化等），因此，对于材料和供应商非常多的企业，按实际价格结算变得不现实。只能先按计划价格结算成本，月末一次性将差异再分摊进产品成本和材料库存中。但二者的最大差异是 ERP 系统标准成本差异最终会全部进入产品成本，而成本中心的结算差异一般当期不会立马进利润中心损益表，在差异较大的情况下，通过调整费率的方式，才会逐步消化进入利润中心损益表。在差异较小的情况下，会忽略掉。

2.3.4 会计分摊法

1. 定义

会计分摊（Accounting Allocation）法是指为了保证耗费和收益的匹配，按明确的分摊动因将资源或耗费“全部”从发生部门向最终的消费单元转移成本的一种间接的成本费用归集方式。

责任中心费用或项目成本基于明确的业务动因，通过简单的会计分摊方式，将支出从成本中心“分配”到其他利润中心或者项目中，它是一种“间接”的分配方法，也叫 Distribution，主要适用于基础设施类的成本中心结转。

2. 应用场景

（1）员工公共福利、物业成本、IT 设施费（计算中心）、COE/SSC 等发生的不能直接归集到受益部门的支出，先采用成本中心方式归集，再通过一定的方法“分配”至其他部门的费用或项目成本中。简单来说，就是寻找一个业务动因，将成本分摊至成本对象中。

（2）制造单元的成本中心费用分摊到产品成本。例如 Non-BMC（Basic Manufacturing Cost，非基础制造成本）的分摊、标准成本差异的分摊等。这一点对财务人员来说比较容易理解，如一般制造业财务人员每月都要进行产品的成本核算，需要将间接生产部门的费用按照人工工时或者机器工时分摊至各产品中。而且此类分摊一般是固化在系统中的，每月启动成本核算流程，一般会自动进行会计分摊，并自动形成相关会计分录。

3. 基本原则

（1）在应用会计分摊时，首先要确认无法采用直接归集、一事一结或量价结算的方式，只有在这些方法无法实现的情况下，才采用会计分摊的方式。

（2）前端核算应该带明细信息而未带的情况，不适用于会计分摊。也就是说业务上本来是可以直接追溯到受益单位，但由于核算粗放，而没有直接核算至受益单位的情况下，不能采用会计分摊的方式进行结算。而应该改进核算系统，使之能够满足管理报告的需求。

（3）明确可靠的分摊动因来自于不断持续改进的业务系统或业务统计数据，在前端业务系统或统计数据不能支持的情况下，则只能采用现阶段最优分摊方式，但同时需要推动前端业务动因的完善。

4. 操作流程

（1）从会计流程的角度来看，此类分摊只是月度报告过程中必须提供的自动会计分录，分摊分录的建立和变更，应和其他会计分录的处理流程一样。

（2）单一公司内分摊处理由区域或地区部门会计直接处理，如基础设施类成本中心分摊费用；而涉及跨账套的多维度信息分摊则需要在集团层面处理，如销售运杂费用分产品的分摊。

（3）大部分的处理应每月 1 号的晚上传递，对于新的或变更的分摊，会计也必须按要求在这个时间点内完成。

（4）每月回顾此类分摊的比例和规则是否合理。

2.3.5 管理分摊法

1. 管理分摊的定义

管理分摊（Management Allocation）是指在直接归集法、一事一结法、量价结算法、会计分摊法后，为使主要维度的利润中心（如 Brand/IMT/IOT）对“全损益”负责，对 CHQ（管理总部）/S&D HQ（销售总部）的费用等，进行基于预算金额等方式的简单分摊。

如表 2-2 所示，集团统一定位的利润中心都需要承担间接费用的分摊，体现“全损益”原则，包括 Global Brand/Sub Brand，Global S&D/IOT/IMT，IOT/IMT Brand/Sub Brand 都需要对“全损益”负责。

其他非集团统一定义的责任中心/辅助利润中心/收入中心/费用中心，如 Sub Brand 下的产品、国家/地区、行业、GISF 等，仅关注直接费用，不承担间接费用分摊。

表 2-2　A 公司责任中心类型及其承担的损益责任

		Global Brand（全球产业）	Global Sub Brand（全球子产业）	PL/SL	S&D IOT/IMT	IOT/IMT Brand/Sub Brand	国家/地区	渠道	行业	ISC	GISF
责任中心类型		投资中心/利润中心	投资中心/利润中心	NA*	利润中心	利润中心	NA*	收入中心	辅助利润中心	成本中心	费用中心
关键财务指标											
损益	收入	√	√	√	√	√	√	√	√		
	成本	√	√	√	√	√	√		√	√	
	GP	√	√	√	√	√	√		√		
	直接费用	√	√	√	√	√	√	√	√		√
	NEBA	√	√	√	√	√	√		√		
	间接分摊费用	√	√		√	√					
	PTI	√	√		√	√					

NA*：集团层面不统一定义，取决于各 BU。

2. 管理分摊的目的

（1）在利润中心的经营报告中，管理分摊费用需要在 PTI 之前计算，以传递“全成本”意识，促使主要维度的利润中心（如 Brand/IMT/IOT（产业事业部/大区及区域管理层））在经营决策时考虑分摊费用对税前利润的影响。也就是说，作为一个利润中心，必须保证在分摊完总部费用的情况下仍然能达到盈利目标。只有这样，才能保证整个公司盈利目标的实现。

（2）使用全球统一的关键财务指标（PTI 等）对各层级利润中心进行管控和沟通。

（3）管理分摊是利润中心不可控的间接费用，分摊金额（或费率）由集团决定（通常按照预算收入等一次性分摊，全年不变），各利润中心经营绩效管理不再重点关注。同时该部分费用的控制，由费用发生的部门负责。

3. 管理分摊应用场景

（1）A 公司管理平台费用的分摊内容。A 公司管理平台费用的分摊包括各层级支撑平台、销售平台以及总部的研发平台的费用，如图 2-7 所示，灰色箭头的起点部分，具体包括：

➢ 总部非产业部门（CHQ Non Brand）费用，包括 GISF、S&D（总部销售）、Research（总部研究）的费用。GISF 中为各产业服务的费用部分也作为 GISF 费用纳入平台统一分摊（由 GISF 统一管理预算和资源配置），而不作为产业的直接费用。

➢ 大区/区域非产业部门费用，包括 GISF、行业、渠道等部门的费用。

➢ 总部各产业开发（Brand Development）费用。

➢ 总部各产业除开发费用之外的其他费用，不再向区域各产业、子产业分摊，因为这部分费用属于总部各产业的业务直接费用，不属于间接费用（如图 2-7 所示的左上黑线画×的部分）。

（2）A 公司平台费用分摊对象。

➢ 如前述，全球/大区/区域下的产业、子产业（WW/IOT/IMT Brand/Sub Brand）、全球/大区/区域（WW/IOT/IMT）是主维度利润中心，考核 PTI，承担平台费用分摊。

➢ IMT 下的子产业（Sub Brand）是承担平台费用的最小单元，区域（IMT）下的国家/地区、子产业（Sub Brand）下的具体产品线或者服务线不承担平台费用分摊。例如，新兴增长区下的大中华区的全球服务部下的 SAP 服务团队就是承担平台费用的最小单元。有了这个最小单元的费用，自然可以向上汇总出新兴增长区的 SAP 服务团队及整个新兴增长区应承担的平台费用。

➢ 行业（Sector）是辅助利润中心，考核 NEBA，不承担间接费用分摊。

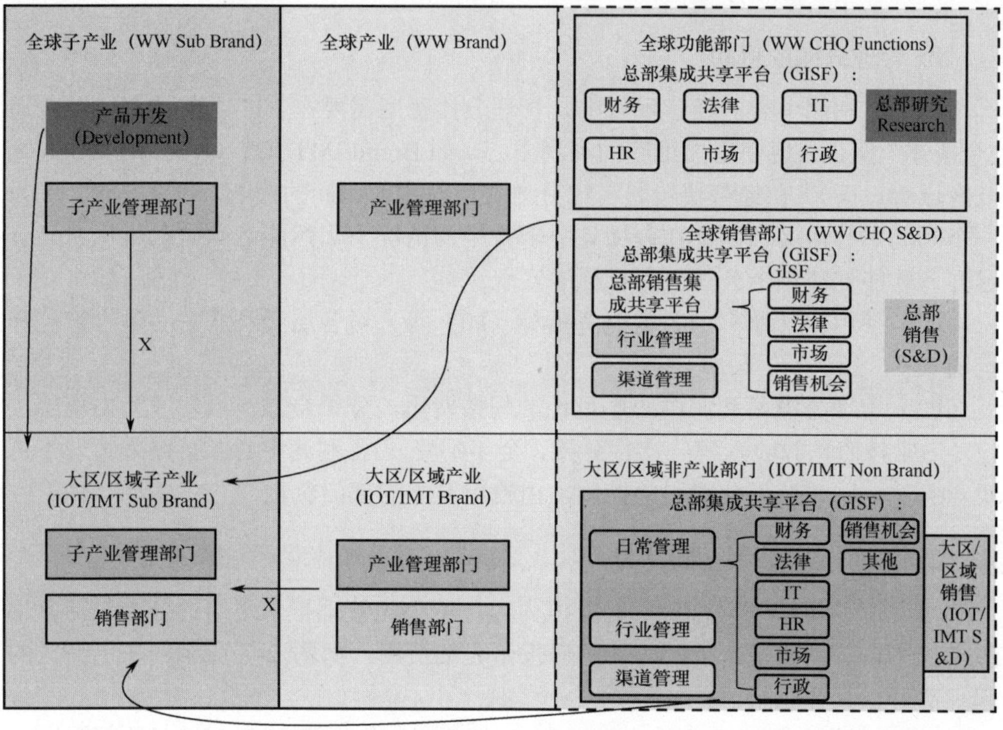

图 2-7　A 公司管理分摊路径

4. 管理分摊基本原则

（1）管理分摊与组织的责任中心定位相适配。利润中心考核 PTI，承担间接费用分摊；辅助利润中心及非利润中心仅关注直接事项，不承担间接费用的分摊。

（2）清晰区分可控费用及不可控费用。可控费用通过直接归集及内部结算计入利润中心的经营报告，不可控的间接费用通过管理分摊计入利润中心的经营报告。

（3）总部平台的分摊费用对各利润中心来讲不可控，采用简单且可预期的方式（定额分摊或者定率分摊）分摊。各类平台部门应对自身费用预算目标负责，间接费用分摊采用“实际分摊额 = 基于预算的固定分摊额（例如采用各事业部预算收入占比分摊）”的方式，有助于此部分费用的闭环管理并支撑集团整体利润目标。各利润中心承担的实际分摊额不受自身实际收入高低的影响，体现绩效评价公平性，它们在日常经营管理中也不用关注间接分摊费用，而是聚焦其自身经营绩效的提升。

（4）方法简单、相对稳定，不追求绝对精确。

（5）间接费用分摊体现主要维度利润中心的客观经营结果——PTI，应用于经营报告，不存在因考核激励原因的特殊调整。

5. 管理分摊流程

（1）总部平台费用分摊。总部平台费用包括：

- 日常核算在总部功能部门的总部集成支持部门（CHQ GISF）的费用（包括财务、IT、HR、法律、市场、行政的费用）。
- 总部研究（CHQ Research）费用。
- 日常核算在总部销售部门的总部 S&D 平台费用（包括总部销售的集成共享平台（财务、法律、市场及销售机会管理部门）的费用及总部渠道管理和行业管理部门的费用）。

上述费用将在总部预算编制完成后，按照各大区/区域的产品线预算收入比例分摊至各大区/区域的产品线损益中。分摊原则是“实际分摊金额＝由预算确定的固定金额”（而不是比率），即使某 BU 实际完成的收入不如预期（低于预算），也需要承担其应该分摊的费用固定金额；如果某 BU 实际完成收入高于预期，它也不会承担更多的分摊费用。

（2）大区/区域平台费用分摊。大区/区域平台费用是指大区/区域非产业部门的费用，包括日常核算在区域的非产业部门（如财务、IT、HR、法律、市场、行政等）的费用以及行业管理及渠道管理的费用。

同样是在预算编制完成后，按照各大区/区域的产品线预算收入比例分摊至各大区/区域的产品线损益中。同样也是一个固定金额，不随 BU 实际收入完成情况调整分摊费用。

6. 管理分摊方法

管理分摊的方法是按照 A 公司事先确定的方法进行分摊（包括每类费用的分摊动因和分摊方法），具体包括两种分摊方法：

（1）定额分摊法。除产业开发费之外的费用按照一定的动因（预算量或额）分摊总部的平台费用。公式如下：

被分摊 BU 应承担的费用 ＝ 被分摊利润中心的动因预算量（额）×
单位动因预算量（额）应承担的费率

A 公司总部各类费用分摊方法见表 2-3。

（2）专利费法。专利费法是另外一种产业开发费用分摊方法，分摊公式如下：

BU 应承担的费用 ＝BU 实际收入×专利费率

其中，专利费率的内涵包括两部分：一是产业的开发（Brand Development）费用；二是总部的研究费用按照定额分摊法分摊至产业的部分。

专利费法主要适用于A公司的另外两个产业，全球服务部（GBS）和全球技术服务部（GTS），因为这两个产业相对于软件部（SWG）和系统技术部（STG）来说，开发费用较少。

表 2-3　A 公司总部各类费用分摊方法

序号	费用类别	分摊动因
1	总部行业、渠道的销售费用	预算收入
2	HR 相关的费用及采购费用	人数
3	总部的研究（Research）费用	预算开发支出（Gross Development Expense）
4	物业费、基建改造费、利息及其他费用	预算资产额
5	其他管理费用	预算毛利额
6	软件部（SWG）及系统技术部（STG）的开发费用	预算收入

7. A 公司总部费用分摊方法的演变过程

（1）1990—2000 年：

➢ A 公司以行业（Sector）作为主维度，因此需要将总部基础平台费用和产业费用分摊至行业。

➢ 各国家独立计算平台费用分摊转变为由总部集中计算平台费用分摊。

（2）2000—2010 年：

➢ 专利费率法包括各产业的开发支出和总部分摊给各产业的平台费用，通过专利费率法将这些费用分摊至大区和区域。

➢ 总部平台费用仅分摊至总部的各产业单元（而不分摊至大区和区域），因为总部平台费用已经通过专利费率法分摊至大区和区域。

（3）2010 年后：

➢ 开始将 SWG 和 STG 承担的总部平台费用分摊至大区和区域，因为从逻辑上讲，大区和区域应该承担这部分费用。只有这样，才能使所有大区和区域的损益相加等于公司损益，才能更好地评价大区和区域的盈利水平。

➢ 将 SWG 的开发费分摊从专利费率法转变为定额分摊法。

2.4　A 公司各利润中心损益表逻辑

通过上述的直接归集法、一事一结法、量价结算法、会计分摊法和管理分摊法的应用，A 公司可以生成各责任中心的责任报告。为便于大家更好地理解其中的内在逻辑，本节将做详细介绍。

以上内部结算方法中，直接归集法、一事一结法、量价结算法、会计分摊法主要体现在图 2-8 中的第⑦部分的服务交付成本中，而本章节重点介绍管理分摊方法在各利润中心损益表的应用。当然，也包括直接归集法在各利润中心直接费用上的应用。

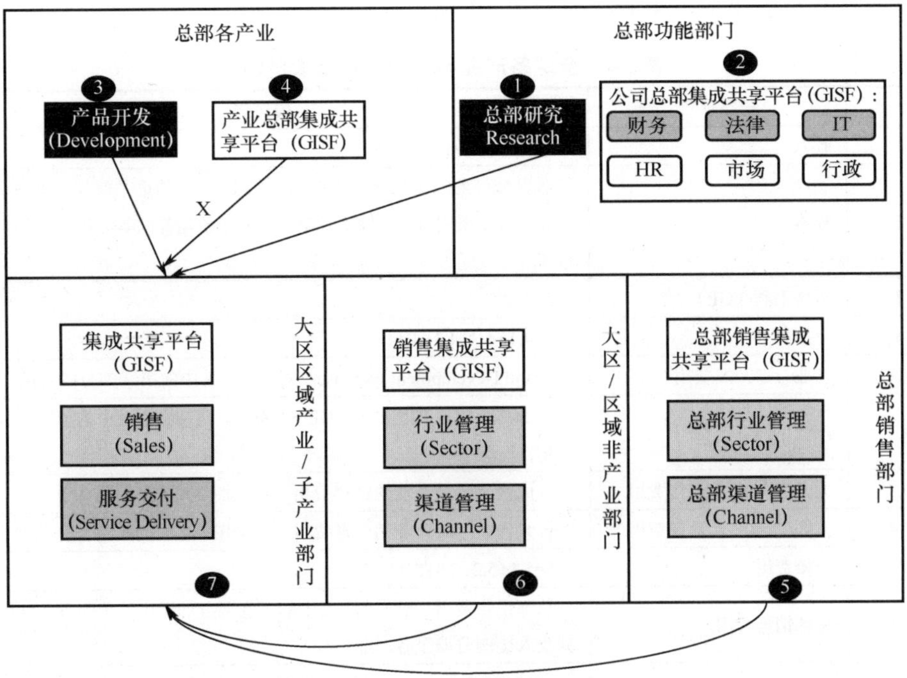

图 2-8　A 公司总部费用分摊流程

2.4.1　全球各产业事业部的损益表逻辑

全球各产业事业部既作为投资中心定位，也作为利润中心定位，其损益表的生成逻辑如表 2-4 所示。

其所属的直接费用包括产业总部开发费用、产业总部管理费用、大区/区域产业销售费用和大区/区域产业管理费用这些费用都可以在总部按照产业进行归集。

其需要承担的分摊费用包括总部销售费用、总部研究费用、总部平台管理费用、大区/区域销售费用、大区/区域非产业管理费用。

2.4.2　大区/区域下各产业损益表逻辑

大区/区域下各产业事业部作为利润中心定位，其损益表的生成逻辑如表 2-5 所示。

直接费用包括：大区/区域产业销售费用和大区/区域产业管理费用。

需要分摊的费用包括：总部销售费用、总部研究费用、总部平台管理费用、大区/区域销售费用和大区/区域非产业管理费用。

值得注意的是：全球产业部门的管理费用并没有分摊至各大区/区域下各产业事业部的损益表（图 2-8 的第④部分），但全球产业的开发费用是要分摊至大区/区域下各产业事业部，见表 2-5 的第 14 项。

表 2-4　全球各产业事业部的损益表逻辑

序号	损益项目	生成逻辑
1	收入	各区域产业的项目收入
2	成本	各区域产业的项目交付成本，对应图 2-8 中的第⑦部分的服务交付成本，包括采用直接归集、一事一结和量价结算法等方法归集的项目成本
3	销售毛利（GP）	3=1−2
4	直接费用	4=4.1+4.2+4.3+4.4
4.1	产业总部开发费用	Brand Development Expense，对应图 2-8 中的第③部分的费用
4.2	产业总部管理费用	产业总部集成共享平台（GISF）费用，对应图 2-8 中的第④部分的费用
4.3	大区/区域产业销售费用	各大区、区域产业的销售费用，对应图 2-8 中的第⑦部分的费用
4.4	大区/区域产业管理费用	各大区、区域产业的管理费用，对应图 2-8 中的第⑦部分的费用
5	分摊费用	5=5.1+5.2+5.3+5.4+5.5
5.1	总部销售费用	总部销售费用，对应图 2-8 中的第⑤部分的费用，按照各产业的预算收入比例分摊至各产业
5.2	总部研究费用	CHQ Research Expense，对应图 2-8 中的第①部分的费用，按照总部各产业的开发支出比例分摊至各产业
5.3	总部平台管理费用	总部集成共享平台（GISF）费用，对应图 2-8 中的第②部分的费用，按照总部各产业的预算的人数、预算毛利额、预算资产额比例分摊至各产业
5.4	大区/区域非产业销售费用	各大区、区域非产业销售费用，对应图 2-8 中的第⑥部分的费用，按照大区各产业的预算收入比例分摊至各产业
5.5	大区/区域非产业管理费用	各大区、区域非产业管理费用，对应图 2-8 中的第⑥部分的费用，按照大区各产业预算的人数、预算毛利额、预算资产额比例分摊至各产业
6	税前利润（PTI）	6=3−4−5

表 2-5　IOT/IMT 下各产业损益表逻辑

序号	损益项目	生成逻辑
1	收入	各区域产业的项目收入
2	成本	各区域产业的项目交付成本，对应图 2-8 中的第⑦部分的服务交付成本，包括采用直接归集、一事一结和量价结算法等方法归集的项目成本

（续）

序号	损益项目	生成逻辑
3	销售毛利（GP）	3=1−2
4	直接费用	4=4.1+4.2
4.1	大区/区域产业销售费用	各大区、区域产业的销售费用，对应图 2-8 中的第⑦部分的费用
4.2	大区/区域产业管理费用	各大区、区域产业的管理费用，对应图 2-8 中的第⑦部分的费用
5	分摊费用	5=5.1+5.2+5.3+5.4+5.5+5.6
5.1	总部销售费用	总部销售费用，对应图 2-8 中的第⑤部分的费用，按照各产业的预算收入比例分摊至各产业
5.2	总部研究费用	总部研究费用，对应图 2-8 中的第①部分的费用，按照总部各产业的开发支出比例分摊至各产业
5.3	总部平台管理费用	总部集成共享平台（GISF）费用，对应图 2-8 中的第②部分的费用，按照总部各产业预算的人数、预算毛利额、预算资产额比例分摊至各产业
5.4	大区/区域非产业销售费用	各大区、区域非产业销售费用，对应图 2-8 中的第⑥部分的费用，按照大区各产业的预算收入比例分摊至各产业
5.5	大区/区域非产业管理费用	各大区、区域非产业管理费用，对应图 2-8 中的第⑥部分的费用，按照大区各产业预算的人数、预算毛利额、预算资产额比例分摊至各产业
5.6	产业总部开发费用	Brand Development Expense，对应图 2-8 中的第③部分的费用，软件部（SWG）及系统技术部（STG）的开发费用按照区域产业的预算收入分摊，其他产业事业部按照前述专利法分摊
6	税前利润（PTI）	6=3−4−5

2.4.3　大区/区域损益表逻辑

大区/区域属于负责区域市场开拓的部门，属于利润中心定位。其损益表的生成逻辑如表 2-6 所示。

直接费用包括：大区/区域产业销售费用和管理费用以及非产业销售费用和管理费用。

需要承担的分摊费用包括：总部研究费用、总部平台管理费用和总部销售费用以及产业总部开发费用。

2.4.4　全球 S&D 损益表逻辑

全球 S&D 作为利润中心定位，其损益表是大区/区域损益表的汇总。因此，其逻辑非常简单，只要大区/区域损益表出来，全球 S&D 的损益表就可以直接汇总出来。

表 2-6　IOT/IMT 损益表逻辑

序号	损益项目	生成逻辑
1	收入	各区域产业的项目收入之和
2	成本	各区域产业的项目交付成本，对应图 2-8 中的第⑦部分服务交付的成本，包括采用直接归集、一事一结和量价结算法等方法归集的项目成本
3	销售毛利（GP）	3=1-2
4	直接费用	4=4.1+4.2+4.3+4.4
4.1	大区/区域非产业销售费用	各大区、区域非产业的销售费用，对应图 2-8 中的第⑥部分的行业管理和渠道管理费用
4.2	大区/区域非产业管理费用	各大区、区域非产业的管理费用，对应图 2-8 中的第⑥部分的销售集成共享平台费用
4.3	大区/区域产业销售费用	各大区、区域产业的销售费用，对应图 2-8 中的第⑦部分的销售费用
4.4	大区/区域产业管理费用	各大区、区域产业的管理费用，对应图 2-8 中的第⑦部分的费用
5	分摊费用	5=5.1+5.2+5.3+5.4
5.1	总部研究费用	CHQ Research Expense，对应图 2-8 中的第①部分的费用，按照总部各产业的开发支出比例分摊至各产业，再按区域的预算收入分摊至各区域
5.2	总部平台管理费用	总部集成共享平台（GISF）费用，对应图 2-8 中的第②部分的费用，按照总部各产业预算的人数、预算毛利额、预算资产额比例分摊至总部各产业，再按区域预算的人数、预算毛利额、预算资产额比例分摊至区域。
5.3	总部销售费用	总部的销售费用，对应图 2-8 中的第⑤部分的费用，先按照各产业的预算收入比例分摊至各产业，再按区域预算收入比例分摊至各区域
5.4	产业总部开发费用	产业总部开发费用（Brand Development Expense），对应图 2-8 中的第③部分的费用，软件部（SWG）及系统技术部（STG）的开发费用按照区域产业的预算收入分摊至区域，其他产业事业部按照前述专利费法分摊至区域，然后按区域汇总
6	税前利润（PTI）	6=3-4-5

2.5　A 公司管理报告和分析体系设计

2.5.1　A 公司管理报告和分析体系的设计思路和总体架构

A 公司的分析报告设计遵循以下原则和思路：

1. 所有关键业务指标提供“一站式”服务

从财务指标到关键业务指标，通过商业智能（BI）工具进行全公司范围的统一口径定义、统一计算和统一展示，形成集团范围内一致认可的权威的数据。

虽然分析报告名称及展现形式多样，但基本理念一致：集成的信息展示页面，反映绩效概览，快速定位问题引领深入分析的方向。

2. 指标的“红绿灯”支持例外管理：对例外指标基于标准维度钻取分析

各关键指标通过“红绿灯”颜色进行展示，以便用户重点关注红色的例外事项，并支持对例外事项按照分析报告的标准维度进行层层追根溯源。

3. 整个公司的数据是一致的

A 公司各层级管理者、各个口的业务部门和财务部门都使用统一平台的数据，减少不必要的扯皮现象。

4. 提前设定好的“标准报告”较少，“AD-HOC”分析更多

分析报告必须适应不断变化的业务问题，而不是受提前设定的分析报告本身的定义所限制。因此，在 A 公司并没有定义很多“标准报告”，而是基于标准的数据和标准的分析思路进行很多“AD-HOC”分析。这些分析报告的底层数据在整个公司是一致的，各条线的业务管理部门和财务都门看的都是相同的数据。

分析报告的用户为企业中不同角色、不同层级的管理者，A 公司分析报告的总体架构为金字塔形，塔尖主要满足不同管理条线的高层管理者需要，如公司、销售部门或者各事业部的总经理、首席财务官（CFO）；塔中的主题分析主要满足高层钻取分析以及一般财务和业务分析用户进行追根溯源分析的需要。塔基的“AD-HOC”分析主要针对一般财务及业务分析人员，他们是为了满足特定的业务分析需求，从标准一致的数据仓库中快速获取数据进行分析。A 公司分析报告总体架构如图 2-9 所示。

Dashboard：主要面向公司 CEO 及各管理条线的总经理（GM），展示关键绩效指标，展示内容包括实际值、预算值、同期值、预测值、完成率、增长率等多场景信息。

TOP Sheet：主要面向 Brand、S&D GM 和 CFO。Top Sheet 主要是让管理人员快速了解上月主要财务结果，以及未来预测的经营结果概览。也含有实际值、预算值、同期值、预测值、完成率等多场景信息。

主题分析：按经营管理主题分析，展示关键财务指标多维度分析数据（维度包括区域、事业部、产品、客户、项目、部门等），支持财务指标多维分析及责任人定位。展示关键业务指标多维分析，支持从财务结果至业务动因的溯源分析，提供实际值、预算值、基线值、同期值、预测值、完成率、增长率等多场景信息。

AD-HOC 分析：提供更为详细、丰富的财务、业务数据，支持灵活自定义的按需即时查询功能，满足例外管理 AD-HOC 分析需求，同样支持实际值、预算值等多场景信息。

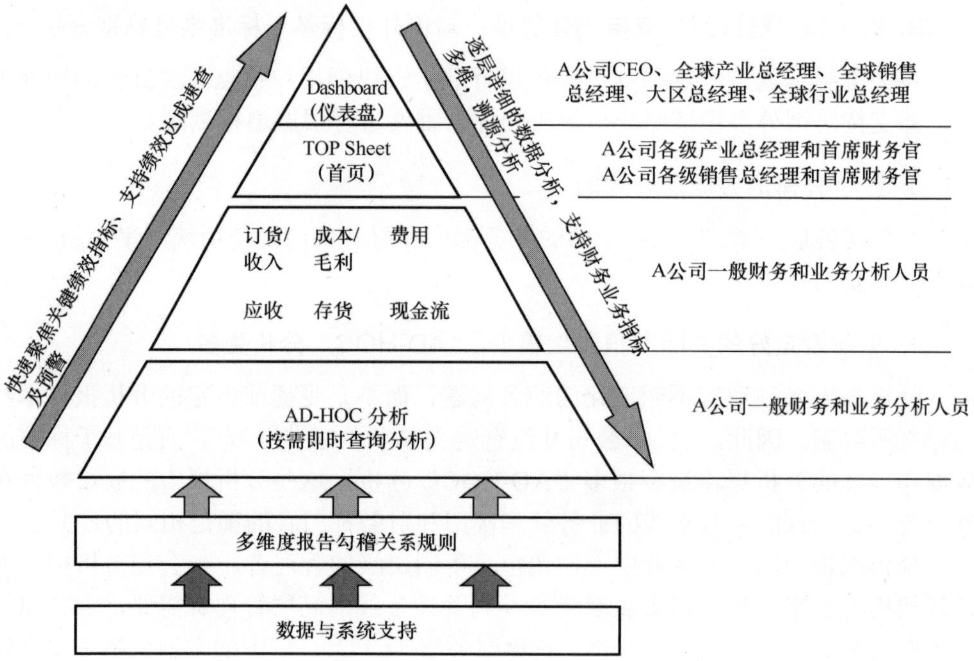

图 2-9　A 公司分析报告总体架构

2.5.2　A 公司的 Dashboard

A 公司的 Dashboard 主要面向公司 CEO 及各管理条线的 GM 设计，总体架构如图 2-10 所示。

最上面是 A 公司 CEO 的 Dashboard，他关注的首先是 A 公司总体的财务关键绩效指标（KPI），其次才是各事业部的财务及业务 KPI 以及整个销售部门基于大区的财务 KPI 以及销售管理 KPI。

中间是销售总经理的 Dashboard，他首先关注的是各事业部的销售业务管理（如管道、发货等）以及财务 KPI，其次是大区销售业务管理 KPI（如管道、发货等）财务 KPI 以及行业的销售业务管理 KPI（如管道、发货等，行业由于是收入中心，因此不关注财务 KPI）。

最底层就是各事业部总经理、大区总经理以及行业总经理的 Dashboard。他们看数据的维度和颗粒度同上，不再赘述。

公司 CEO 和各条线管理者的 Dashboard 具有如下特点：

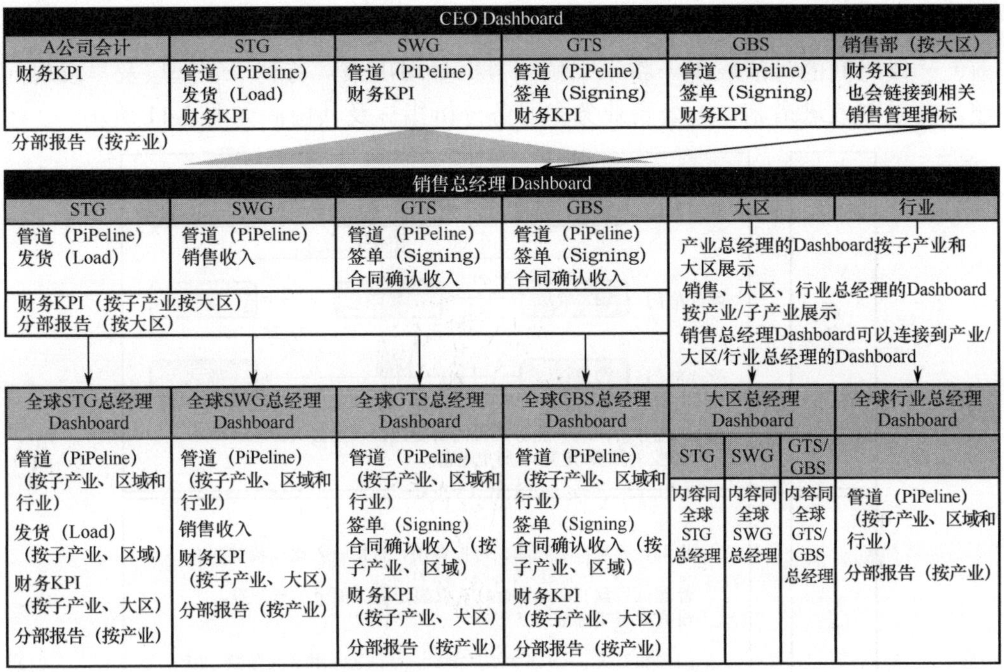

图 2-10　A 公司 Dashboard 设计总体架构

1. 内容：职责匹配、财务与业务结合

虽然报告名称及展现形式多样，但基本理念一致：集成的信息展示页面，反映绩效概览，快速定位问题引领深入分析的方向。

指标内容及数据细度与用户职责相匹配，例如财务用户以财务指标为主，业务指标为辅，业务人员更多关注业务指标。财务/业务共同关注的业务指标包括 Pipeline（销售机会管道）、Signing（签单）、Load（发货）、Headcount（人数）。

2. 维度：细度适当

按标准维度（Brand、Geo、Sector）下钻分析，Dashboard/TOP Sheet 中数据的最细粒度一般到 Sub brand、IMT、Sector，无更细层级数据，如具体产品、具体客户、合同、项目等信息。

3. 数据频度：日、周、月

财务实际数均为月度更新，但每周财务与业务合作，根据最新的销售跟踪管道数、签单等信息，进行收入的预测，业务数据可按日/周更新：销售跟踪管道数和签单按周更新，发货数据按日更新。

4. 分析方法：向前看，不仅提供历史数据分析，更看重未来的预测分析

各类关键指标的分析不仅关注该指标历史（如上个月、上个季度、年初到目

前）数据状况，更关注的是该指标的未来（未来一个月、未来一个季度、到年底前）一段时间的可能表现。将未来预测数据呈现出来，有利于管理层及早发现问题，并采取改进措施。A 公司业务和财务分析指标及其内涵如图 2-11 所示。

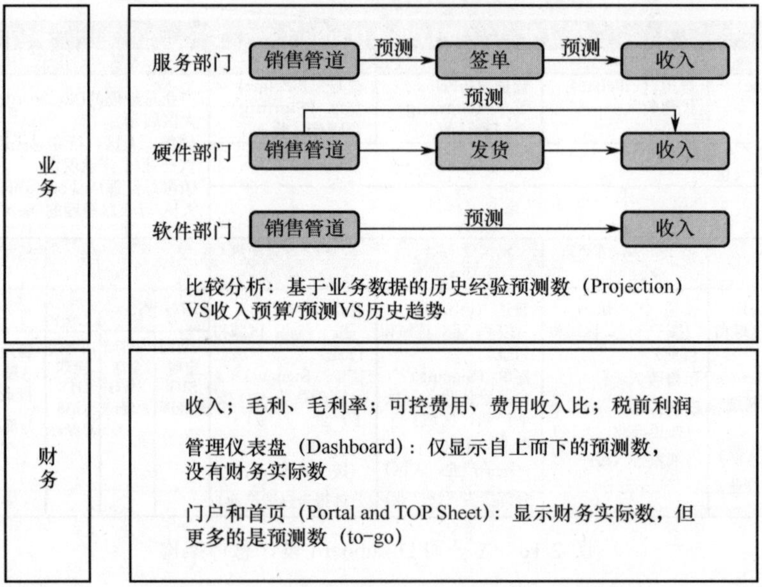

图 2-11　A 公司业务和财务分析指标及其内涵

5. 关键功能：自动将报告发送给所有者，并附有评价和行动计划

提供差异原因解释和制订改进提升计划，并通过 IT 手段将附有差异原因解释和改进计划的管理报告转发给管理者。

6. 用处：支持周度销售管理流程

在 A 公司，Dashboard 设计的重点是满足销售执行管理的需要，重点关注的是销售和签单指标，数据来源于 CRM 系统的周度销售数据。这些数据用于支撑周度销售运营管理会议的召开。

在 A 公司周度销售例会（Sales Cadence）是每周召开一次的跨三大部门（Brand/Geo/Sector）的销售会议，属于高层召开的全球销售回顾会议，由销售（S&D）总经理主持，各 Brand 总经理参加。会议聚焦于销售问题的识别、行动计划的制订和跨部门的协作及资源调度（向上级反映你需要的帮助）。

在 A 公司，每周先由国家/地区层面的 Brand 和客户群的销售经理开始评审销售机会点；数据由系统层层汇总至区域、大区及全球。会议的具体运作模式如表 2-7 所示。

表 2-7　A 公司销售回顾会议的运作模式

主席	S&D SVP（负责销售的高级副总裁）
成员	全球 BU 销售 GM、IOT/GM、全球产业 GM、全球 S&D 销售 GM 等，财务也会参会
任务	理解全球业务，含 Brand/服务、客户群/渠道和区域业务。匹配区域和 Brand 的改进措施 解决普遍销售执行问题以促进增长。 确定全球销售方向，支撑改进计划，含资源分配及决策以达成近期目标（当前季度或下一季度）
运作模式	每月 2 次会议（季度的第 1 和第 2 个月）以及每周例会（季度的第 3 个月），每次 2 小时
输入	区域业务结果和市场情报及全球市场分析 详细销售指标及达成情况/识别重点关注领域 竞争格局/行业趋势及方向
输出	当季度/下季度的战术型销售执行改进计划，促进业务增长 促进决策（直接影响 A 公司的损益表） 明确未来全球业务方向

7. 展现形式：Dashboard 界面简单，以表格展示，而不是图形

与国内大多数企业实施的 Dashboard 不一样，A 公司的 Dashboard 界面简单，以表格展示，而不是很炫的图形。单击表中带下画线的值，可以进一步钻取明细信息。关键指标以红绿灯进行预警：绿色√表示完成率大于或等于 100，红色×表示完成率小于 100。

2.5.3 A 公司的 TOP Sheet

如前述，Dashboard 主要服务于 CEO 及各管理条线总经理，用于销售管理的运营管控，TOP Sheet Summary 的服务对象、报告目的、数据频率及报表内容是不一样的。具体如下：

（1）报告用户：Brand/S&D GM and CFO。

（2）报告目的：TOP Sheet 主要是让管理人员快速了解上月主要财务结果，以及未来预测的经营结果概览。

（3）报告频率：月度。

（4）发布时间：每月结账后约第 8 日发布。

（5）报告制作:由财务人员准备报告。

（6）报告维度和颗粒度：各 Brand/S&D 的 TOP Sheet 展开粒度因各自需求而有所不同，无固定格式，但均按 Brand（一般到 Sub Brand）、Geo（一般到 IMT）标准维度打开。

（7）报告展现形式：表格。

以 A 公司销售（S&D）总经理的 TOP Sheet 看，如表 2-8 所示。其报表内涵

非常丰富。

表 2-8　A 公司 S&D 总经理的 TOP sheet

损益项目	5月QTD Actual	B(W) YTY%	Attain to FCST	Historicl Attainment		6月 To go	B(W) YTY%	2Q06 FCST	B(W) YTY%
				2Q05	4QTr AvQ				
收入 毛利 毛利率 可控费用 可控费用收入比 专利费 专利费收入比 总费用 总费用占收入比 PTI 税前利润率	5 月季度累计，即第二季度中 4 月和 5 月实际完成数的累计值	与去年同期比	第二季度预测目标完成率	上年同期第二季度预测完成率	最近四个季度预测完成率	下月预测值	下月预测值与去年同期比	第二季度整体预测值，为 4—5 月实际值 +6 月 To go	第二季度整体预测值较去年同期变化率

行上内容是损益简表，展示从收入（Revenue）至 PTI 形成过程中所有关键损益指标，包括收入、毛利、费用、PTI 等重点损益指标。具体指标各事业部（Brand）或销售部门（S&D）可能有所不同，与业务性质相关。

列上内容也非常丰富，该表为 2006 年 5 月 8 日发布的，各列内容如下：

（1）5 月 QTD（Actual）：即第二季度中 4—5 月实际完成数的累计值。

（2）B（W）YTY%：即第二季度中 4—5 月累计实际完成数与去年同期相比的变化率情况。

（3）Attain to FCST：第二季度预测值的完成率。由于在 A 公司是要按照季度进行滚动预测的，也就是 4 月初需要滚动制定 4—6 月的预测值，因此第二季度的预测完成率等于“4—5 月累计完成数与 4—5 月的预测数之比”。

（4）Historical Attainment：历史基线的意思，就是提供历史达成率辅助分析，衡量当季各项指标达成率是否在合理范围内。因为有些月份的数据是波动的，前两个月无法达成季度进度目标，不代表下个月就无法完成季度目标。

（5）Historical Attainment 下的 2Q05：表示上年同期第二季度预测完成率，该数可以提供历史参照，判断当期的季度预测完成率是否合理。

（6）Historical Attainment 下的 4QTr AvQ：最近四个季度的平均季度预测完成率，该数也用于提供历史参照，判断当期的季度预测完成率是否合理。

（7）6 月 To go：站在当前这个时点（5 月 8 日），预测 6 月各指标完成情况。

（8）B（W）YTY%：6 月预测完成数与上年同期完成情况相比的变化率。用于判断当前的预测值是否合理。

（9）2Q06 FCST：即站在当前这个时点（5 月 8 日）的 2006 年第二季度整体预测值，即 4—5 月实际数与 6 月 To go 的合计数。

（10）B（W）YTY%：第二季度整体预测完成数与上年同期完成情况相比的变化率。也是用于判断当前的预测值是否合理。

从以上表的列上的信息来看，其一张表的信息量非常大，且非常关注季度预测完成率以及与去年同期值的比较。因此，我们可以看出 A 公司非常关注季度预测目标的达成情况。其实，这也不难理解，一个公司只有各季度预测完成的好，才有可能完成全年的预算目标。也就是说，在 A 公司季度目标是要向华尔街股东负责的重要目标，财务必须要管控各业务部门完成各自的季度预测目标。

2.5.4　A 公司主题分析

Dashboard 和 TOP Sheet 的钻取分析，都可以钻取到具体的主题进行详细分析。以下将就每个主题下的分析思路逐一进行介绍。

1. 收入主题分析

损益分析的出发点当然是收入，影响企业收入增长的主要因素包括收入钻取分析、基于销售管道（Pipeline）的收入根因分析、市场竞争的激烈程度、销售交货情况、新签订的服务或者未交付的服务、关键大单情况、价格和产品组合、业务伙伴的情况等因素。

（1）收入钻取分析。由于 A 公司的组织架构是一个非常复杂的、多维度的矩阵式管理架构，因此，收入分析的主要思路是按照以下三个维度自上而下进行，以满足矩阵式架构下不同层级的管理者运营分析的需求：

➢ 主要的收入钻取维度是产业（Brand）和区域（Geo）。

如图 2-12 所示，左边沿着产业（Brand）和区域（Geo）维度可以任意进行钻取，钻取路径至少可达七条，最终指向某个国家的某个产品的收入信息，当然，最明细的数据可以钻取到具体客户的项目及合同号。只是对于 A 公司这样一家全球经营的跨国公司来说，对于集团总部的管理者来说，不可能关注到具体客户项目及合同收入信息，但是对于某个大区或者国家的管理者来说，对于一些比较大的项目，是有可能需要关注的。

➢ 第二收入钻取维度是行业。

如图 2-12 所示的中间部分，不同层级（总部、大区、区域）的行业管理者都可以通过分析数据的钻取，找到收入完成情况以及未来收入的预测情况。

➢ 第三收入钻取维度是渠道。

如图 2-12 所示的最右边部分，不同层级（总部、大区、区域）的渠道管理者都可以通过分析数据的钻取，找到收入完成情况以及未来收入的预测情况。

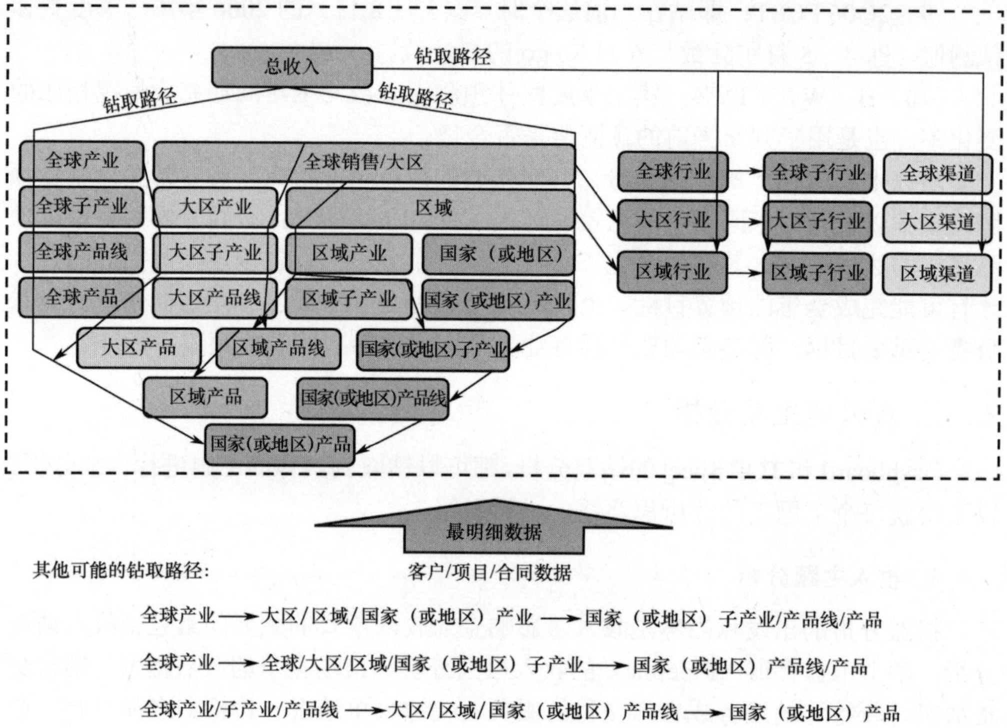

图 2-12　A 公司收入钻取分析

（2）基于销售管道的收入根因分析。除了上述基于标准维度的多路径钻取分析外，A 公司另外一个收入分析的工具是基于销售管道（Pipeline）的收入根因分析方法。由于 A 公司的销售周期比较长，从发现客户机会到实现销售，一般要经过数月的时间。因此，对于未来一段时间的销售收入的预测，需要对销售管道进行分析，分析处于不同销售阶段的市场机会有多少。然后，按照不同跟踪阶段的单子能够产生收入的比例的历史经验来预测未来一段时间的收入。也就是说，未来的收入月预测并不是拍脑袋产生的，而是通过 CRM 系统记录的处于不同销售阶段的市场机会，按照收入转换的历史数据预测出来的。

同时，为确保 CRM 数据的准确性，不同层级的管理者日常就是靠这些系统记录的销售机会进行销售管理的。例如，各级销售管理者定期（周度、月度）对这些销售机会进行回顾，讨论措施，如何将这些机会尽快转换为真实的销售合同或订单。

（3）收入的其他分析方法。

➢ 市场竞争分析：A 公司所处的 IT 咨询及服务市场受全球经济表现影响很

大，因此市场竞争分析首先要看整个全球经济的发展趋势。其次，还要看公司在整个市场上的份额增长情况。

➢ 销售交货情况分析：主要是分析有多少确定性订单（Firm Order，FO）、有多少异常订单（Firm Order Exception，FOE）。

➢ 新签订的服务或者未交付的服务：收入分析的另一个视角就是当期收入中有多少是以前月份签单，但在当期实现交付形成的收入，有多少是当期签单在当期形成的收入。一般来说，后者的比重越大越好，如果是前者大，说明当期的收入主要靠吃之前的老本。

➢ 关键大单分析：在 A 公司，有一批战略性客户或者近期签订的大单，收入分析时，也要分析这些大单形成收入的情况。分析的主要目的是看这些单子的交付情况，是否影响到当期收入的确认，是否需要公司调度资源确保这些关键大单的交付。

➢ 价格和产品组合分析：主要包括一些折扣和特殊交易的价格管理以及不同产品销量的结构变化分析。产品销量结构的变化需要公司统筹进行资源决策，将资源逐步向销量增大的产品倾斜。

➢ 业务伙伴管理分析：主要包括业务伙伴的激励机制分析，即业务伙伴的返利和价格保护等。以及供应管理，即业务伙伴的存货管理、高龄库存的分析等。

2. 成本及毛利主题分析

毛利分析的主要思路和收入基本是一致的。主要包括钻取分析和根因分析。

（1）毛利钻取分析。毛利可以沿着标准分析维度进行钻取分析，分析哪些层级的组织销售未达到预算毛利目标。分析钻取的路径与收入分析的路径是一致的，唯一不同之处是没有渠道的分析。

➢ 主要的收入钻取维度是产业（Brand）和区域（Geo）。

如图 2-13 所示的最左边，与收入分析一样，沿着产业（Brand）和区域（Geo）维度可以任意进行钻取，钻取路径至少可达七条，最终指向某个国家的某个产品的毛利情况，当然，最明细的数据可以钻取到具体客户的项目及合同号。只是对于 A 公司这样一家全球经营的跨国公司来说，对于集团总部的管理者来说，不可能关注具体客户项目及合同的毛利信息，但是对于某个大区或者国家的管理者来说，对于一些比较大的项目，也是有可能需要关注的。

➢ 第二个钻取维度是行业，行业只有在必要的时候才关注。

如图 2-13 所示的最右边，按照行业（客户）的毛利分析主要是从定价（折扣）视角分析，而不是毛利视角分析，因为不同客户的成本趋势基本是一致的。

（2）毛利根因分析。基于标准维度的毛利钻取分析，只能看到毛利结果，看不到毛利高低的原因。因此，除了上述这种钻取分析之外，A 公司的毛利分析还特别强调追根溯源式的从财务结果向业务环节钻取的毛利根因分析。

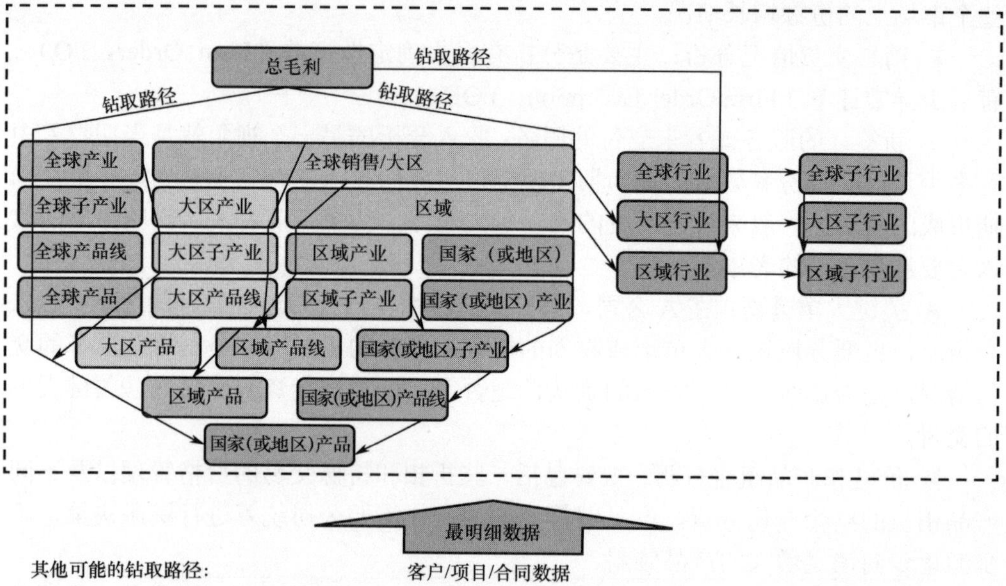

全球产业——大区/区域/国家（或地区）产业——国家（或地区）子产业/产品线/产品

全球产业——全球/大区/区域/国家（或地区）子产业——国家（或地区）产品线/产品

全球产业/子产业/产品线——大区/区域/国家（或地区）产品线——国家（或地区）产品

图 2-13　A 公司毛利钻取分析

如图 2-14 所示，影响毛利的主要因素是收入和成本。

而影响收入的业务因素又可以分为产品价格和产品结构。其中，影响产品价格的业务因素又可以追踪到产品订单的折扣率等业务因素。

影响成本的因素则可以细分为硬件成本、软件成本和服务成本。

➢ 硬件成本的影响因素可以分为制造成本和非制造成本。硬件制造成本包括硬件总成本分析、硬件单位成本分析，分析的方法主要是和标准成本进行比较。找出影响成本的直接材料、直接人工、制造费用因素，以及进一步分析是采购部门的责任，还是生产制造部门的责任。另外，影响制造成本的业务因素在某些部门还可以追踪到产品的故障率等业务因素。非制造成本的影响因素包括存货损失、质保金、物流成本和其他成本。其中，存货损失的业务影响因素是呆滞存货，需要采取措施尽量减少此类库存。因此，重点分析内容是供应和需求预测、采购分析、高龄库存分析、存货消耗的机会分析。质保金分析包括质保人员成本分析、质保的零件成本分析以及产品故障率分析。物流成本分析包括硬件的运输量分析以及运输完但尚未安装量的分析。

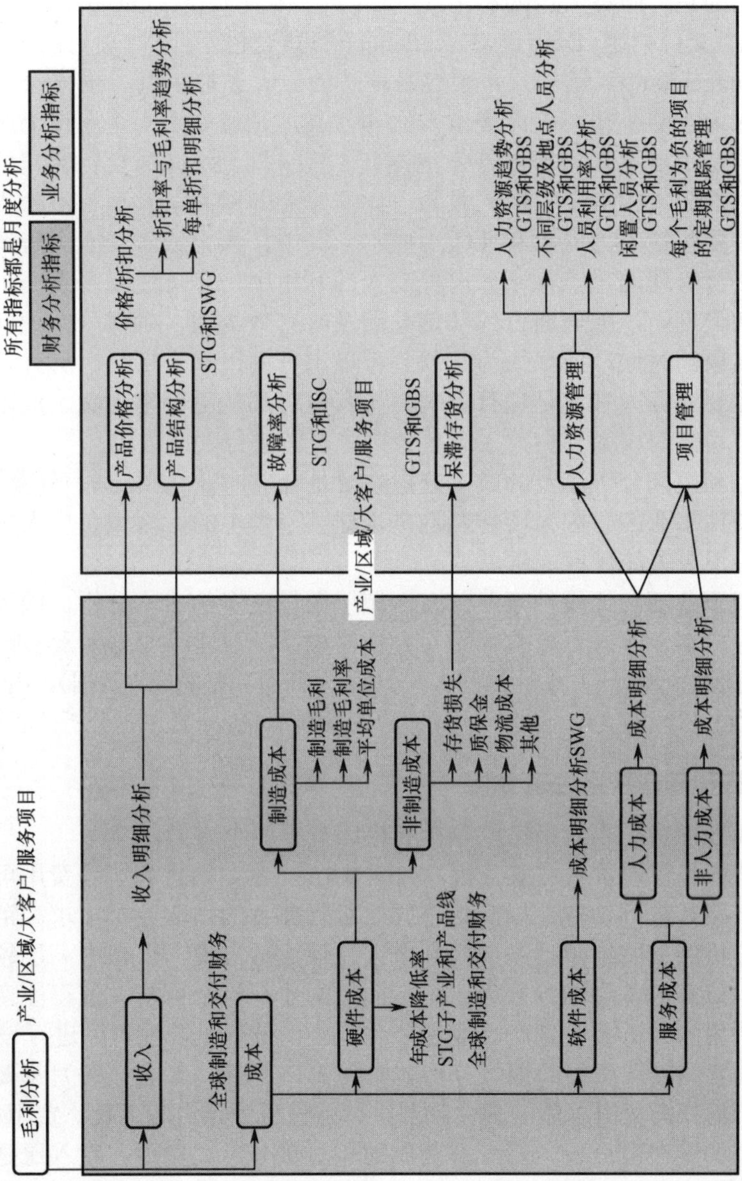

图 2-14　A 公司毛利根因分析

➢ 软件成本分析。软件成本分析主要关注软件的各项明细成本构成分析，如开发费用分析、人工成本分析等。

➢ 服务成本分析。服务类事业部和硬件部门的成本分析有很大差异，服务部门更多关注的是“服务人员的利用率（UT）”“闲置人员（On Bench）”分析。另外就是关注“交付卓越（Delivery Excellence）”和“交付不合格”项目的管理（Trouble Project Management）。这一点是很容易理解的。大家都知道，在A公司这样一家以服务收入为主的公司，人力成本占比非常高，试想如果一个咨询类服务公司人员利用率很低，很多顾问都在办公室待着，有一批无法完成交付客户的项目，那么这个公司的成本相对于获取的收入占比一定会非常高，甚至收不抵支。服务成本的因素主要包括人力成本和非人力成本。其中，人力成本受人力资源管理的影响。人力资源管理的重点在于如何提高人的利用率，尽可能减少人员闲置。尤其是在项目切换期间，如何通过内部信息的及时有效沟通，确保一个顾问在上一个项目即将结束的时候，能尽快为其找到可以上马的下一个项目。另外，影响非人力成本的主要业务因素就是项目管理。尤其是对那些毛利率为负、成本大大超标的项目，公司需要权衡利弊，采取有效措施及时进行关闭处理。

以上毛利根因分析涉及的成本分析主要是全球产业（Brand）负责人关注的，尤其对于硬件事业部。因为硬件制造是全球共享集中的，区域负责人主要关注收入和价格，很少关注硬件成本。

服务类事业部会比硬件事业部在区域层面做更多的成本分析。因为服务类事业部的人力成本、非人力成本等受人力管理和项目管理等业务因素影响很大。

A公司行业（Sector）线不关注成本分析（尽管有完整的成本数据），由于制造在各产业总部层面进行了共享，因此，不同客户的成本基本是一致的，分析的必要性不大。

3. 销售和管理费用主题分析

销售和管理费用也包括钻取分析和根因分析两个方面。

（1）销售和管理费用钻取分析。如图2-15所示，销售和管理费用可按标准维度下的五条路径进行钻取，以满足不同层级管理者的钻取分析需求。销售和管理费用钻取分析的最明细数据是部门和个人。但通常来说，公司中高层领导都没有这个必要，只有最基层的领导为了特定的目的才有这个可能。值得注意的是，销售和管理费用的分析不会到产品线和产品，这也是从重要性考虑进行设计的。

（2）销售和管理费用的根因分析。如图2-16所示，A公司每月都要对费用进行分析，一是分析费用总额的变化趋势，二是分析费用占收入比、费用占毛利比。前者是费用的绝对数分析，后者是费用的相对数分析。费用占收入比是一般企业常用的分析指标，但费用占毛利比用的企业可能不多。但这个指标应用上其实是非常有意义的。在A公司费用预算也不一定是完全刚性的。如果你的业务做得好，如收入、毛利等指标超过了预算目标，这个时候可以根据费用占收入比、费用占毛利比等指标拨给费用，鼓励你创造更好的业绩。

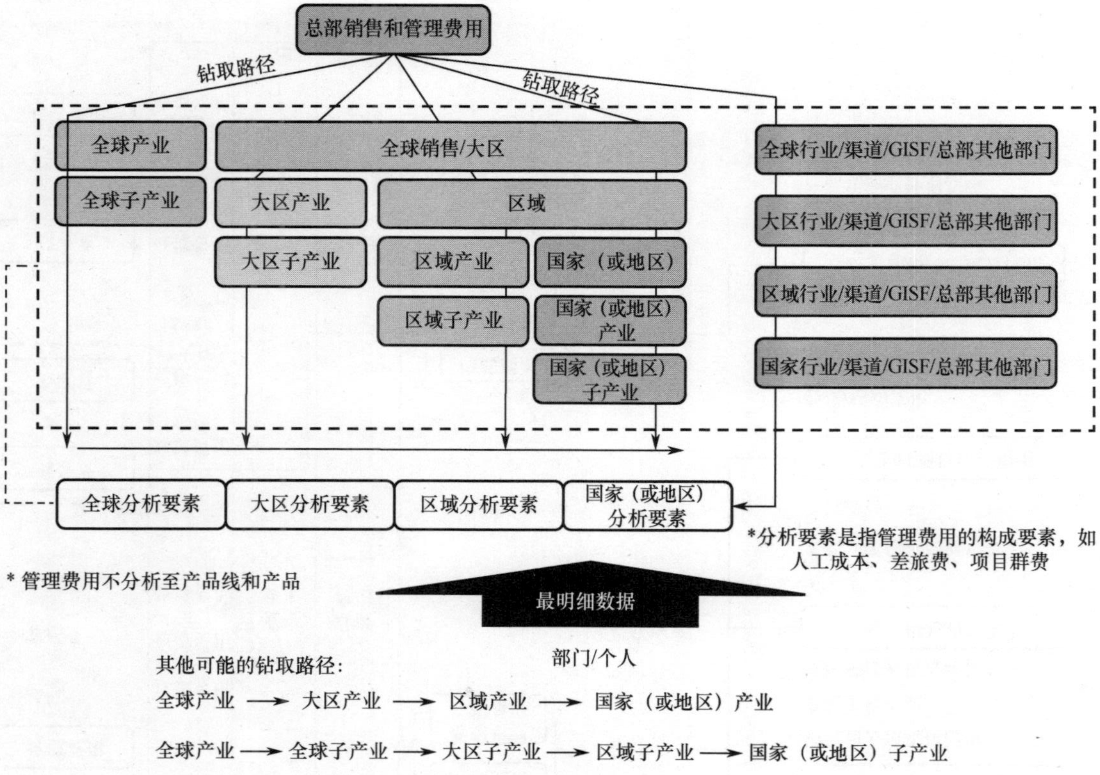

图 2-15　A 公司销售和管理费用钻取分析

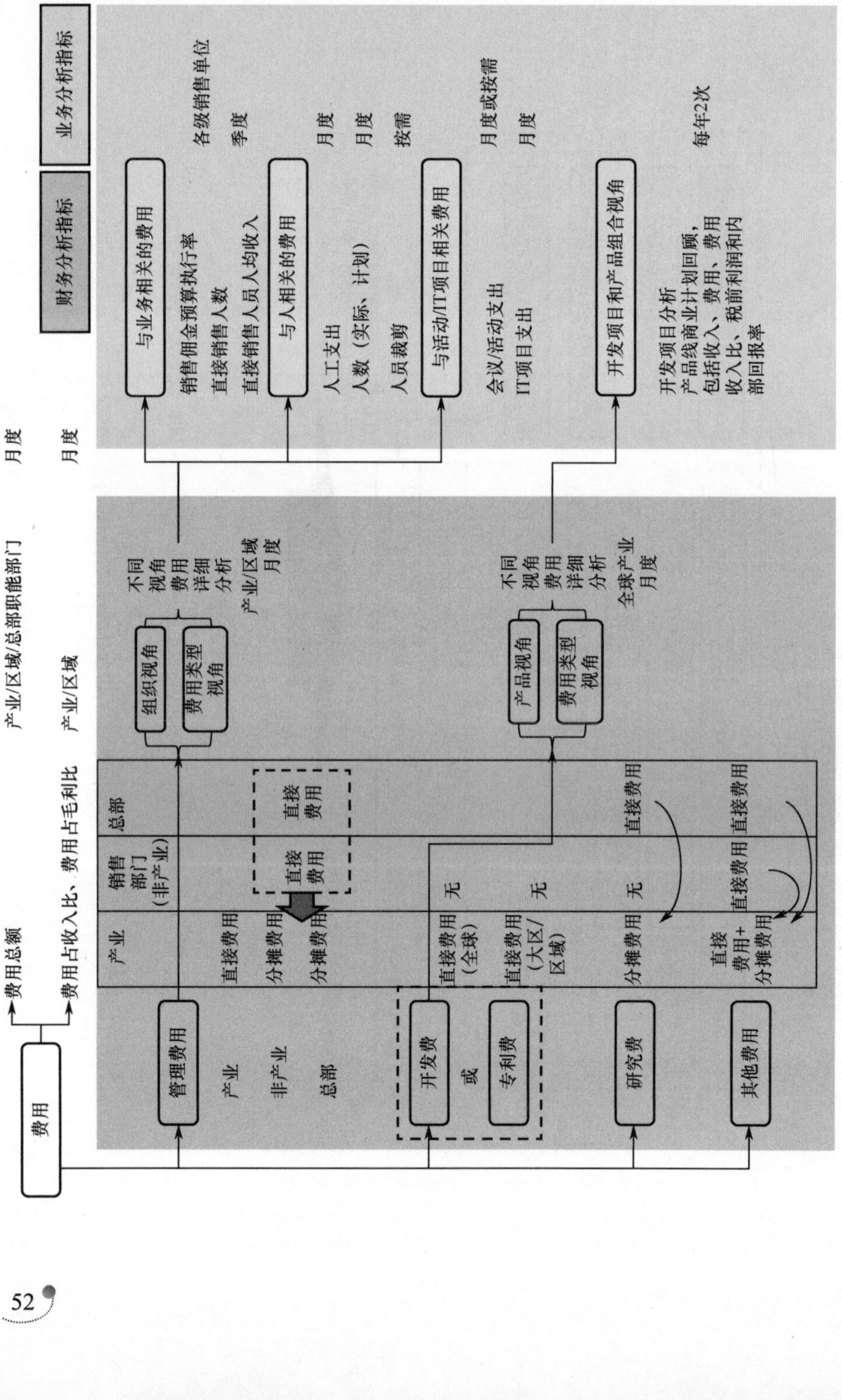

图2-16　A公司销售管理费用根因分析

从费用的根因分析来看，财务上费用可以分为管理费用、开发费或专利费、研究费和其他费用。这些费用在 Brand、S&D 和总部 CHQ 上的归属及其分摊关系在前面（2.3.5 管理分摊）已经做了详细介绍，这里不再赘述。其中，管理费用还可以按照组织或者费用类型展开分析。这些费用在向业务层面追踪分析方面，可以进一步细分为与业务相关的费用、与人相关的费用、与活动/IT 项目相关的费用以及开发项目和产品组合视角的费用。

➢ 与业务相关的费用分析是分析销售佣金预算的执行情况、直接销售人数以及直接销售人员的人均收入等因素（季度）。

➢ 与人相关的费用分析是分析人工支出、实际与预算人数的差异影响、人员裁剪政策的执行情况等（月度或者按需）。

➢ 与活动/IT 项目相关的费用分析就是分析重大活动或者年度规划的重点 IT 或者咨询项目发生的费用情况（月度或者按需）。

➢ 开发项目和产品组合视角的费用分析是对开发项目的费用情况进行分析以及对于战略型的新产品的商业计划回顾，包括收入、费用、费用收入比、税前利润和内部回报率进行分析（每年 2 次）。

（3）销售和管理费用的其他视角分析。除上述钻取分析和根因分析外，费用分析还可以从以下视角展开，如图 2-17 所示：

➢ 组织视角分析。组织视角分析基本对应前述的费用钻取分析。组织视角分析通常通过预算与实际的对比进行分析，容易找到责任人，能够提出费用削减的行动计划。

➢ 费用类型视角分析。费用类型视角分析通常将费用分为工资福利（工资、变动薪酬、销售奖金、奖金）、差旅费、合同服务费、专项奖励、业务会议、IT 费用等。通过费用类型分析容易找到哪种类型的费用应该削减。

图 2-17 中的视角④是视角③的重组，是为了满足一些大区（IOT）的特定分析需求。例如，将费用分为绩效相关（销售奖金、代理佣金、专项奖励……）、人数相关（工资、福利……）、结构相关（差旅、合同服务、其他税费……）、其他间接资产处置、其他支出等。

视角⑤是有关差旅费的详细专题分析，如将差旅费进一步细分为酒店费用（房费、洗衣费……）、机票费、公交费、餐费、停车费、租车费等，主要为进一步削减差旅费用提供方向。

➢ 其他视角。其他视角主要是将费用分为可控费用和不可控费用。从 A 公司各产业视角看，大部分费用是可控的，销售分摊和总部共享平台费用分摊是不可控的。从销售视角看，大部分费用是可控的，总部共享平台费用分摊是不可控的。

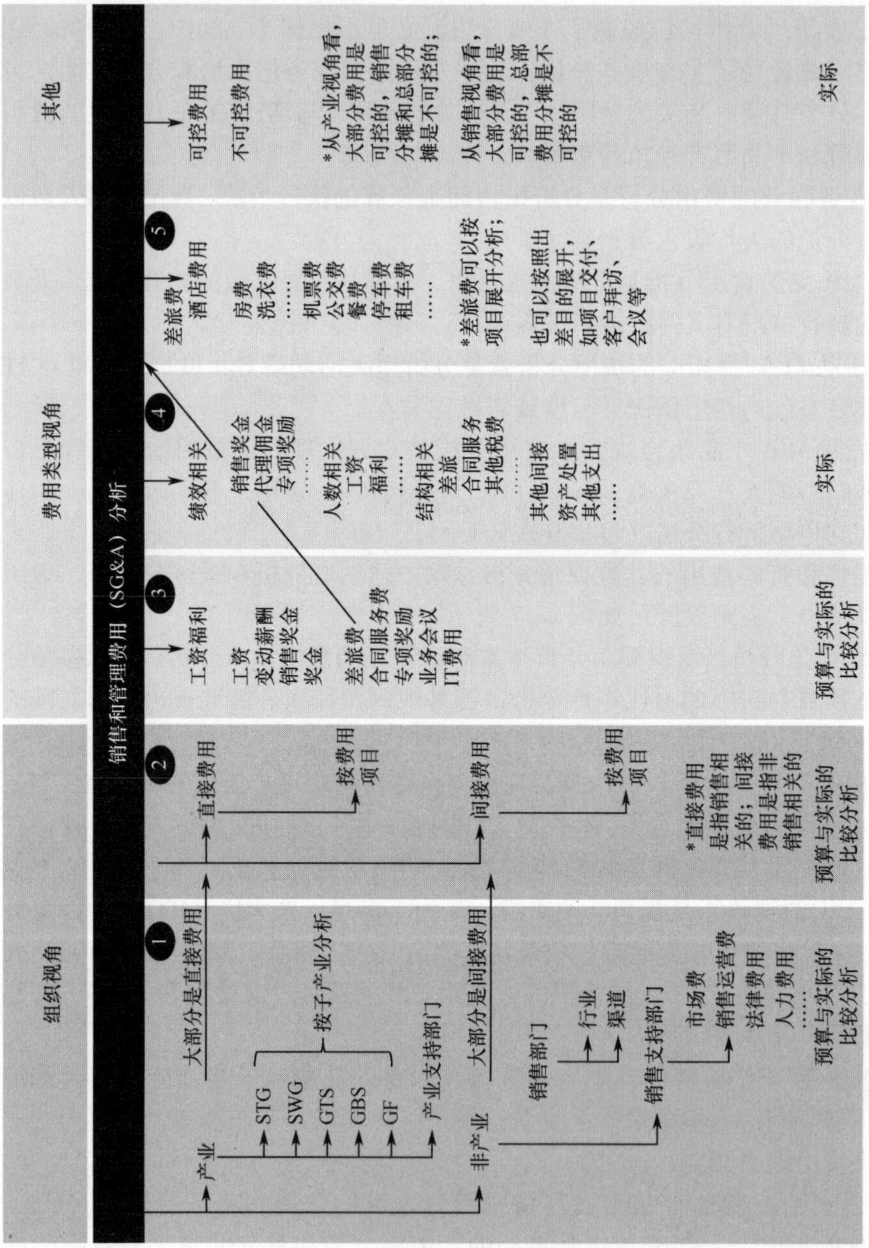

图 2-17　A 公司销售管理费用分析的五个视角

4. 应收账款主题分析

应收账款分析同样包括两个方面：一是基于标准维度的钻取分析；二是基于销售流程的收入确认和开票条件的应收账款根因分析。

（1）应收账款钻取分析。如图 2-18 所示，基于标准维度的钻取分析共有五条路径，最细颗粒度为客户/项目/合同。但通常到国家的产品线已经能够满足基本分析需求。除非为了某个特定的需求，才会钻取到客户/项目/合同。

应收账款不会按照客户群（行业）管理，而是按照单个客户管理，应收账款的平均回收期（Days Sales Outstsanding，DSO）和应收账款的钻取路径相似，但不会管理到客户/项目/合同级别。

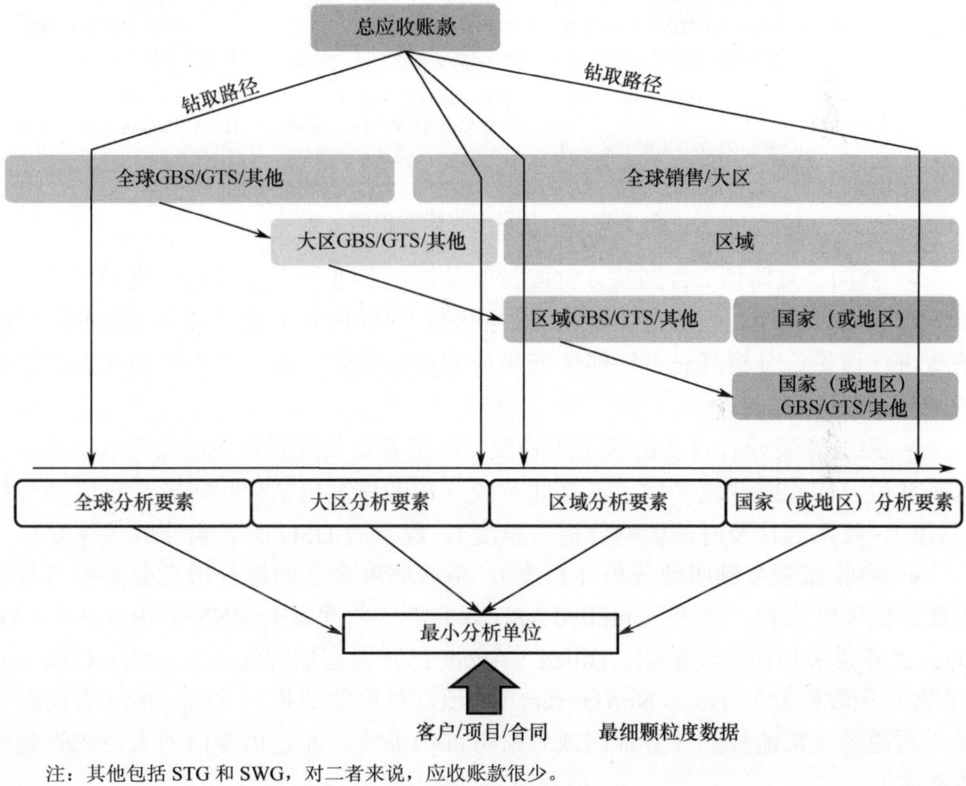

注：其他包括 STG 和 SWG，对二者来说，应收账款很少。

图 2-18　A 公司应收账款钻取分析

（2）应收账款根因分析。如图 2-19 所示，A 公司从合同签订到收款的流程中，共分为四个环节：一是合同签订；二是服务安装或者设备运输完成；三是设备满足开票条件或者服务满足里程碑付款条件；四是收款。不同环节应收账款的分析包括以下内容：

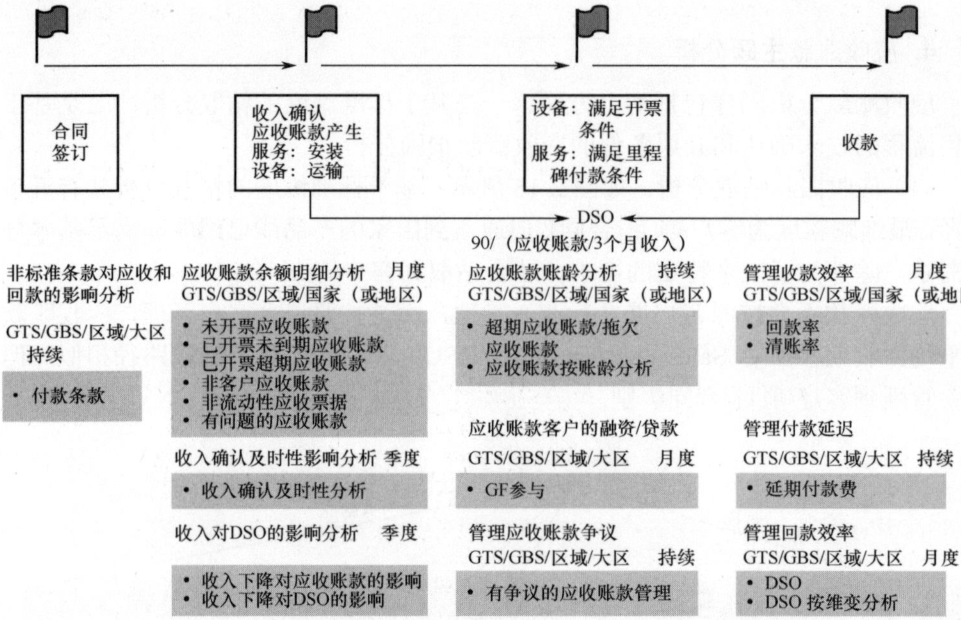

图 2-19 A 公司应收账款根因分析

➢ 合同签订阶段。合同签订阶段持续关注的是非标准条款对应收和回款的影响分析。同时持续对公司付款条款进行回顾。回顾内容主要是对公司目前的付款条款进行讨论，分析其是否能够适应当前的市场变化，看其是否能够在促进销售的同时控制风险。

➢ 服务安装或者设备运输完成阶段。在服务安装或者设备运输完成阶段，收入确认后，应收账款就产生了。在此阶段分析的内容包括应收账款余额明细分析（月度）、收入确认及时性影响分析（季度）、收入对 DSO 的影响分析（季度）。

• 应收账款余额明细分析（月度）：应收账款余额明细分析主要是看各类应收账款的明细结构，包括：Unbilled AR（未开票应收账款）、BNYD（Billed Not Yet Due，已开票未到期应收账款）、Billed Aged（已开票超期应收账款）、Non Customer（非客户应收账款）、Notes Non current（非流动性应收票据）、Suspense（有问题已经不再通过正常流程的业务部门或者财务部门催收，而是由专门的人员来管理应收账款）。

• 收入确认及时性影响分析（季度）：季度回顾分析收入确认的及时性情况，对公司回款产生了哪些影响。

• 收入对 DSO 的影响分析（季度）：包括收入下降对应收账款的影响和收入下降对回款效率指标 DSO 的影响。

➢ 设备满足开票条件或者服务满足里程碑付款条件阶段。

- 应收账款账龄分析（持续）：主要分析应收账款余额的账龄分布，如有多少是 3 个月以内的正常应收账款，有多少是超期的，如 3 个月至 1 年以内有多少，1 年以上的有多少。通常来说，超期时间越长，回收失败的风险越高。其中，Billed Aged（已开票超期应收账款）是分析的重点，要详细分析每笔产生的原因、主要责任人，并制定有效的追账措施。

- 应收账款客户的融资/贷款（月度）：主要是由全球融资事业部参与的，为客户提供融资服务的融资贷款情况分析。同时还可以分析当期销售收入中有多少是通过 A 公司金融方式产生的，也就是分析公司金融参与带来的销售收入的变化情况。

- 管理应收账款争议（持续）：应收账款纠纷分析主要针对超过信用期的应收账款纠纷进行逐一回顾分析，分析产生的原因、责任人及追账措施。对于部分有问题的应收账款，A 公司不再通过正常流程的业务部门或者财务部门催收，而是由专门的人员来负责催收。

➢ 收款阶段。

- 管理收款效率（月度）：主要是分析回款率和清账率，针对已开票未收款以及已开票超期的应收账款跟进回款。

- 管理付款延迟（持续）：针对合同中规定的付款延迟，需要向客户追索付款延迟费。

- 管理回款效率（月度）：通常来说，看应收账款的绝对数字意义不大，包括 A 公司在内的跨国公司更多关注的是 DSO，且 A 公司关注的是季度指标表现，DSO = 90/（3 个月销售收入/期间平均应收账款余额），期间平均应收余额=（期初应收余额+期末应收余额）÷2，更精确的计算方式是取期间每一天应收余额的平均值。DSO 也可以理解为客户平均的付款周期。DSO 越短（应收周转次数越多），表明收账迅速，账龄较短；反映企业资产流动性强，短期偿债能力强；同时也可以减少收账费用和坏账损失。通过对这个指标的分析，企业可以判断出应收账款数量变化的原因（是销售额变动导致的，还是其他因素，例如授信的松紧变动导致的），同时它还集中反映了企业信用安全管理和应收账款管理的效率，是目前信用安全管理绩效评价中应用最为广泛的指标。

5. 存货主题分析

存货分析也包括两种分析方法：基于标准维度的钻取分析和存货的根因分析。以下将逐一介绍：

（1）存货钻取分析。存货钻取分析沿标准维度可以有六种钻取路径，分别满足不同条线、不同层级管理者的分析管控需求。但由于大部分存货是由全球产业集中管控的，因此图 2-20 中虚框部分是存货分析路径的重点。而最右边的分析路径钻取至国家的情况很少见，因为国家的存货少，必要时才会分析。

存货钻取分析的数据颗粒度可以到产品级别，但是绩效仅到子产业级别。此外，存货分析不会按照客户、行业、渠道、项目跟踪分析。

存货周转率和存货的分析路径相似，但是存货周转率仅分析到产业、子产业、大区，而不分析到区域和国家/地区，因为这些地方的存货很少。此外，存货周转率也不会按照合同、项目或者产品进行管理分析。

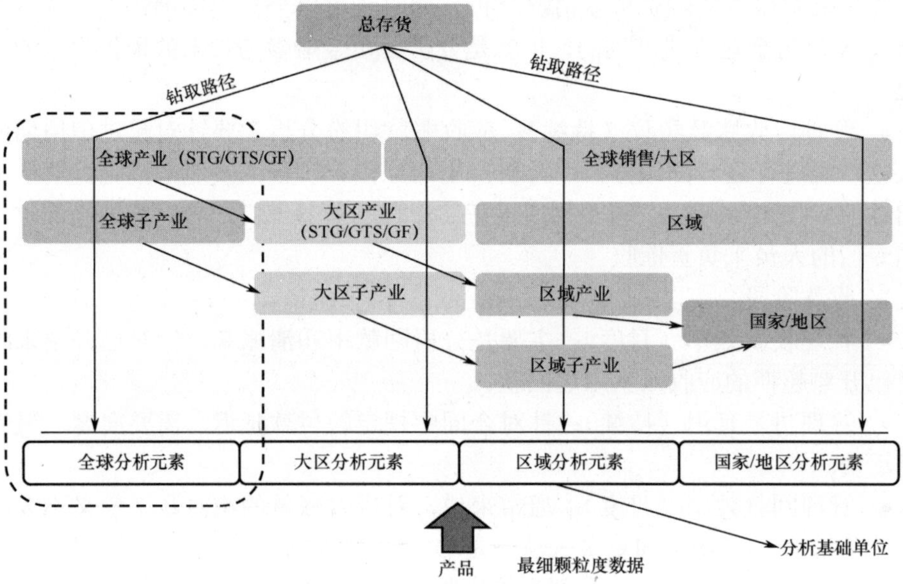

图 2-20　A 公司存货钻取分析

1.由于大部分存货是由全球产业部门集中管控的，因此虚框部分是存货分析的重点。

2.国家/地区的存货少，必要时才分析。

（2）存货根因分析。存货根因分析也是从存货的财务指标向业务指标追溯。如图 2-21 所示，存货分析从财务视角看重点关注存货余额分析和存货周转效率分析。

➢ 存货余额分析。存货余额分析通常按照责任主体的不同，分别分析工厂环节、销售和服务环节的存货余额变化情况及原因。工厂存货分析内容包括：部件/在制品、在途、完工商品、开发使用、呆滞品（Aged Surplus）、寄售库存和返厂库存。销售和服务环节存货分析内容包括：分销中心存货、备件/保修件、服务铺货（Service Roll Out）和客户返修等。

➢ 存货周转效率分析。存货周转天数（Days Of Inventory Outstanding，DIO）是指企业从取得存货开始，至消耗、销售为止所经历的天数。DIO = 90÷（3 个月销售成本/期间平均库存余额），其中，期间平均库存余额=（期初库存余额+期末库存余额）÷2，更精确的计算方式是取期间每一天库存余额的平均值。期间天数可选择按月（30 天）、按季度（90 天）、按半年（180 天）、按 全年（360 天）来计算并查看该指标。A 公司是按照季度计算该指标的，存货周转天数越短（存货周转次数越多），说明存货变现的速度越快。

但是，从财务向业务环节追溯时，工厂存货分析重点关注的是影响存货的业务因素，如针对某些存货的提前采购政策是否合理，各种机会耗用的存货情况有哪些，供应目标承诺是否合理等。销售和服务环节存货分析重点关注的是剩余或不足的调配管理、中心库存管理以及存货盘点情况。总之，业务上更关注过剩存储的各类存货的消耗机会，如调拨使用或者降价处理等。

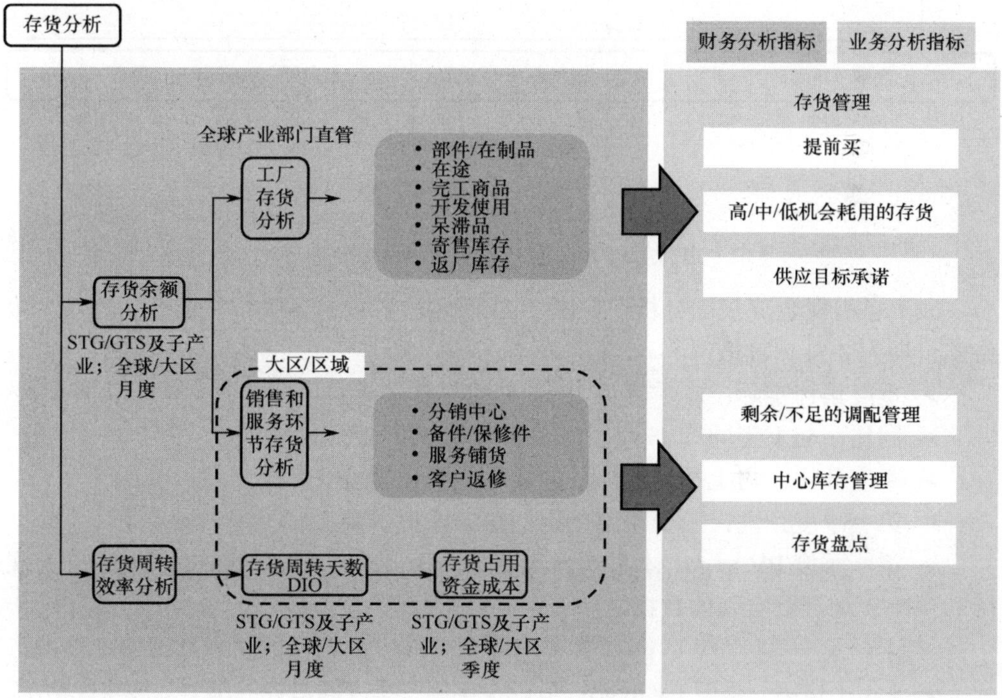

图 2-21　A 公司存货根因分析

6. 自由现金流主题分析

自由现金流是指不包括投资并购产生的现金流入和流出。自由现金流分析也包括钻取分析和影响现金流的根因分析。

（1）自由现金流钻取分析。自由现金流的钻取分析维度较销售要简单得多，共有三条，如图 2-22 所示。钻取分析的主要目的是让各条线管理者简单直观地发现造成现金流影响的主要组织是哪些。主要包括 Brand 和 Geo，但主要的管理责任在 Brand，Geo 不是管理重点，子产业、产品线、产品不管现金流，客户群（行业）、客户维度也不管现金流。

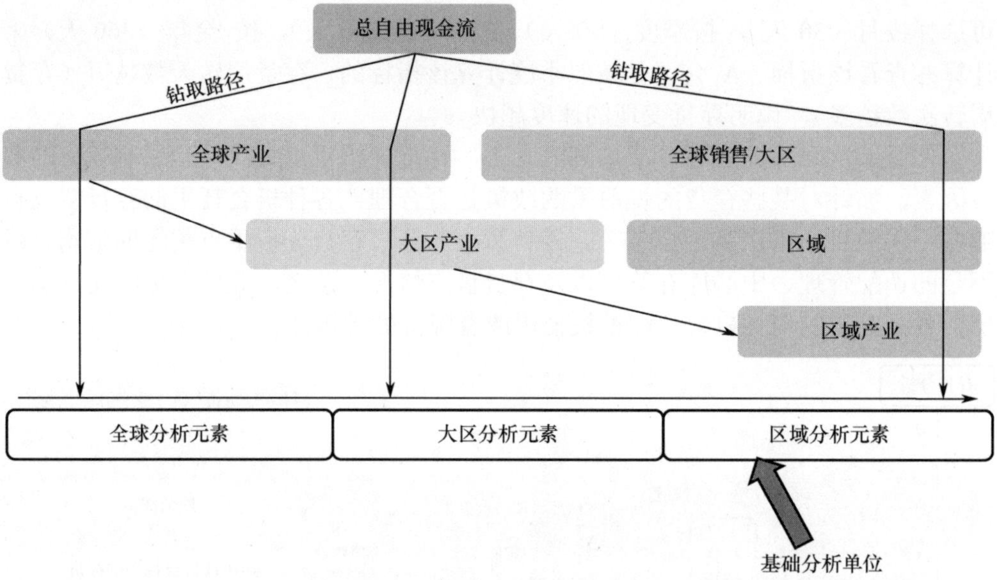

图 2-22　A 公司自由现金流钻取分析

（2）自由现金流根因分析。如图 2-23 所示。各列是各类口径的分析方法，报告的日期为 3 月。包括：

➢ 季度累计实际：本季度第 1—2 月的累计实际数。

➢ 同比：与上年同期 1—2 月累计实际数的比较变化率。

➢ 季度环比：与上季度同口径的实际数的比较变化率。

➢ 第一季度预测：上个季度制定的第一季度预测数。

➢ 第一季度 PV to go：本月初预测的第一季度可以实现的数据。即 1—2 月实际和预测 3 月可以实现的数据之和。

➢ 上年第一季度 PV to go：上年同期第一季度同口径的历史基线实现情况。

➢ 5 年平均第一季度 PV to go：最近 5 年第一季度同口径的历史基线实现情况。

各行是影响自由现金流的根因分析，主要是从影响自由现金流的各项要素展开分析，包括折旧摊销、应收账款、存货、应付账款、递延收益、净税收支出、净养老金支出、重组资金支出、其他资产和负债项目的影响以及固定资产、租金、软件开发费、净资本性支出的影响。

2.5.5　AD-HOC 分析

相对于很多公司特别喜欢事先定义固定格式的报表，A 公司并不会这样。因为市场是不断变化的，业务是不断变化的，A 公司会随时根据业务分析的需求，自定义分析报表。

图 2-23　A 公司自由现金流根因分析

例如，通过海波龙（Hyperion）的 Essbase 和 Excel，分析人员可以以权限管理登录系统数据库。通过拖拉事先在 Essbase 中建立的分析模型（各类维度和维值）快速定义分析报表的格式和内容，能够快速形成面向特定目的的分析报表。

在 A 公司中，通常是财务人员利用这样的工具，为各级领导提供 AD-HOC 分析报表。

2.6 A 公司分析数据获取频率和分析系统架构

2.6.1 A 公司分析数据获取频率

如表 2-9 所示，A 公司的报告数据类型包括：实际数、预算数、预测数和 Projection View。其中，Projection View 的意思是基于销售跟单金额等业务数据预测的财务数据（如收入的金额）。如图 2-24 所示。A 公司会把销售机会分为五种状态：已识别、已验证、合格、有条件同意、赢标。各种状态的定义如下：

（1）已识别：客户的潜在利益相关者（Sponsor）已经明确，并且销售代表已经去拜访并跟进了客户，明确了客户需求，A 公司的解决方案可以满足客户需求。

（2）已验证：拜访了客户潜在利益相关者，并获得了其积极响应。

（3）合格：和客户利益相关者进行了深入沟通，对项目计划进行了深入评估，并获得了积极响应。

（4）有条件同意：与客户达成了秘密协议，客户基本明确选择 A 公司

（5）赢标：签订了合同，明确了服务合同说明书。

不同状态的销售跟单就像一个管道，处于前面状态单子越多，赢标的单子才会更多，因此 A 公司的销售部门就是通过这样层层对销售订单进行负责，从上周四一直到下周五层层开会讨论，直到由全球销售总经理最终讨论审核（Review）确定。这种回顾更多的是鞭策下属完成销售任务，协调资源。销售机会回顾会议的顺序通常如下：

➢ 周四，国家销售代表负责对订单的状态进行维护。

➢ 周五，国家销售代表的一线经理进行审核。

➢ 下周二，国家的行业销售部门、产品事业部数据互相验证（Interlock），通过国家销售总经理的销售例会进行讨论。

➢ 下周三，对国家层面的销售数据进行汇总合并，并召开区域级销售机会回顾分析会。

➢ 下周四，区域层面的销售数据提报合并至大区层面总经理，并召开各区域层面的销售总经理销售例会，讨论销售机会。

➢ 下周五，大区层面的销售数据提报合并至全球销售总经理，并召开各大区层面的销售总经理销售例会，讨论销售机会。

表 2-9　A 公司业务和财务指标的分析数据获取频率

		业务指标（日、周）			财务指标（月度）							
报告数据	频率	销售跟单金额	签单额	发货额	收入	成本	毛利	费用	PTI	AR/DSO	存货/ITO	CF
实际数	日			√（Dashboard 展示）								
	周	√（Dashboard 展示）	√（Dashboard 展示）	√（Dashboard 展示）								
	月	√	√	√	√	√	√	√	√	√	√	√
预算数	周	运营目标	运营目标	运营目标								
	月											
	季				√	√	√	√	√	√	√	√
	年				√	√	√	√	√	√	√	√
预测数	日											
	周											
	月				√							
	季				√	√	√	√	√	√	√	√
	年				√	√	√	√	√	√	√	√
Projection View	日											
	周											
	月				√							
	季				√	√	√	√	√	√	√	√
	年				√	√	√	√	√	√	√	√

如图 2-24 所示，所有订单的状态都由各国家的销售代表维护在 Siebel 系统（CRM 系统）中，财务会将这些不同状态的销售单子按照一定的模型（Modeling System）（基于历史数据建立的模型）自动运行出销量预测数和财务所需要的收入预测数。这个收入预测数就是我们解释的“Projection View”数。

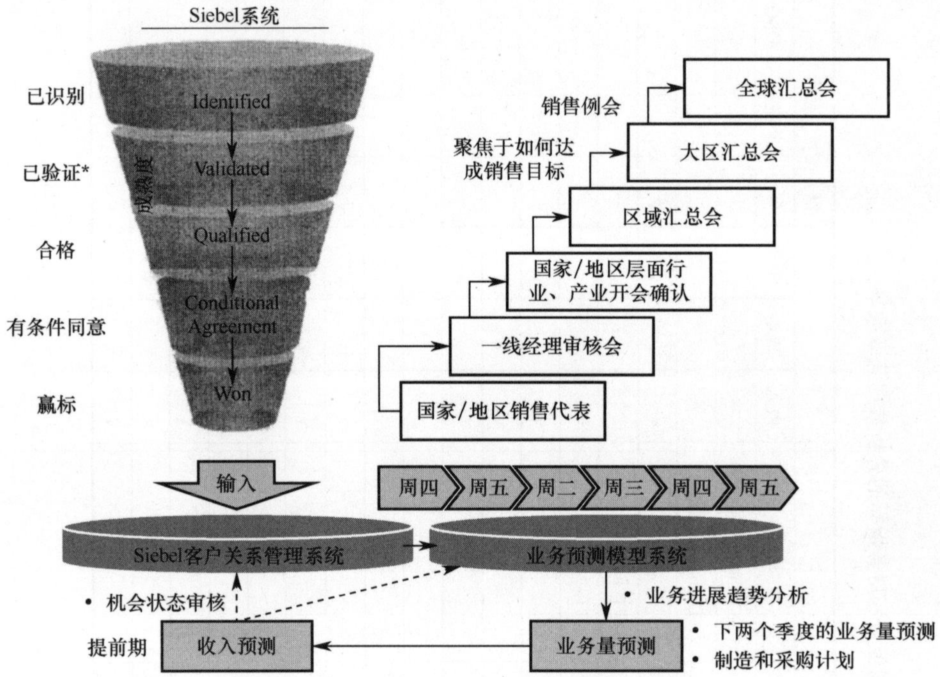

图 2-24　A 公司销售管道管理及其收入预测图

➢ 财务数据。财务实际数均为月度更新，但每周财务与业务合作，根据最新的签单额等信息，进行收入的预测。

➢ 业务数据。业务数据可按日或者周更新：其中销售跟单金额，签单额按周更新，发货额按日更新。对于销售跟单金额、签单额、发货额等没有周度预算，但运营有周度目标。每周销售运营分析会从国家、区域、大区、全球总部层层进行业务指标的审核。

2.6.2　A 公司分析系统架构

A 公司的分析系统名称为 APEX，它是 Advanced Planners' Exchange 的首字母缩写。它由 Hyperion Essbase，Lotus Notes 和 Excel 构成。

APEX 以客户端/服务器架构和多维度数据存储，可任意获取历史数、当前数、预测数、预算数。如图 2-25 所示，APEX 在架构上分为四层：数据源、数据仓库、数据集市和报告展现层。

A 公司数据源包括财务系统和业务系统（如 HR、CRM、BMS）。与 APEX 分析相关的数据源有 800 个，涉及不同层级（总部、BU、各级区域）。其中，50%是生产数据库系统，25%是归档数据库系统，可获取三年以上的历史数据。其余为测试或者其他目的的数据库系统。

除了财务和业务系统提供的实际数外，A 公司还有分析所需要的预算数、预测数。这些数一般是通过 Excel 进行收集，最后导入 APEX 进行存储。

APEX 的维度架构为多套应用架构。总部设置统一的标准维度架构，各 BU 可根据自身需要设置自己的分析维度，但必须要包含总部的维度信息。这样既可以满足总部基于标准维度的层层钻取分析，也可以满足各事业部根据自己的业务特点所进行的个性化分析。

APEX 以规范的、整合的方式进行大量数据的存储，为计划、分析和报告提供服务。

APEX 提供 Essbase 的 Excel 客户端，为一般分析人数和经理提供自定义的报表。在前面我们介绍的 AD-HOC 分析就是基于 Essbase 的 Excel 客户端实现的。

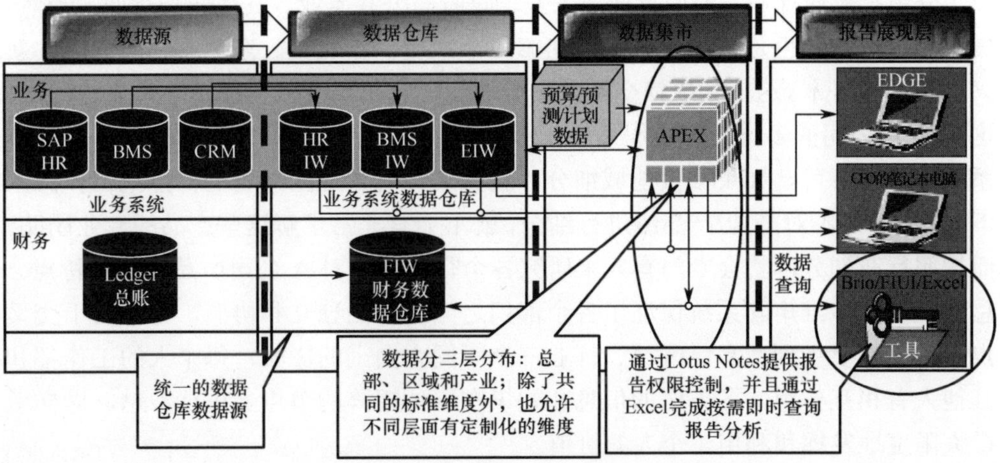

图 2-25　A 公司分析系统架构

2.7　案例要点解析

A 公司是一家世界 500 强的科技公司。其多维矩阵式组织架构的复杂性是很多企业无法想象的。因此，很多企业都将其作为卓越运营体系学习的标杆。大家在学习这个案例的过程中，建议重点学习以下要点：

1. 基于先进组织和运作模式下的责任中心设定

组织复杂、业务多元化、规模庞大的企业，要想建立一个规范化的、体系化的卓越运营体系，首先要考虑的就是建立适合自身业务特点的、先进的组织和运作模式。这种运作模式的要点是组织运作高效，责任中心的设定清晰合理。责任中心设定听起来比较抽象，但究其本质，它就是基于企业组织和运营模式基础上的企业责任和权力体系设计。因此，卓越运营的前提是企业的组织和运营模式比较先进。

在先进的运营模式下，才有可能设计出高水平的责任中心体系。对于A公司而言，其矩阵式架构下，为了确保各条线、各层级的管理者、员工能够拧成一股绳，劲往一处使，必须要设计出基于团队协作式的市场运作模式，以适应越来越复杂的内部产品服务以及满足越来越激烈的市场竞争要求。

我们再回顾一下本案例开头部分有关A公司组织架构的描述：在这个矩阵中，有按产品体系划分的事业部，如系统技术事业部、软件事业部、服务事业部、技术服务事业部、全球融资事业部等；有按照行业等划分的“业务单元”，如金融行业、分销与流通行业、通信行业、工业、政府与公共事业、其他成长行业；当然，按地域市场划分也是这个多维矩阵的第三个维度，如北美、东北欧、西南欧、新兴增长区和日本。这三条纵横交错的划分准线的有机结合就构成了一个立体网络，这就是A公司的多维矩阵组织系统。很显然，“X、Y、Z三个划分准线”在这个系统里缺一不可。如果不按地域细分，就无法针对各地区市场的特点把工作深入下去。而如果不对产业/产品线进行细分，就不会有非常了解这些产品的专业团队。而按照行业划分，就会专门有人来研究各个行业客户对A公司产品的需求特点。总体上讲，多维矩阵系统保证了各个部门之间相对的独立和协调，每个处于交叉点中的人都要受到产品、区域、行业三个不同方向上的影响，每个人的工作都和其他人有相互作用。各方面的信息和知识在立体矩阵的节点上进行汇总，这样就最大限度地发挥和利用了个人的价值。

“尽量细分和精通本行的同时，又能通过协调把这些资源有效整合在一起”——被认为是A公司组织架构的成功之处。在A公司人自己眼里，这实际上是一个团队协作的过程。而从外部，或者从用户的角度看，A公司力图留给用户这样一种印象：一个用户只需要对一个“销售”（Salesman）就可以解决问题。这个销售可以卖给用户所需要的一切，从一台PC到一揽子解决方案，包括了软件、硬件、合作伙伴的二次开发和咨询服务等。A公司称之为一个统一的面向用户的出口（One Voice），为了避免客户在得到A公司服务的时候，不至于被内部的组织及多头管理弄得无所适从，一切问题都在 A 公司内部系统协调解决，用户需要面对的事情和关系越简单越好。而要做到这一点，灵活的结构体系是一个重要支撑点。这是一个典型的黑盒子理论，不管内部系统如何错综复杂，外部“只有一个出口”面对用户。

基于上述复杂的组织和运营模式，A 公司的责任中心体系通过非常简单、清晰的财务指标对各级各条线管理者的责任进行了清晰的划分，这些财务指标不多，主要包括收入、毛利、分摊前净利润、税前净利润等、DSO、DIO 等。但这些指标紧扣各级管理者的职责，使他们之前能够紧密协作，共同开拓市场，满足客户越来越复杂的交付要求。

2. 基于责任划分的内部结算方法

在本案例中，我们系统介绍了要实现管理责任的区分和界定的五大方法及其应用场景：直接归集法、一事一结法、量价结算法、会计分摊法和管理分摊法。这些方法，尤其是一事一结法、量价结算法在一般教科书中或者市场上其他管理书籍中都很难见到，这些方法在本书中介绍得非常全面、具体。这里，建议大家重点掌握的是量价结算法。

能否采用量价结算法，将自身的成本结算至利润中心，也是区分一个部门是成本中心还是费用中心的重要依据。如果一个部门的产出可以用数量进行衡量，如 A 公司的全球交付中心，它是为各利润中心提供咨询系统实施等交付服务的，其产出非常明确，就是顾问的服务时间。这时我们就可以将其定义为成本中心，并为其进行内部服务定价。这样，它和利润中心之间就形成了模拟市场关系和内部制衡关系。利润中心使用成本中心的资源越多，其需要承担的费用就越高。成本中心的内部定价也基本是基于成本定价，但这种价格必须具备市场竞争力，否则利润中心可以要求从外部市场采购服务。正是这种市场关系和内部制衡机制，共同促使各利润中心和成本中心都沿着各自价值最大化和 A 公司价值最大化的方向努力。这一点，正是目前很多大型集团企业所缺乏的良性管理机制。这一点我们在后续的案例 C 中也会重点阐述。

3. 溯源分析、根因分析及报告分析体系的建立

我们知道，企业进行预算编制时的逻辑是先编制业务预算，生成财务预算。ERP 的逻辑也是先有前端的业务信息输入，才会产生后端的财务信息，即“业财一体化”。但在做分析的时候，逻辑一定是反过来的。老板首先关心的是财务指标完成情况，收入是否达标了，毛利是否达标了，利润是否达标了，如果未达标，再分析业务原因，是某个产品滞销了，或者是某个区域没有竞争力了，也或者是

某个大客户不给力了等。这就是梳理从财务到业务的分析体系。在本案例中，我们在主题分析的章节中，详细介绍了收入、毛利、费用、应收账款、存货、现金流等财务指标的沿组织架构的溯源分析和由财务向业务的根因分析。这也是很多企业在建立分析系统时比较薄弱之处。报表很多，但分析逻辑和分析思路不太清晰，这是很难实现分析目的的。

A 公司责任报告体系建立之后，需要借助信息化的手段对 KPI 进行展现和分析。报告按用户分为不同的层面，如：服务于 CEO 和事业部、区域、行业等管理条线总经理的 Dashboard；服务于 CEO 和事业部、区域、行业等管理条线总经理及财务负责人的 TOP Sheet；服务于一般财务和业务分析人员的主题分析和 AD-HOC 分析。在这些报告中，固定格式较少，更多的是根据管理需求，随时去快速定制分析报告。这一点和很多企业在理念上存在很大差异，这些企业在实施 BI 的过程中，恨不得定义出几百张固定格式报表，但这些报表真正谁会去看，管理层有时间精力看吗？不可能。但管理层真正需要解决某个具体问题时，发现这几百张报表也无法支撑。A 公司 AD-HOC 分析报表所依赖的技术目前已经不是神秘的高科技，很多大型企业都买了 Essbase 的数据仓库工具，但有多少家企业把这个工具用活了？这是我们从事分析工作的财务和业务人员需要深刻思考的问题。

4. 基于统一分析数据的运营分析体系的建立

在 A 公司这样的全球运作企业中，特别依赖系统进行管理，大家都属于庞大系统运作中的沧海一粟。可以说，没有系统是无法开展任何工作的，所有的工作都会在系统中留下痕迹，这一点也是大型企业规范化运作可以学习和借鉴的地方。

如表 2-10 所示，A 公司依赖于统一的分析数据，支撑以下运营分析会议的召开：每月两次的运营会议、每周的销售例会、每月的损益预测会和每月的现金流预测会。

我们通常从教科书上学到的知识是：集团企业的管控分为三种模式：运营管控、战略管控和财务管控。从 A 公司的这些会议安排来看，你觉得 A 公司应该属于哪种管控模式呢？毫无疑问，A 公司属于运营管控。它的销售例会是从国家的销售经理（基本属于最底层员工）开始，一层层向上汇报，直到全球销售例会的召开。A 公司的从上到下的管理语言、业务流程和政策、分析框架体系、系统等都是完全统一的，这也基本上达到了 A 公司提出的“全球整合企业”（GIE）的管理理念和效果。

相比于 A 公司，很多集团企业还在统一业务系统、统一管理流程、统一核算体系、统一……的过程中，本案例是最值得这些企业去学习的。

表 2-10　A 公司各类运营分析会议的召开频率、参会人员及会议目标

会议	频率	与会人员	会议目标
运营会议	两次/月	A 公司 CEO、A 公司 CFO、各 Brand 高级副总裁（SVP）、S&D SVP、营销 SVP、HR 等领导	A 公司 CEO 及其直线汇报人员召开会议，基于实际账务数据和更新的预测数据审视业务状况，为业务单元主管提供策略和业务方向指引
销售例会	每周	全球 GM，大区，产业和客户群 GM，销售运作、定价人员等	由产业和客户群的国家销售经理开始每周评审销售机会点；A 公司全球组织进行数据卷积；聚焦销售执行
损益预测会	每月	CFO、财务报告与内控负责人（Controller）、全球各 CFO、各计划主管、计划经理，以及支撑全球、大区和区域 GM 的员工	每月根据各个业务单元的实际账务数据更新其季度财务预算的执行情况。与机会点、收入、成本、费用和利润预测关联，针对风险采取措施
现金流预测会	每月	CFO、资金总监、副资金主管、大区资金主管、区域资金经理，以及大区和产业计划经理及计划人员	每月根据各区域和产业的实际数据进行更新。一开始由国家评审运营资产及自由现金流，并在大区合并预测信息，从而基于季度预算纳入现金流量表和资产负债表

第 3 章

某大型汽车集团公司 B 管理报告

3.1 B 公司概述及管理架构

3.1.1 B 公司概述

B 公司是我国改革开放后，通过自主创新成长起来的、最具代表性的自主品牌汽车企业之一。公司以打造“国际品牌”为战略目标，经过十几年的创新发展，现已成为国内集汽车整车、动力总成和关键零部件的研发、试制、生产和销售为一体的自主品牌汽车制造企业。产品出口到海外 80 余个国家和地区，在全球范围内具备了一定的品牌知名度。

B 公司已建立了五大乘用车产品平台，上市产品覆盖 11 大系列共 21 款车型。公司以“安全、节能、环保”为发展目标，逐步与国际接轨，建立了一套具有自身特色的品质保障管理体系，先后通过 ISO9001、德国莱茵公司 ISO/TS16949 等国际质量管理体系认证。

“自主创新” 是 B 公司发展战略的核心。从创立之初，B 公司就坚持自主创新，努力成为一个技术型企业。目前，B 公司已建成了从整车、动力总成、关键零部件开发到试制、试验较为完整的产品研发体系。通过自主创新，B 公司在 DVVT（双可变气门正时）技术、TGDI（涡轮增压缸内直喷）技术、CVT（无级变速器）以及新能源等一大批核心技术上获得突破，带动了全系产品的全面技术升级。在知识产权建设方面，截至 2015 年年底，B 公司已累计申请各项专利 10000 余件，累计获得授权专利 8000 多件。由于在自主创新方面取得的成绩，B 公司成为我国首批“创新型企业”。

打造“国际品牌”是 B 公司的战略发展目标。首先，在“无内不稳，无外不强”发展理念的推动下，注重开拓国际、国内两个市场，积极实施“走出去”战略，成为我国第一个将整车、CKD㊀散件、发动机以及整车制造技术和装备出口至

㊀ CKD 为 Completely KnockedDown 的简写，为全散件组装。

国外的轿车企业。其次，全面推进全球化布局，实施从“走出去”向“走进去”扎根发展的转变，在全球建立了十几个生产基地，通过实施产品战略、属地化战略和人才战略不断加深海外市场的深层次合作。最后，整合全球优势资源，在全产业链上与跨国公司展开合作，截至目前，B 公司已与十几家世界 500 强企业展开了合资合作。这一系列的合资合作作为 B 公司发展战略的重要补充，为提升 B 公司综合实力和品牌价值、实现企业战略发展目标起到了重要的推动作用。

从 2010 年起，在实现了第一阶段“通过自主创新打造自主品牌”的战略目标的基础上，B 公司开始全面实施从追求速度和销量规模的发展模式到向追求“品质、品牌、效益”转变的深层次战略转型，并确立了企业从 2012 年到 2020 年的三阶段的发展战略目标，从企业经营理念到管理体系进行了全方位大刀阔斧的改革，目的就是要建立与国际接轨的产品开发、生产、营销以及质量管理、人力资源管理和财务管理体系等，为实现企业的战略目标及可持续发展奠定基础。

3.1.2　B 公司管理架构

公司的管理架构分为两条线：一是总部管控和服务部门；二是业务执行部门。B 公司管理架构如图 3-1 所示。

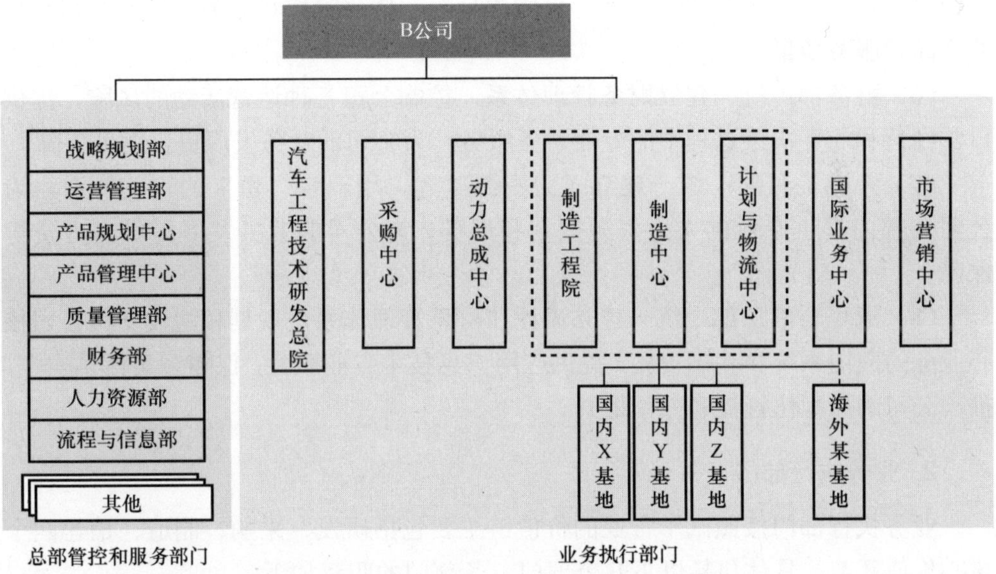

图 3-1　B 公司管理架构

1. 总部管控和服务部门

总部管控和服务部门包括以下八个部门，各部门的职责如下：

（1）战略规划部：作为公司整体业务战略规划的部门，负责中长期和近期业务战略的制订，并对战略的实施进行管理，明确和引领企业的发展方向。

（2）运营管理部：负责公司年度经营计划的落实和跟踪管理，协调解决日常运营问题，促进部门间运营协作，实现公司整体运营效率的提升。

（3）产品规划中心：作为公司整体产品规划的牵头部门，负责中长期和近期产品的组合规划、整车规划和动力总成规划，实现“通过市场拉动产品开发”的目标。下设四个二级部门，具体职责包括：产品市场规划部负责国内和国际市场的产品定位、产品市场分析；产品组合规划部由汽车工程技术研发总院的品牌和产品管理部为基础组建，以组合规划为主要输出物；整车规划部由汽车工程技术研发总院的竞品分析和产品定义部为基础组建，以产品规格书为主要输出物；动力总成规划部以动力总成中心下的发动机整机应用部和变速箱产品开发部为基础组建，负责发动机和变速器的规格定义。

（4）产品管理中心：作为公司产品管理的负责部门，承担整车和动力总成的平台管理、开发项目群管理和生命周期管理的三大职责，为客户创造高性价比的产品。

（5）质量管理部：统一公司的质量管理体系，实现对新品质量、制造质量、供应商质量、售后服务质量和动力总成质量的一体化管控和服务，提升公司整体的产品和服务质量。

（6）财务部：统一建立财务管理体系，控制公司各种运营活动的风险，提供日常经营和业务决策过程中的专业财务服务，为公司的业务发展提供财务保障。

（7）人力资源部：统一建立人力资源“选、用、育、留”的管理体系，为公司各部门提供专业的人力资源规划和服务，为公司的业务发展提供人力资源保障。

（8）流程与信息部：统一建立流程和信息管理体系，规划和建设支撑公司核心业务的应用系统和基础设施，提供应用信息技术专业服务，保障公司信息安全，推动公司的流程化管控和效率提升。

2. 业务执行部门

业务执行部门按照汽车行业的价值链主要包括研发、采购、制造、销售四个核心价值环节。具体包括以下八个部门，各部门的职责如下：

（1）市场营销中心。市场营销中心的主要职责是面向国内经销商和终端市场，开展市场营销活动、提供销售、售后和客户服务，发展和管理强有力的经销商网络，以提升 B 公司的国内市场份额和客户服务满意度。

市场营销中心在总部下设销售管理部、市场产品部、品牌和媒介部、网络发展与管理部、售后服务部、业务发展部、客户关系管理部、业务支持部、财务控制部和人力资源部。其中，财务控制部和人力资源部更多以总部垂直管控为主，市场营销中心管理为辅，如图 3-2 所示。

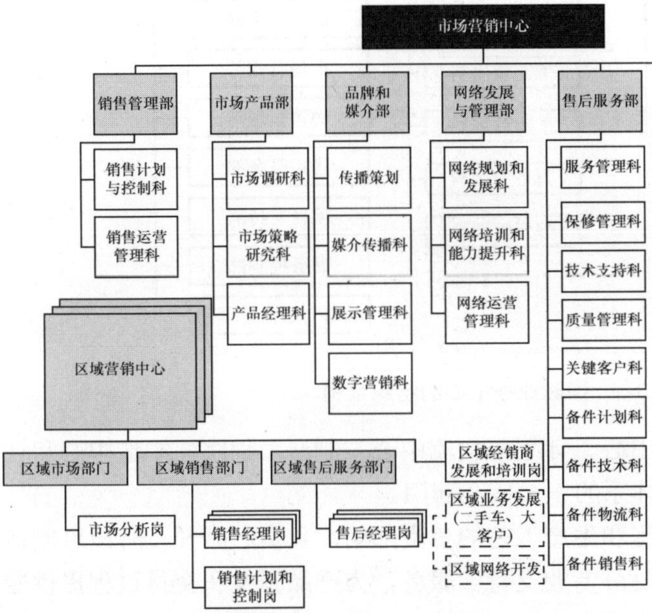

图 3-2　市场营销中心的组织架构

此外，市场营销中心在全国各区域下设区域营销中心，各区域营销中心分别下设市场部门、销售部门和售后服务部门。

（2）国际业务中心。国际业务中心的主要职责是负责 B 公司产品在国际市场的销售。深入洞察国际细分市场的需求，进行战略性选择，开拓国际目标市场，牵头和协调重点国际市场新型业务模式（结合了 B 公司生产、采购、研发等）的建设和运作，以提升 B 公司的国际市场份额和客户满意度，实现国际业务的可复制化。

如图 3-3 所示，国际业务中心在总部设立了国际产品部、市场营销部、销售管理部、售后服务部、项目支持部、财务控制部和战略与运营管理部。其中，财务控制部属于总部财务垂直管理的部门。

国际业务中心设立了六个海外大区：中东大区、亚太/大洋洲大区、中南美大区、西亚大区、独联体大区和欧盟大区。各大区下设国家代表处，部分大区还设有子公司。

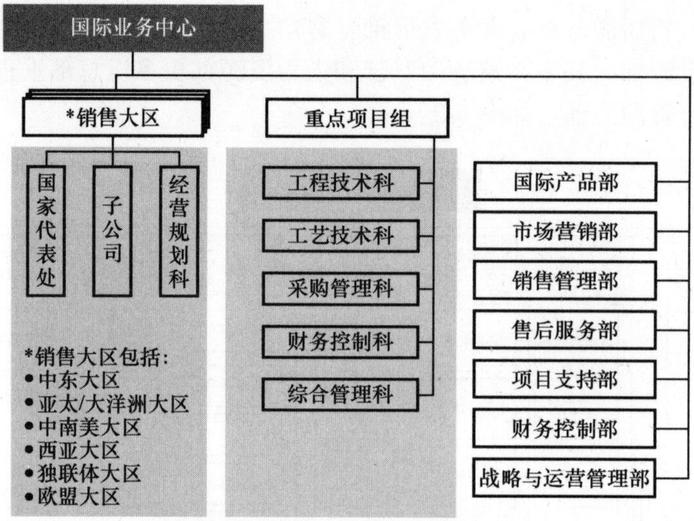

图 3-3　国际业务中心的组织架构

（3）制造工程院、制造中心、计划与物流中心。制造工程院、制造中心和计划与物流中心属于公司生产体系的三大核心部门。

制造工程院作为产品工程和生产工艺的负责部门，负责产品开发阶段可制造性的设计和制造过程的 “工程+专业支持” 服务，为产品开发和交付过程提供专业、高效的工艺支持。整体划分为三大功能模块：项目管理和支持、核心工艺和设备规划、工厂规划和建设。

制造中心作为大生产体系的核心制造模块，集中管理生产资源，建立全球统一、标准和精益的生产体系，为客户生产高质量的产品。制造中心直管国内三个制造基地和一个海外工厂。

计划与物流中心统一承担生产计划管理的功能，负责公司生产计划、物流和生产准备管理职责，实现从订单到交付的一体化管理。

（4）动力总成中心。动力总成中心的职责是整合动力总成内部的产品开发、采购、计划物流、制造和销售资源，为公司提供优质的动力总成系统。动力总成中心主要负责生产发动机和变速器，为整车生产提供内部配套，同时也会对外销售。当然，从比例上来看，对外销售的比例很小。

动力总成中心下设动力总成规划部、动力总成产品管理部、动力总成研究院、计划与物流部、制造部、设备部、制造工程部、采购部、质量管理部、销售部、行政人事部和财务部。同时，为保证和整车生产的匹配或者管理体系的一致，虚线部分的部门以总部垂直管控为主。动力总成中心的组织架构如图 3-4 所示。

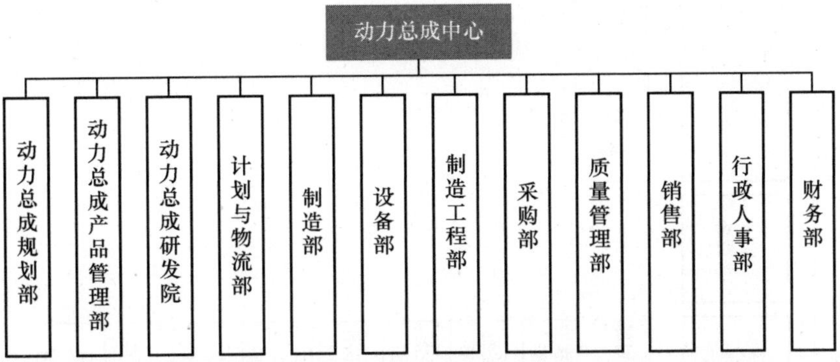

图 3-4　动力总成中心的组织架构

（5）采购中心。采购中心负责统一管理公司的各项采购业务，与关键供应商建立战略合作伙伴关系，为公司各部门提供高质量、低成本的采购服务。具体包括动力总成采购、生产性采购、非生产性采购、大宗物料采购、国际公司采购五大采购执行部门以及供应商开发管理部、采购体系管理部、供应商质量管理部三大采购管理部门。另外，虚线的财务和 HR 以总部垂直管理为主。采购中心的组织架构如图 3-5 所示。

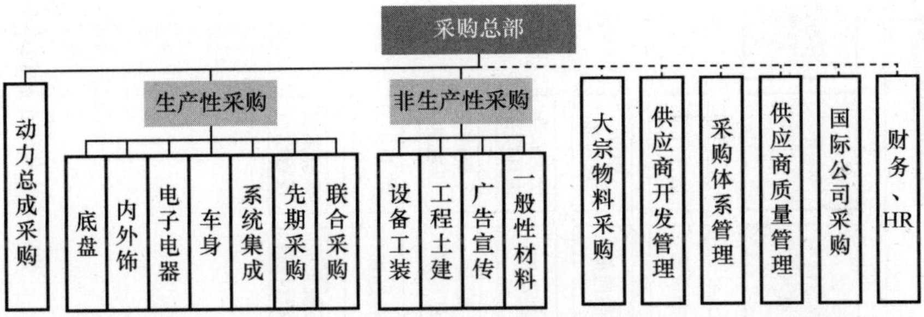

图 3-5　采购中心的组织架构

（6）汽车工程技术研发总院。汽车工程技术研发总院作为 B 公司专业研发组织，承担技术开发和系统开发的职责，同时负责各研发专业能力的建设，实现专业、一致、高效的产品开发。

汽车工程技术研发总院下设 11 个一级部门，包括车身技术研究院、内外饰技术研究院、电子电器技术研究院、底盘技术研究院、动总集成技术研究院、核心技术管理部、预研和基础技术研究院、试验和整车技术工程院、前瞻技术科学院、研发管理部和人事行政部。其中，人事行政部是由 B 公司总部垂直管理的部门。汽车研发部门是一个极其复杂、分工专业的部门，这一点从汽车工程技术研发总院的组织架构可以看出，如图 3-6 所示。

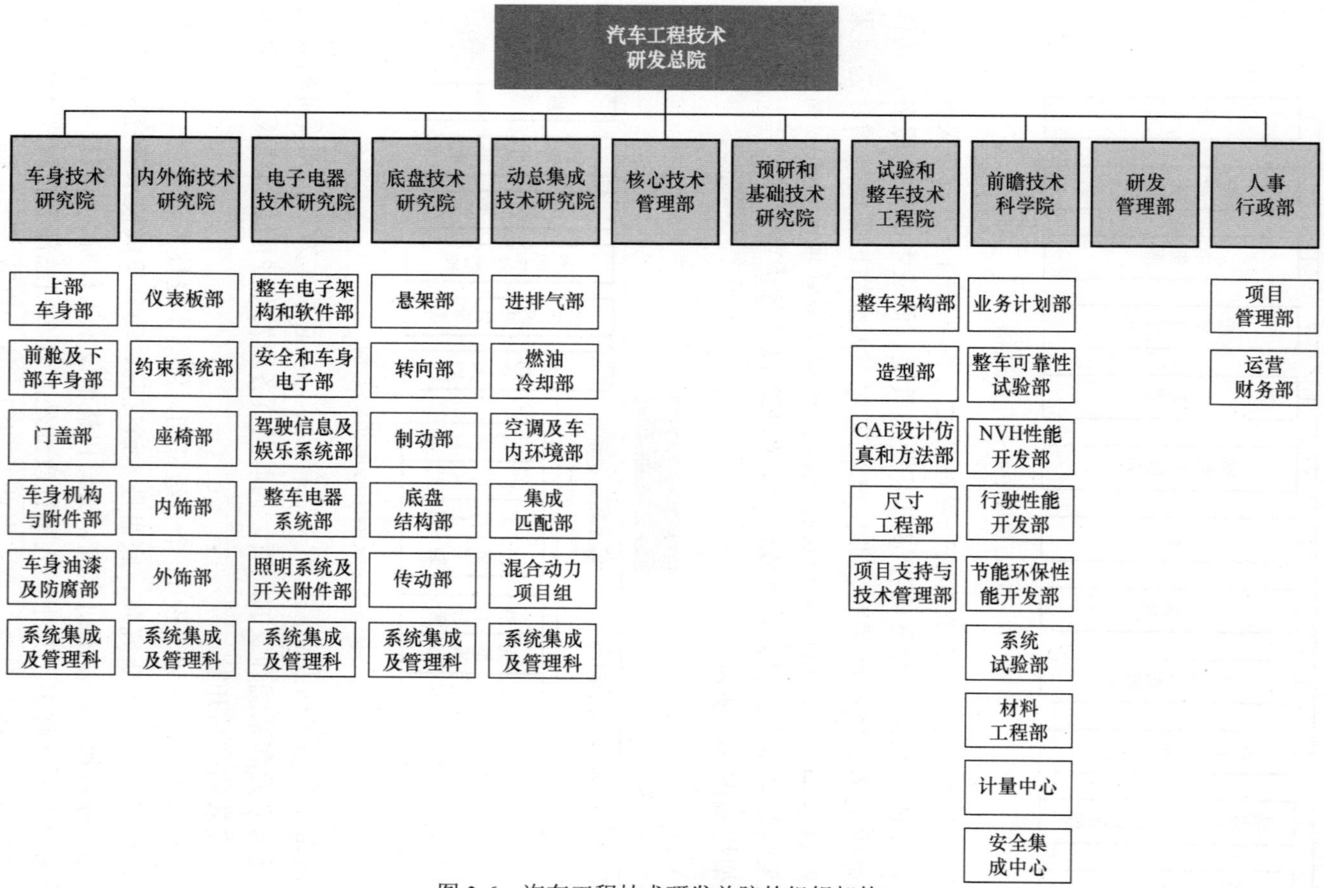

图 3-6 汽车工程技术研发总院的组织架构

注：CAE 为 Computer Aided Engineering 的简写，即计算机辅助工程；

NVH 为 Noise、Vibration、Harshness 的简写，即噪声、振动和声振粗糙度。

3.2　B 公司基于责任的管理报告体系设计方法

3.2.1　B 公司责任中心界定

责任中心界定是任何公司进行管理报告设计的前提和基础。将一个部门设为一个利润中心（或者模拟利润中心），还是收入中心，取决于公司对该部门的管控模式和管理期望，而将一个部门设为费用中心还是成本中心，更多取决于这个部门是否有标准产品产出。当然，一个企业成长到一定规模之后，企业必须设立利润中心（或者模拟利润中心），否则，企业的千斤重担将只有公司总经理自己扛，管理责任无法有效分解。B 公司针对自身的发展情况，对各业务执行部门和总部管控和服务部门的责任进行了如下界定：

1. 市场营销中心和国际业务中心——定位为模拟利润中心

市场营销中心和国际业务中心分别负责 B 公司国内市场和国际市场的销售。同时，市场营销中心每年负责和财务部共同制定商务政策。对于汽车行业来说，各种返利类型的商务政策是非常复杂的，财务部肯定难以独立完成，需要和销售部门共同商讨制定。

过去在企业规模相对较小时，财务部对市场营销中心和国际业务中心的定位是收入中心，即考核销量、收入和销售费用。但在这种定位下，可能会造成销售部门和公司价值最大化的背离。例如：①销售部门可能会千方百计地制定有利于销量和收入最大化，而不是公司利润最大化的商务政策；②另外，在实际销售过程中，销售部门也可能会只注重销量和收入，而不太考虑应该多销售附加值高的产品；③销售部门为了更好地满足客户要求，会频繁根据客户要求修改汽车配置，这对销售部门没有什么额外成本，但对于公司制造部门来说，会大大影响效率，从而提高了公司的成本。

同时，收入中心承担的责任是非常有限的，它不是一个面向市场竞争的组织，仅仅是按照公司既定的商务政策进行销售执行的部门。这对于快速发展、快速国际化的 B 公司来说，很显然是越来越不合适了。华为老总任正非一直强调“让能听到炮声的人进行决策”就是这个道理。从前述两大销售部门的组织结构图可以看出，它们处于市场一线，很难想象这么大的一个组织不承担利润中心职责的可怕后果。

其实，尽管汽车的研发和制造比消费类电子、电器产品复杂很多，但在内部管理的逻辑、思路和方法上，应该是相通的。像华为、联想、海尔等国际化公司，都是将面向市场的销售主体设立为利润中心，将制造基地设立为全球共享成本中心，将面向市场的研发机构设立为费用中心，但一般归属于产品线利润中心。

因此，为了克服将销售部门定位为收入中心带来的问题，B 公司经过深思熟虑后，确定将两大销售单位定义为“模拟利润中心”，即承担锁定销售成本和总部管理费用分摊下的税前利润指标。税前利润的具体计算逻辑详见后续责任报告逻辑说明。通过将两大销售部门——市场营销中心和国际业务中心定位为模拟利润中心，B 公司对其能力提出了新的要求，要求其不再是单纯对销量、销售净收入及费用负责，而是要综合平衡销售资源、商务政策，制定最佳销售组合等，为生产计划提供重要输入，做出有利于公司利益最大化的决策。

当然，作为市场营销中心和国际业务中心的下属的各区域和大区也同样可界定为“模拟利润中心”。

2. 各整车生产基地（工厂）——定位为成本中心

目前，B 公司大生产管理体系下的制造中心直管各生产基地（国内的三大生产基地以及在海外的一个生产基地）。部分生产基地不仅生产整车，有些还生产发动机和变速器。

从国内外大型企业的普遍经验来看，由于制造基地有清晰明确的产出——产品，因此将其定义为成本中心是一种最简单、最直接、最清晰的管理办法。然而，有人认为，反正已经在生产单位和销售单位之间设定了“内部转移价”，还不如将生产单位也定义为“模拟利润中心”，内部转移价收入减去生产成本就等于模拟利润。这好像也有点道理，其实定义为成本中心和模拟利润中心对企业管理的复杂度是完全不同的，主要表现在：

（1）内部转移定价会变得非常复杂。财务部在制定内部转移价时，究竟将多少留给生产单位，多少放在销售单位，这是一项非常具有挑战性的工作。

（2）总部管理费用分摊非常复杂：总部管理平台的费用，都要分摊至各利润中心，用以评价利润中心真实创造的市场价值。如果生产单位也和销售单位一道承担这部分费用的分摊，将无法找到合适的分摊动因。

（3）公司整体利润合并抵消也将变得更加复杂。

如果将生产基地定义为成本中心，上述问题将会变得非常简单。无须进行复杂的内部转移定价，直接拿生产单位的“标准价格”作为“内部转移价”。总部管理费用分摊仅分摊至销售部门。所有利润中心损益相加就等于公司整体利润，公司整体的报表结构也变得非常简单。

因此，将各整车生产基地（工厂）定位为成本中心，对其管理导向也十分明确，就是在保证质量和及时交付的前提下追求制造成本的持续降低。它应负责的核心指标包括：制造单位应该承担的制造成本差异（原材料量差、制造费用差异等）、质量、存货周转率、交付及时率、内部满意度等。其中，制造单位应该承担的差异（原材料量差、制造费用差异等）的计算逻辑详见后续生产单位责任报告详细计算逻辑。

另外，各整车制造基地的下属单位通常都包括多个分厂，各分厂下面一般会设立冲压、焊装、涂装和总装车间。这些分厂和车间本身在 ERP 系统中也是设立为成本中心，每个成本中心都有明确的产出，都有明确的标准成本。因此，它们也天然地可被界定为成本中心。

3. 动力总成中心——定位为“成本中心 + 利润中心”

动力总成中心主要为 B 公司整车生产配套发动机和变速器，从当前情况来看，也存在对外销售发动机和变速器的情况，但由于受制于品牌形象还不够好，对外销量目前还较小。

因此，动力总成中心的定位比较特殊，也比较尴尬。一方面，将其视作一个配套整车的发动机和变速器制造基地（工厂），也就是“成本中心”定位更合适。另一方面，动力总成也独立对外销售，尽管目前销量还不大，但总体上看，B 公司是要积极对外拓展这块业务的。从这个角度看，动力总成中心又必须被设为“利润中心”。此外，从 B 公司的管理架构图上看，除了研发环节需要和整车各研发紧密对接外，其生产、采购、销售等部门都是相对独立运作的，所以，某种程度上，动力总成中心也像一个独立运作的公司。

综合以上考虑，应该将动力总成中心定位为“成本中心+利润中心”更合适。从其内部配套看，为了减少内部报告的复杂度，其“内部转移价”的制定也是采用标准成本。而从对外销售的业务来看，属于典型的利润中心定位，必须让其有一定的自主权，主动去搏击市场。

动力总成中心应负责的核心指标是：锁定总部管理费用、财务费用分摊下的税前利润，详见后续动力总成中心的责任报告详细计算逻辑。此外，动力总成中心还应该承担的其他指标包括对外收入、存货周转率以及作为成本中心应该承担的指标，包括交付及时率、内部满意度、质量、制造成本差异等。当然，制造成本差异可以直接融入“税前利润”指标中，从这个意义上说，也可以认为动力总成中心就是一个“利润中心”。

另外，动力总成的下属单位的界定，可参照整车的各价值链环节的设定方法，如各生产车间、研发和采购部门设为成本中心，销售部门可设为收入中心（或者利润中心），其下属的财务、人力等管理部门可界定为费用中心。

4. 采购中心——定位为成本中心

据专家研究分析，采购成本每下降 1 个百分点，相当于利润增长 5%～10%，因此国内制造企业都高度重视采购管理。成本、交付和质量是企业采购的三大关注点，以成本作为采购目标的比例达 53.78%，而以质量作为目标的仅占

14.67%。汽车行业材料成本占到整车成本的70%以上，采购成本降低的重要性更加突出。

成本中心和费用中心的核心差异在于前者可以提供标准的产品和服务，而后者往往无法量化自己输出的产品或服务。从成本中心和费用中心的标准定义来看，B公司采购中心是按照B公司（一个大的投资中心或者利润中心）的成本要求、质量要求及交付时间要求，为其提供原材料采购及其他非生产性采购服务的，且这项服务是可计量成本的服务，因此是完全可以定义为成本中心的，尽管该服务不是很标准。

当然，采购中心也要对可控费用负责，也有“费用中心”的部分特点，但从重要性的角度讲，可以忽略不计。

因此，采购中心作为成本中心定位应承担的主要指标包括采购降本（制造成本差异之直接材料的价差、一般材料价差）；其他指标还包括采购及时率、原材料质量等。其中，采购降本（制造成本差异之直接材料的价差、一般材料价差）的计算逻辑详见后续采购中心责任报告详细计算逻辑。

此外，由于在SAP等ERP系统中计算直接材料差异时可以按照材料类别计算，可以直接对应到采购中心的各二级单位，如生产性采购的车身底盘采购部、内饰采购部、电子电器采购部和系统集成采购部等。因此，这些单位也可以定位为成本中心。而对于无法通过系统计算采购价差的其他非生产性采购部门，如设备工装采购部可以直接用预算作为成本控制标准，因此也可以界定为成本中心。只有供应商开发管理部、供应商质量管理部及采购体系管理部无法界定为成本中心，定为费用中心更合适。

5. 汽车工程技术研发总院——定位为成本中心

研发部门的首要职责是按照公司的产品规划，按照研发项目的质量标准、研发时间计划要求和成本要求，为B公司（B公司可以视为一个大的投资中心，当然也是一个大的利润中心）提供研发服务和产品。尽管这项产品服务不是特别标准，但也基本符合成本中心的定义，因此，也应该将其定义为成本中心。

另外，从研发成本费用的体量来看，汽车公司的研发费用通常非常高，数十亿元到数百亿元都是常见的。因此，它和一般的费用中心定位的职能部门的特点差异非常大。从这个意义上讲，将其定位为成本中心更合适。

当然，与采购中心一样，汽车工程技术研发总院也要对可控费用负责，也有“费用中心”的部分特点，但从重要性的角度讲，也可以忽略不计。

汽车工程技术研发总院的下属部门很多，从事研发任务的各二级部门都承担了很多研发项目，因此从项目的部门属性也可以归集出各部门项目成本的管控情况。因此，这些从事研发的二级部门也可以界定为成本中心。而核心技术管理部、研发管理部及人事行政部、运营财务部等部门可界定为费用中心。

6. 八大管控和服务部门——定位为费用中心

战略规划部、运营管理部、产品规划中心、产品管理中心、质量管理部、财务部、人力资源部、流程与信息部为 B 公司总部八大管控和服务部门。这些部门没有明确的产品和服务产出，其成本费用支出也没有采购中心及汽车工程技术研发总院那么大，属于典型的费用中心特点，因此，应该将这八大部门定义为费用中心。

除以上八大部门外，大生产体系的三大部门：制造工程院、制造中心、计划与物流中心也应该定义为费用中心。当然，对于制造中心来说，由于它直管四大制造基地（工厂），工厂成本中心相关的指标也是其应该和生产工厂共同承担的。

对于费用中心的管控来说，由于它没有标准的产出物，管控性的工作也无法衡量，这一直成为困扰很多大型企业绩效管理部门的难题。但国外大型企业的经验是，对于费用中心管控的总体原则和导向应该是：部门总费用的上升低于部门业务量的上升，即追求服务和管控效率的持续提升。

此外，总部八大管控和服务部门的各二级部门与一级部门一样，也可界定为费用中心。

综上，B 公司的各一级部门的责任界定如表 3-1 所示。

表 3-1　B 公司各部门责任界定

序号	部门	责任定位	考核内容	管理导向
1	市场营销中心、国际业务中心	模拟利润中心	● 核心指标：锁定销售成本和总部管理费用分摊下的税前利润 ● 其他指标：收入、销量、市场占有率、应收账款、存货周转率等	● 鼓励销售部门销售高附加值产品，并完成销售目标 ● 鼓励销售部门制定出有利于公司的商务政策 ● 减少销售部门频繁更改配置的要求
2	四大生产基地（整车工厂）	成本中心	● 核心指标：制造单位应该承担的差异、质量、交付及时率 ● 其他指标：存货周转率、满意度等	● 在保证质量和及时交付的前提下，追求制造成本的持续降低
3	动力总成中心	成本中心+利润中心	● 核心指标：锁定总部管理费用、财务费用分摊下的税前利润 ● 其他指标：对外收入、应收账款、存货周转率、产品质量、内部交付及时等	● 尽管目前对外的业务量很少，但鼓励动总对外拓展市场 ● 独立地更清晰地评价动总的责任

（续）

序号	部门	责任定位	考核内容	管理导向
4	采购中心	成本中心	● 核心指标：采购成本（制造成本差异之直接材料和一般材料价差） ● 其他指标：可控费用、采购质量、及时交付等	● 在保证质量和及时交付的前提下，追求采购成本的持续降低
5	汽车工程技术研发总院	成本中心	● 核心指标：研发项目成本及研发应负责的制造成本差异、研发任务完成及时率等 ● 其他指标：可控费用等	● 在保证质量和及时交付的前提下，追求研发项目成本的降低
6	总部八大管控和服务部门以及制造工程院、制造中心、计划与物流中心	费用中心	● 以部门可控费用及主控费用差异、专项项目完成情况为主 ● 研发项目支出控制，新产品预算与标准成本差异（研发专属）	● 部门总费用的上升低于部门业务量的上升，即追求服务和管控效率的持续提升

3.2.2 B公司基于责任的管理报告设计原则

针对总部各一级部门进行责任中心定位之后，B 公司进行了各部门基于责任的管理报告设计，在设计过程中拟定了以下三大原则：

1. 原则一：管理报告维度架构清晰，满足责任计量和分析需求

任何报表，首先要考虑的是其维度架构。那么什么是分析维度呢？维度是为满足管理分析需求应运而生的，是多维数据库时代的一个专业术语。举个例子来说，在对业务数据进行分析时，如现在对某个区域的销售数据进行分析。如果以年销售额来分析的话，也许可以发现每年的销售收入都在成比例增长。这是一个不错的结果。但是如果从客户的角度出发进行分析，管理人员可能会发现一些老客户的销售额在逐渐降低，销售收入的增长都是靠新客户来拉动的。这个结果就不尽如人意。老客户的丢失，在很大程度上说明企业的客户满意度不是很高，或者说客户的回头率不理想。从这个案例中可以看出，在对业务数据收入进行分析时，需要从多个维度（区域、客户、产品等）对同一数据进行分析。

对于管理报告来说，B 公司的核心目标是实现股东价值最大化，就是围绕实现既定的投资回报率，将公司的利润目标有效分解至各责任单位。如图 3-7 所示，B 公司责任报告的核心维度架构必须包含以下几个维度：

（1）价值链维度。这个维度包括销售、生产、采购、研发和总部管理平台，它们是汽车企业最重要的核心价值环节。销售环节对应的管理组织是负责国内市场销售的市场营销中心和负责国际市场销售的国际业务中心；生产环节对应的管

理组织是四大整车生产基地（工厂）；采购环节对应的管理组织是采购中心；研发环节对应的管理组织是汽车工程技术研发总院；总部管理平台对应的就是总部八大管控和服务部门。

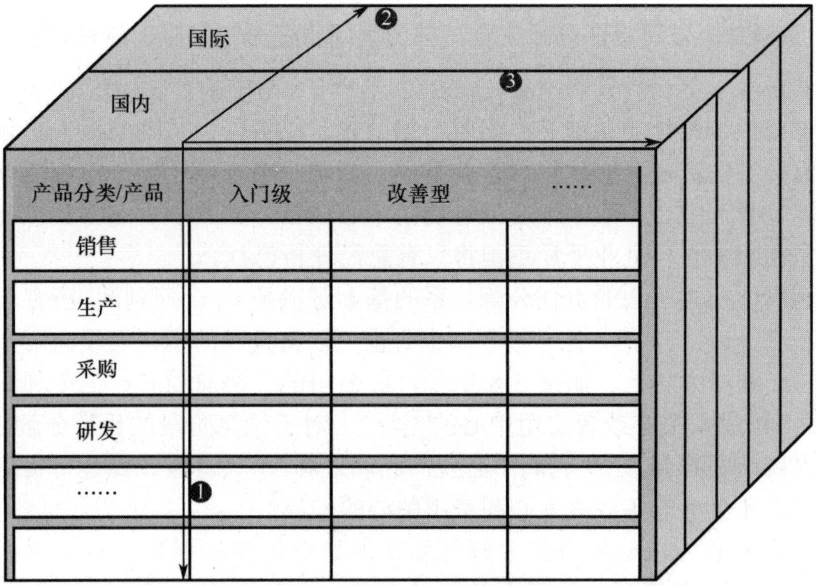

图 3-7　B 公司管理报告总体架构

（2）产品维度。从责任计量和报告的角度来看，价值链维度对管理分析更重要，因为它对应的就是企业的管理组织。但是从盈利分析的角度看，产品维度是任何一个制造型企业必须高度关注的核心分析维度。产品维度可以按照产品类别层层展开，形成树形架构。如对于 B 公司来说，首先将车型分为入门级和改善型。入门级定价低，毛利率也相对较低。然后，在入门级车和改善型车分类下再细分各种车型。有了这一样一个树形结构的产品分类，未来产品盈利分析就可以沿着该树形结构层层向下钻取分析。

（3）区域维度。目前，区域维度可以视为市场营销中心和国际业务中心两大部门的细分维度。例如，市场营销中心可以细分为华南、华北、华中、华东、东北、西北、西南区域营销中心。国际业务中心可以细分为中东大区、亚太/大洋洲大区、中南美大区、西亚大区、独联体大区和欧盟大区，各大区下设国家代表处。因此，目前情况下，可以将区域维度理解为销售环节的两大模拟利润中心的细分维度，未来在责任报告的计量和分析过程中，也可以沿着该树形结构层层钻取。如国际业务收入未达标，究竟是哪个大区未完成目标？还可以进一步看是大区下的哪个代表处未完成任务。但是从长期来看，未来将随着 B 公司进一步国际化，区域将作为和价值链相独立的一个维度而存在，且会成为公司最重要的一个维度。

因为比较成熟的国际化企业，对于大区来说，如欧盟大区将会是一个重要的一级责任单位（如前述 A 公司案例中的大区定位一样）。那时，大区下面再按价值链分解看业绩时，价值链可能会成为区域维度下的辅助分析维度。

2. 原则二：公司责任分解完全，部门之间责任分割清晰、责任可计量

既然是基于责任的管理报告，或者说以责任为基础的管理报告，“责任”二字一定是管理报告设计的关键字。同时，如前述，以责任为基础的报告必须是以利润中心为核心的责任分解体系，也就是说，如果一个企业达到一定规模以后，内部还全部是收入中心、成本中心或者费用中心的话，则这个企业将只有公司总经理自己是利润中心，企业千斤重担将只有总经理自己扛。

以利润中心为核心的责任分解体系的基本逻辑是：“公司利润=所有一级利润中心的利润合计”。当然，各一级利润中心也可以将自己的责任继续向下分解至二级甚至三级利润中心上。如图 3-8 所示，B 公司的“税前利润= 三个利润中心税前利润之和+成本中心或者费用中心的差异”。对于预算阶段的目标分解来说，B 公司的“税前利润 = 三个利润中心税前利润之和”，只有在计算公司实际税前利润的时候，才会考虑各成本中心和费用中心的差异。

以利润中心为核心的责任分解体系是不是责任都在利润中心，成本中心和费用中心没什么责任呢？肯定不是，成本中心和费用中心某种程度上是为利润中心服务的。一般来说，成本中心和利润中心之间是用内部转移价结算的。公司将税前利润分解至各利润中心是有假定基础的，这个假定基础就是成本中心和利润中心之间的内部转移价。也就是说，公司最终税前利润能否顺利实现，不仅取决于利润中心的努力，还取决于成本中心的努力。如果成本中心最终的成本目标高于内部转移价，就会形成成本中心的负项差异，公司的税前利润就无法完成。费用中心的道理也类似，总部管理平台的费用最终要以预算数分摊至各利润中心并锁定。如果总部各管理部门的费用超过预算数，那么公司利润目标也一样无法完成。

因此以利润中心为核心的责任分解体系，是将公司的责任分解至公司的全部利润中心、成本中心和费用中心，完全覆盖了企业全价值链各环节：生产、销售、采购、研发及总部管控服务部门。

当然，责任分解也要注意确保各责任中心的责、权、利匹配，确保其行为符合公司价值最大化。例如，市场营销中心和国际业务中心从收入中心转变为模拟利润中心的过程中，相应的决策权也要适当分解下去，如果还和以前收入中心定位一样，所有事情都要请示公司领导，自己仅承担执行角色，那么模拟利润中心希望达到的效果将无法实现。

另外，需要注意的是在责任分解过程中，一定要确保各责任单位的责任可数

字化计量，这是形成责任报告的前提条件。

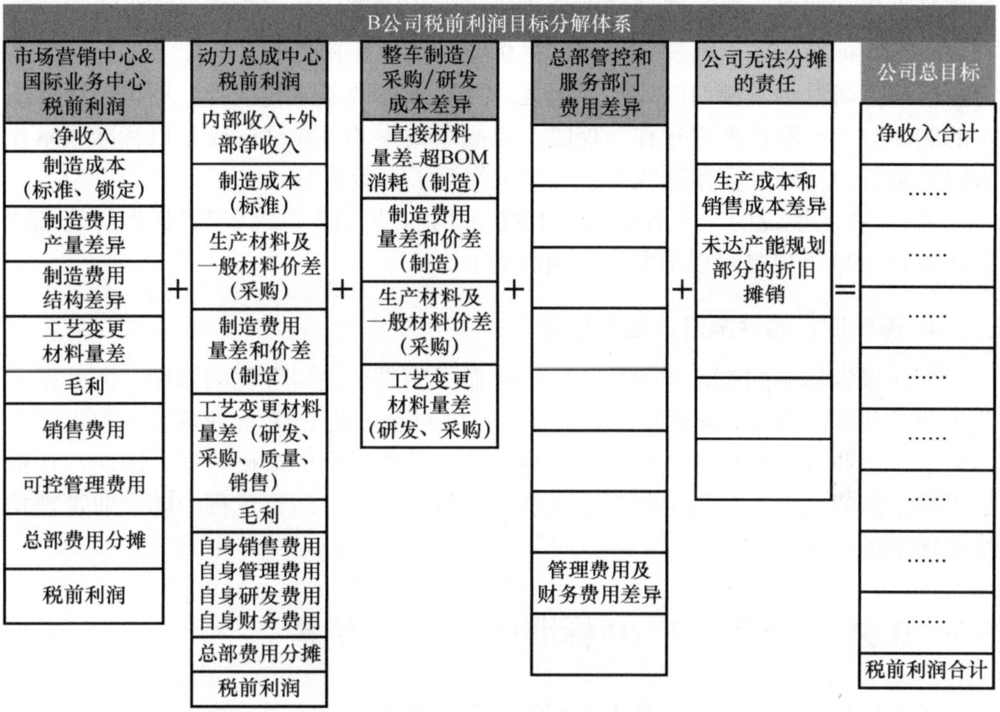

图 3-8　B 公司税前利润责任分解体系

3. 原则三：预算和标准成本相结合

为什么预算成本与ERP标准成本要进行结合？这也是本案例积极探索的一个重要方向，目前国内很少有企业采用。熟悉 SAP 等 ERP 系统的人都知道，离散制造业企业的成本核算一般采用逐步结转法，通过工艺路线及其工艺定额一步步计算出成本，这种计算逻辑非常复杂，任何预算系统都是无法模拟 ERP 系统进行成本预算的。因此，这就造成实际成本和预算成本的口径、逻辑和方法不一致，导致无法分析成本差异形成的真实原因。

为了克服这一问题，B 公司通过“预算成本和标准成本的统一”实现“实际成本和标准成本对比分析”与“实际成本与预算成本对比分析”的统一，也就是通过预算的输入（如人数和工资总额的预算），计算出 ERP 系统所需要的料、工、费的标准价格，导入 ERP 系统中，从而在 ERP 系统中计算出产品标准成本，作为产品的预算成本。同时要求在 SAP 系统中标准价格尽量保持稳定（每年不变或仅做季度调整），这就可以利用 ERP 系统强大的实际成本和标准成本对比分析功能，解决实际成本与预算成本口径不一致的难题了。

值得一提的是，目前很多企业在使用 SAP 等 ERP 系统的过程中，为了追求差异最小化，把料、工、费的标准价格设成每季度滚动加权平均自动生成。这种方式会造成标准成本不断变化，成本分析无法进行纵向比较，更无法以标准成本为基准，来衡量相关部门的业绩。因此，预算和标准成本相结合，不仅使标准成本的制定有了预算管理流程作为保障，提高了数据的可靠性，而且以标准成本作为绩效衡量的基础，使标准成本的严肃性得到了有效提升。

另外，在这里说明一下 B 公司的 ERP 采用的是 SAP 系统（但我认为其他 ERP 系统如 Oracle 等也是可以借鉴这种思路的）。

4. 原则四：循序渐进、逐步优化

责任报告体系的设计和运行必须坚持循序渐进、逐步优化的原则。尤其是一些企业管理基础较差，而责任计量方面，可能对企业的 ERP 等业务系统提出很高的要求，而业务系统往往一时难以达到责任计量所需要的基础数据。因此，在框架思路正确的前提下，先进行理念宣贯，并试运转，在运行过程中随企业管理精细化逐步进行优化。

3.3 B 公司预算与 ERP 标准成本结合方案

预算与标准成本结合，是本案例的一个重要创举，也是一项非常细致和专业的工作，在设计该方案时，需要考虑两种情况：一是老产品预算与标准成本结合方案；另一个是新产品预算与标准成本结合方案。

3.3.1 老产品预算与标准成本结合方案

1. 预算与标准成本结合——直接材料

在汽车行业（也包括处于过剩经济时代的绝大部分制造业），尤其在非豪华车制造企业，降本一直是一个永恒的重要话题。而在产品成本构成中，材料成本占到 70%以上。因此，很多企业针对车型所处的市场竞争地位，在年度预算阶段，会制定出明确的材料降本目标。如图 3-9 所示，整个流程如下：

（1）采购部门编制材料价格预算。采购部门在预算系统（或 Excel）中根据公司制定的单车材料降本目标，制定每个材料的年度预算价格。在制定方法上，预算系统可以自动从 ERP 系统中抽取出物料上年的加权平均价，采购部门结合市场的变化趋势、明年的采购量，和供应商进行商务谈判，输入物料计划降本率，系统自动计算出物料价格预算。当然，汽车涉及的材料成千上万，采购部门需要按照物料价值进行排序，突出重点物料的价格预算。

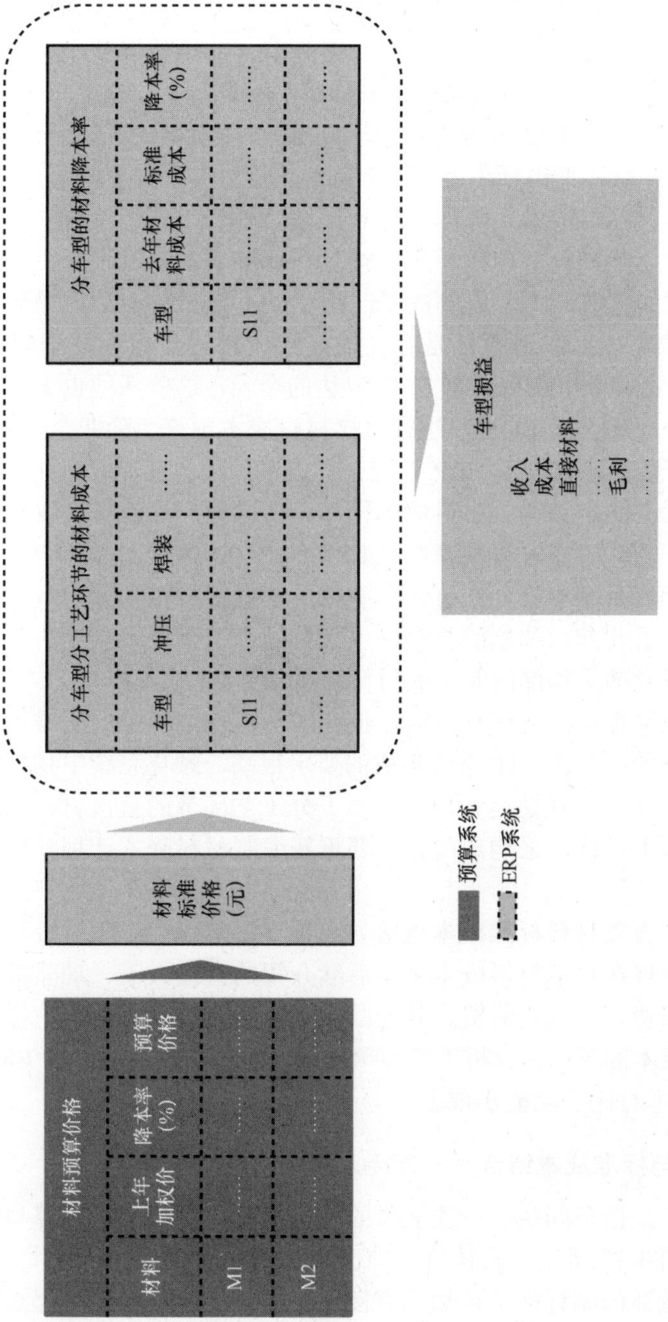

图 3-9　预算与标准成本结合——直接材料

（2）系统自动将审批通过的原材料预算价格导入 ERP 系统，作为原材料的标准价格。

（3）ERP 系统自动计算出产品分工艺环节（冲压、焊装、涂装、总装）的直接材料标准成本：根据最新的物料预算价格（标准价格），根据每个车型的 MBOM（制造物料清单），ERP 系统可以自动计算出分车型、分工艺环节的直接材料标准成本。同时也可以计算出分车型的单车降本情况（单车去年的直接材料实际成本、今年的直接材料标准成本、降本率）。

（4）将上一步骤计算出的单车直接材料标准成本通过系统集成入预算系统作为单车直接材料预算成本，就解决了产品 BOM 复杂的企业的预算成本难题。而目前这个需求在很多制造业都是存在的且比较紧迫，原因在于即使在预算系统（Oracle Hyperion、SAP BPC 等）非常发达的今天，这些系统也无法支持在预算系统中重新构建一套真实 BOM，进行直接材料成本预算。除非企业的产品和 BOM 都很简单，否则只能借助于 ERP 系统进行成本预算。或者退而让步，简单地按照产品的材料大类的定额编制材料成本预算，而这种方法信息割裂，无法将各物料的降本信息、物料的需求数量等通过 ERP 的 BOM 运行出来。

（5）在预算系统中自动查看各车型的单车直接材料预算成本，公司预算部门可以据此评价采购部门编制的材料降本预算是否符合公司制定的采购降本目标，决定是否可以批准采购部门制定的材料降本预算。

以上方法从理论上应该行得通，但在实际运作过程中，困难也不少：首先直接材料的量很大；其次，IT 系统集成的要求很高，预算系统中物料预算价格修改之后，ERP 系统能够快速运行出分车型、分工艺环节的直接材料标准成本，如果不符合车型降本目标，采购部门还需要重新编制材料降本计划，相关系统还要重新运行。

这种单车直接材料标准成本直接导入预算系统作为单车直接材料预算成本的思路，不仅体现在直接材料成本上，后续介绍的直接人工、动能费、间接人工、维修费、折旧费、内部物流费、其他固定费用都是这个思路。这样就实现了预算成本和标准成本的统一，分析“实际预算成本对比”就可以借助 ERP 系统强大的“实际标准成本对比”功能实现了。

2. 预算与标准成本结合——直接人工

直接人工是指车间生产一线人员的人工成本。直接人工预算与标准成本相结合的方案如图 3-10 所示，具体流程如下：

（1）制造部门制订产量计划。直接人工的标准价格制定的起点是产量预算，因此第一步是由生产部门在预算系统中（或者 Excel 中）根据销售计划制订年度产量计划。

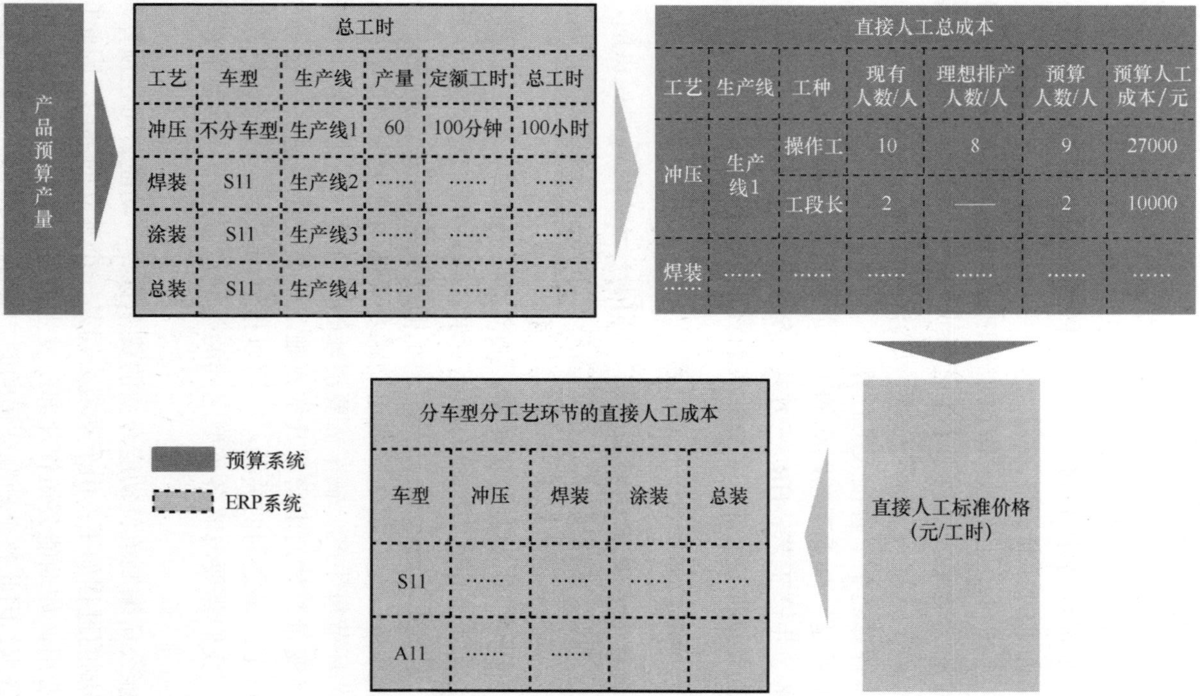

图 3-10　预算与标准成本结合——直接人工

（2）ERP 自动计算总工时。由于在 ERP 系统中，每个工艺环节（冲压、焊装、涂装、总装）都有更详细的工艺路线及工时定额，因此，有了产量计划，ERP 就能自动给出分车型、分工艺环节、分生产线的总工时。

（3）制造部门编制人工成本预算。根据产量计划，制造部门按照工艺环节、生产线编制各工种的人员计划，参考各工种现有人数，编制理想人数以及最终预算确定的人数。根据预算人数编制直接人工成本。

（4）预算系统自动计算直接人工标准价格（元/小时），并通过接口导入 ERP 系统作为直接人工的标准价格。

（5）ERP 系统自动计算出分车型、分工艺环节的单车直接人工标准成本。ERP 系统根据设定的工艺路线以及基于工艺路线的定额工时，可自动计算出分车型、分工艺环节的单车直接人工标准成本。通过系统集成进入预算系统，作为年度预算各车型成本预算之单车直接人工预算。

值得说明的是，基于工艺路线的工时定额设定的准确性问题是一个独立的课题，需要财务、生产工艺、HR 三方共同努力，持续改进。工时定额准确性也是本方案实施的重要前提条件，是企业实施管理报告的重要基础工作。

3. 预算与标准成本结合——动能费

动能费在 B 公司是由一个辅助生产部门——动能公司提供的。动能费一般包括水、电、气等，我们在这里称之为各种介质。动能费的标准成本制定流程如图 3-11 所示，具体流程如下：

（1）生产单位编制动能需求计划。生产单位在预算系统中（或者在 Excel 中）分车型、分工艺环节、分生产线的动能需求，编制方法是：动能介质（以电为例）的需求量 = 基础能耗需求量 + 基于产量的变动需求量。基础能耗需求量是指与产量无关的需求量，是只要生产线启动就要消耗的介质量；基于产量的变动需求量是指各工艺环节每生产一辆车需要消耗的介质量。基础能耗量（常数）和线性关系的系数（变量）如何求得？其实不难，只要统计出过去两年每个工艺环节的介质用量和汽车产量之间的关系，就可以推算出来。当然，这个数据也不可能百分之百精确，我们需要忽略各车型之间的差异，假定不同车型单车消耗的介质量是相等的。

（2）动能公司编制单位动能介质的费率预算。动能公司在预算系统中（或者 Excel 中）编制的过程如下：由于动能公司是一个独立的部门，因此自身运营会有相关的固定费用，如动能公司管理部门发生的各项费用。同时，由于动能公司涉及多项介质管理，因此整个动能公司的固定费用需要在各种介质之间分摊。此外，各种介质外购或者生产还有变动费用发生，如电有外购的，也有自制的，这就需要测算出其变动费用。总变动费用=外购单价×外购量+自制单位成本×自制量。单位动能介质的费率=（固定费用+变动成本）/介质需求总量。

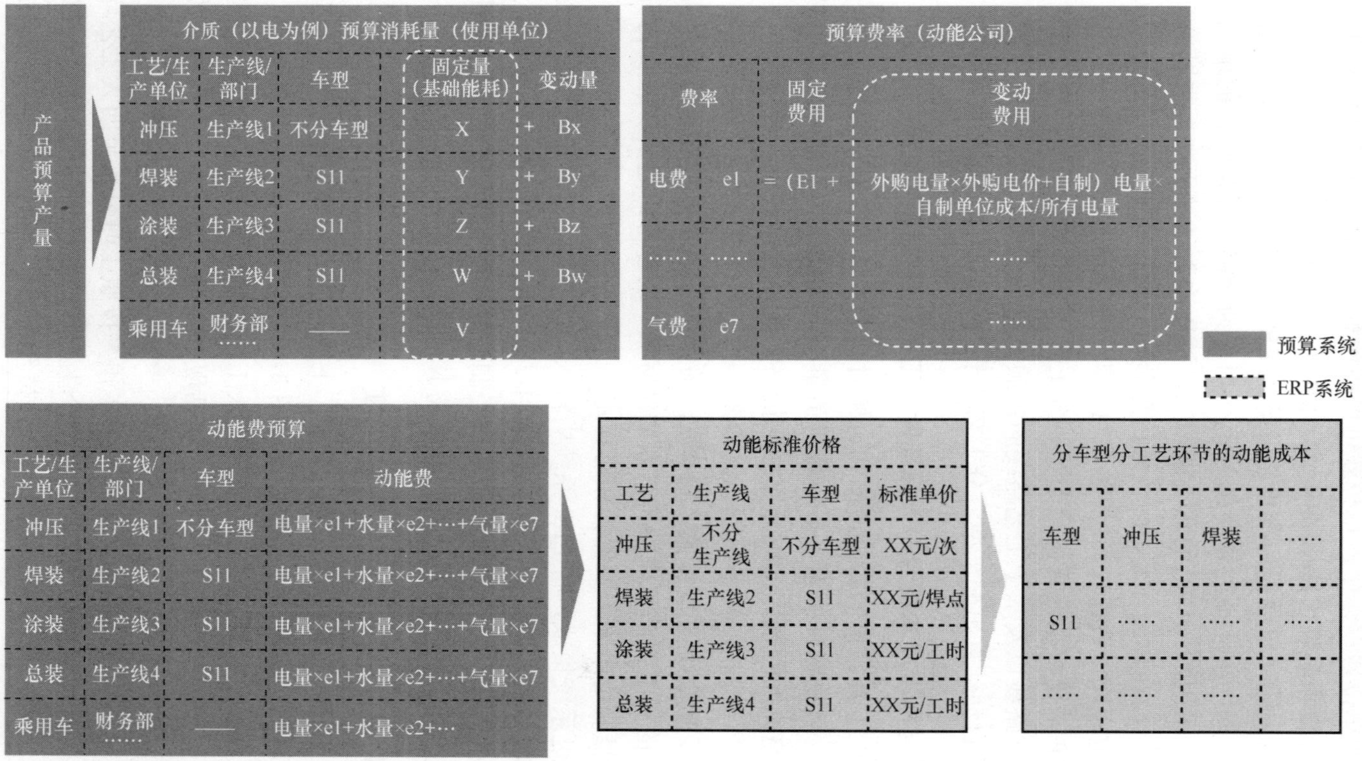

图 3-11　预算与标准成本结合——动能费

（3）生产单位编制动能费预算。有了上述各类介质的需求量和动能公司提供的各类介质的单位费率，生产单位就可以在预算系统中（或者 Excel 中）按照工艺环节、生产线和车型（冲压环节不分车型）编制动能费预算。

（4）预算系统计算动能标准价格并导入 ERP 系统中。由于不同工艺环节消耗动能的动因不同，因此不能笼统使用元/工时作为动能费标准价格的单位。如在冲压环节，应该采用冲压环节的总动能费除以冲压次数（基于产量乘以单车定额冲压次数计算），而在焊装环节，应该采用焊装环节的总动能费除以焊点数（基于产量乘以单车定额焊点数计算），涂装和总装可以按照工时计算。

（5）ERP 系统自动计算出分车型、分工艺环节的单车动能标准成本。ERP 根据设定的工艺路线以及基于工艺路线的定额作业量（如工时、冲压次数、焊接节点数等），可自动计算出分车型、分工艺环节的单车动能费标准成本。

4. 预算与标准成本结合——标准件、工具、机物料、废品

标准件、工具、机物料、废品和直接材料、直接人工和动能费不太一样，标准件、工具、机物料种类繁多，单位价值量小，因此不太可能照搬直接材料、直接人工的思路先编制预算，再计算标准价格，而是恰恰相反，要编制预算，也只能按照定额进行编制，具体编制思路如图 3-12 所示，具体过程如下：

（1）直接在 ERP 系统中输入分车型、在不同工艺环节的定额（是金额，不是数量）。定额的制定方法可以参考最新的实际数，或者考虑通货膨胀及物价上涨率制定。但一旦制定出来，要保持相对稳定。

（2）通过系统集成，将 ERP 系统中输入的标准件、工具、机物料和废品的单车标准成本导入预算系统（或者 Excel）中，作为成本预算之单车标准件、工具、机物料和废品预算，结合预算系统中已经制订的年度生产计划，可自动计算出单车标准件、工具、机物料和废品的预算成本。

5. 预算与标准成本结合——间接人工

间接人工是指工厂的管理部门及工厂下属车间的管理人员产生的人工成本。间接人工的预算与标准成本结合方案如图 3-13 所示，具体制定流程如下：

（1）工厂编制管理人员计划及间接人工成本预算。工厂结合年度产量计划，编制工厂各管理部科室的人员计划，包括现有人员、增减人数及预算人数以及最终的间接管理的人工成本。

（2）将上述基于组织的间接人工成本预算按照工时分摊至四大工艺环节的生产线及车型，具体分摊顺序是：先将整个生产基地的管理部门（财务、IT、HR、质量、工艺、办公室等）间接人工成本分摊至各分厂，分摊动因为各分厂的人数；其次，将各分厂的间接人工预算（自身的成本加生产基地管理部门分摊下来的成

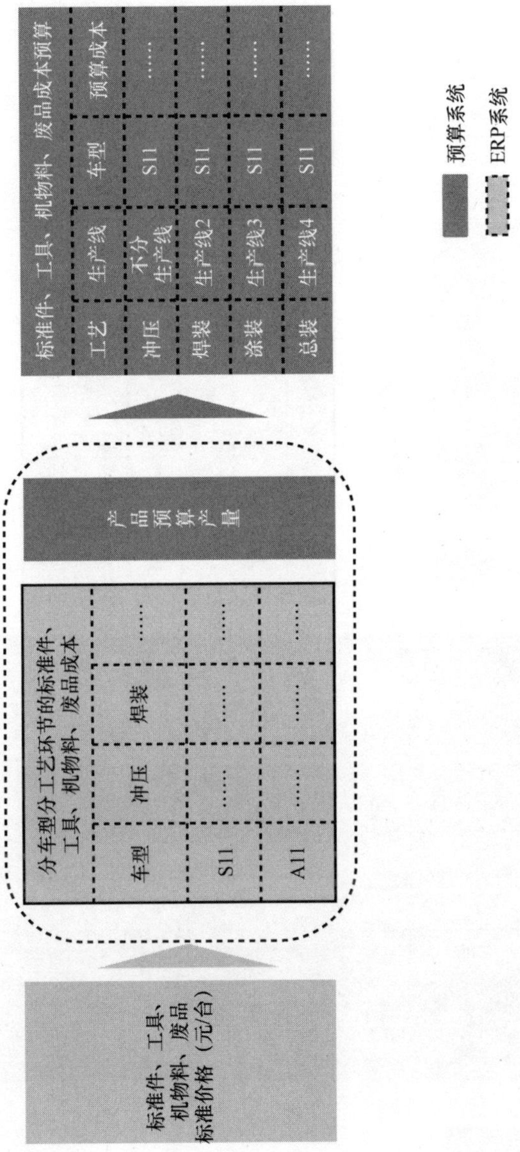

图 3-12　预算与标准成本结合——标准件、工具、机物料、废品

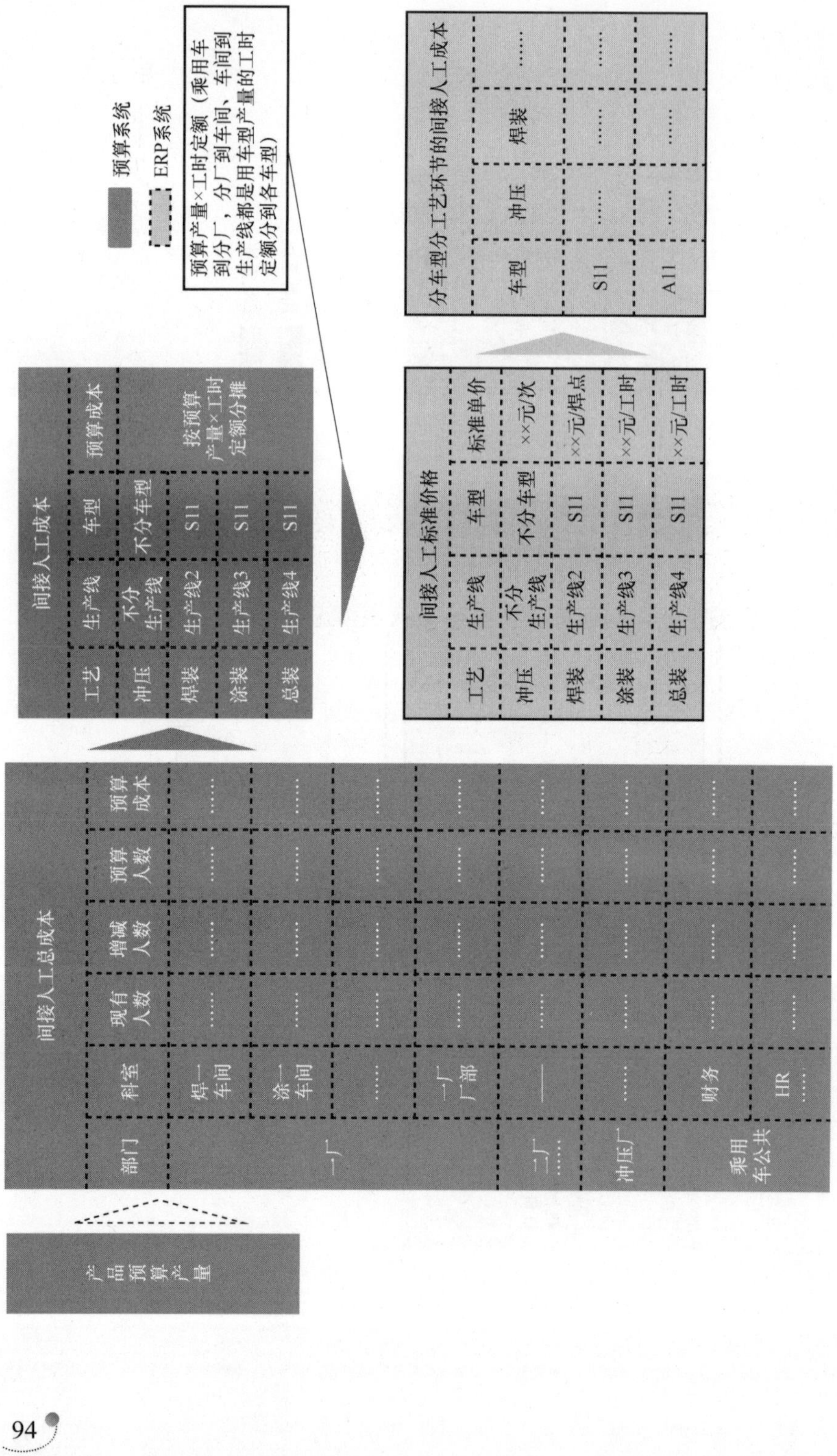

图 3-13 预算与标准成本结合——间接人工

本）分摊至各工艺环节，分摊动因为工时总额（各车型在各工艺环节的定额工时×车型计划产量）；最后，将各工艺环节的间接人工预算（包括自身的成本和分厂厂部管理科室间接人工成本）分摊至各工艺环节的生产线，分摊动因为工时总额（各车型在各工艺环节的各生产线的定额工时×车型在各工艺环节的各生产线的计划产量）。

（3）ERP 系统自动计算出分车型、分工艺环节的间接人工标准成本。ERP 根据设定的工艺路线以及基于工艺路线的定额作业量（如工时、冲压次数、焊点数等），可自动计算出分车型、分工艺环节的单车间接人工标准成本。

（4）将上一步骤 ERP 系统中的分车型、分工艺环节的单车间接人工标准成本，通过系统集成进入预算系统（或者 Excel），作为年度预算各车型成本预算之单车间接人工成本预算。

6. 预算与标准成本结合——维修费

维修费通常是指企业日常维修及大修所发生的费用，维修费预算与标准成本结合方案如图 3-14 所示，具体制定流程如下：

（1）工厂编制维修费预算。工厂在预算系统（或者 Excel）中，根据明年的排产计划，制订大修和日常维修计划，编制维修费预算，编制颗粒度细化到分厂、车间和生产线。

（2）将上述基于组织的维修费预算按照机器工时分摊至四大工艺环节的生产线及车型。分摊动因为机器工时，机器工时=各车型在各工艺环节的各生产线的定额机器工时×车型在各工艺环节的各生产线的计划产量。

（3）在 ERP 系统中自动计算出维修费标准价格。计算方法是上一步计算出的分工艺环节、分生产线、分车型的维修费预算除以各车型在各工艺环节、各生产线的定额作业量（如一台 S11 车在冲压环节某生产线的定额冲压次数）。

（4）有了上一步骤的维修费标准价格，ERP 系统可以自动运行出各车型在不同工艺环节的单台维修费成本，并将其通过系统集成进入预算系统，作为年度预算各车型成本预算的单车维修费预算。

7. 预算与标准成本结合——折旧费

折旧费标准成本制定的关键在于区分公用设备折旧和专属设备折旧。公用设备是指多个车型共用的设备投资产生的折旧，专属设备折旧是指为某车型独立投资的设备产生的折旧。折旧费预算与标准成本结合方案如图 3-15 所示，具体制定过程如下：

（1）编制公用设备折旧预算。在预算系统（或者 Excel）中编制各工艺生产单位及管理部门的现有折旧、新增折旧、减少折旧及折旧额（现有折旧+新增折旧−减少折旧）。

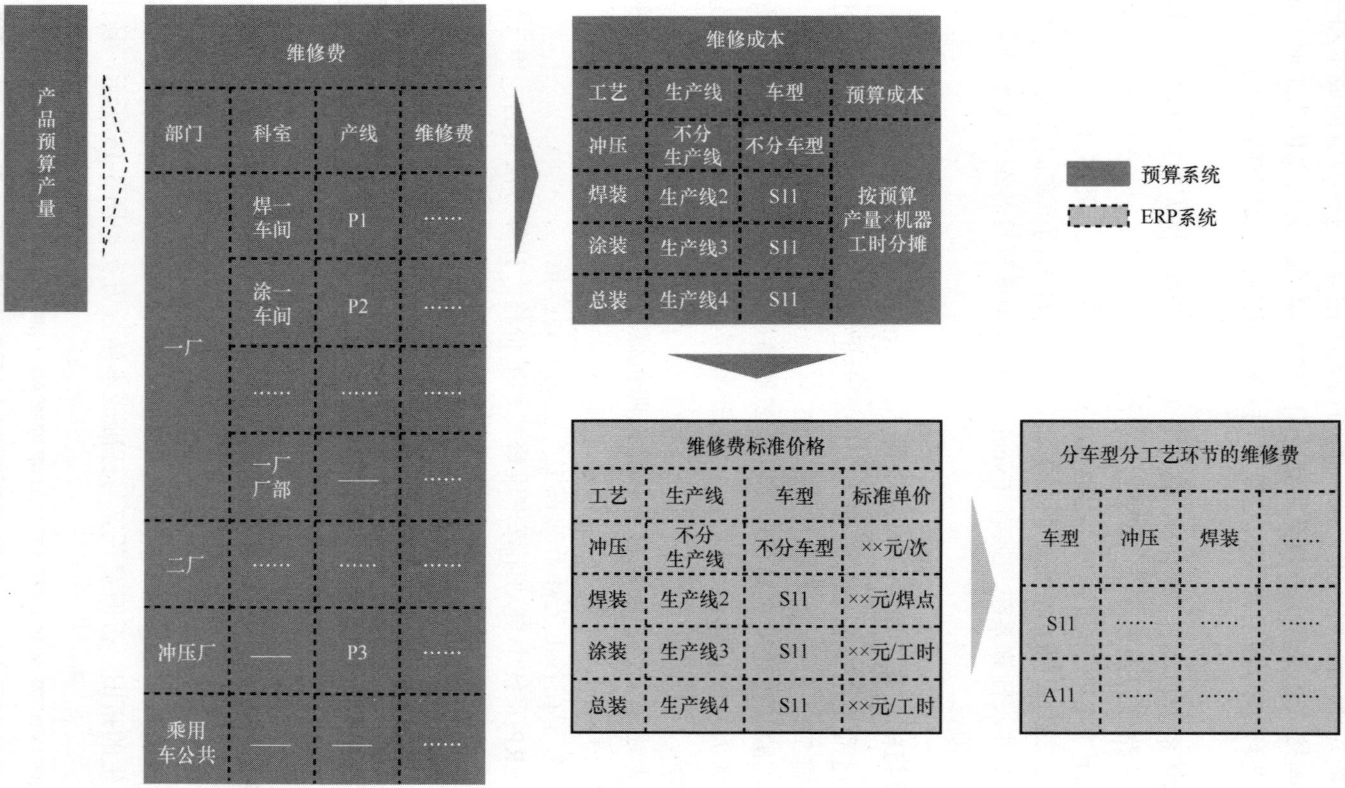

图 3-14　预算与标准成本结合——维修费

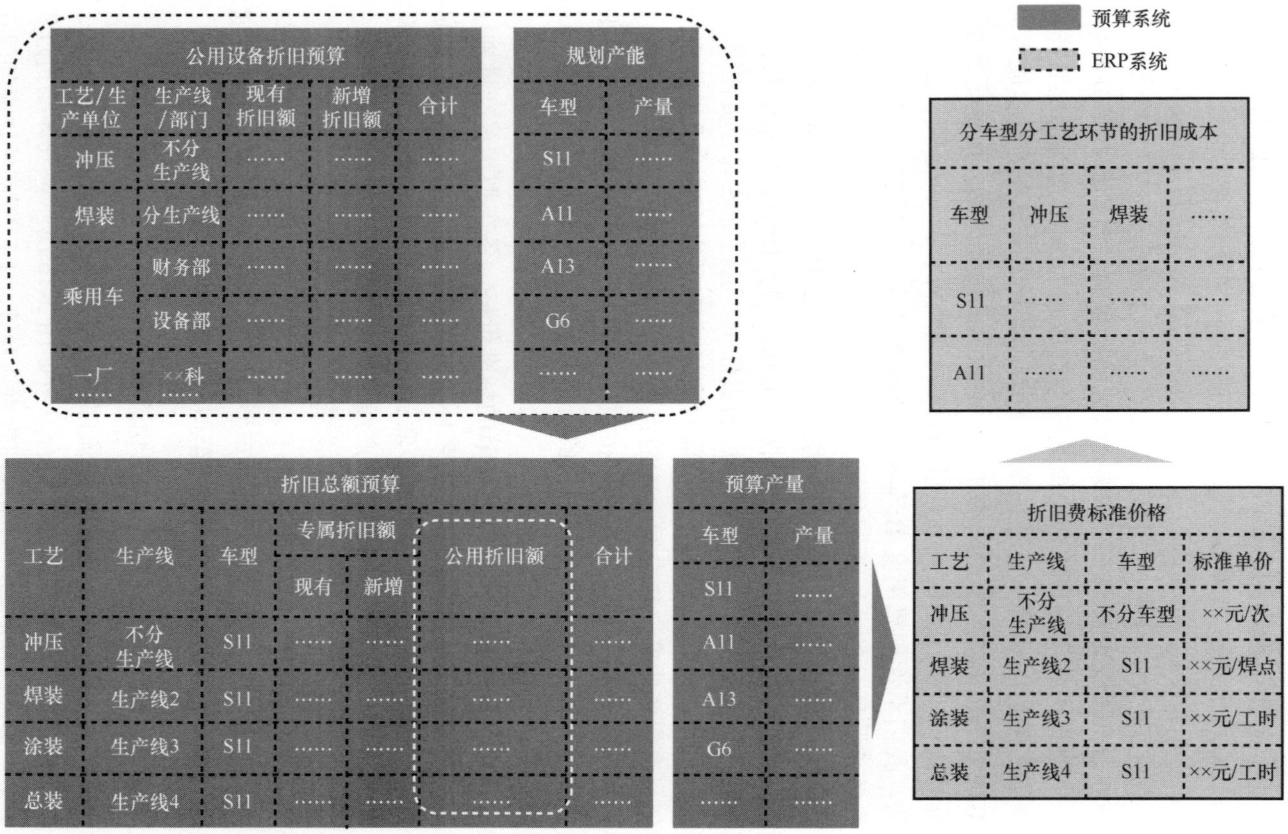

图 3-15　预算与标准成本结合——公用折旧费和专属折旧费

（2）采用规划产能将共用设备折旧分摊至各车型。为什么采用规划产能而不是预算产量呢？这个问题在管理会计上非常关键。原因在于公用设备的投资当初是制定了一个各车型的规划产能的，而且各车型投产后成本是否具有竞争力是基于当时的规划产能进行测算的。假如当初两个车型按照规划产能（A 车型年产 40000 台，B 车型年产 30000 台）分摊折旧，车型 A 单台折旧是 1000 元，车型 B 单台折旧是 1200 元。现在 A 车型的计划产量是 40000 台，但 B 车型的预算产量只有 10000 台，较原计划少了一半多，那么如果我们按照预算产量分摊公用折旧，就会造成“鞭打快牛”的现象，也就是说会造成因为 A 车型卖得比 B 车型更好，从而承担更多的折旧费这一不合理现象。而且会导致 A 车型的真实成本失真，用这一成本也无法做出“A 车型成本和投产前预测的成本一致，应该正常生产销售”这一正确的决策。那么利用规划产能为什么就能解决这一问题呢？这是因为利用这一方法，我们不管预算年度 B 车型的产量是多少，仍然按照 1200 元的单台折旧分摊将各工艺环节的公用折旧分摊至各车型。也就按照规划产能计算的每个车型单台应该承担的折旧额乘以预算年度的产量计划计算。那么这必然会导致当期产生的一部分折旧没有被当期产品吸收，在 B 公司责任报告体系中我们会将这部分未被吸收的折旧额置于公司应该承担的责任中，也就是这部分责任销售、生产、研发都无法承担，是公司在车型投产前对市场的乐观估计应该承担的责任。这个投资责任只有投资中心（B 公司）才能担当。

（3）编制各车型专属折旧预算。按照上述编制公用折旧预算的思路编制专属折旧的预算，并和公用折旧分摊下来的折旧一起，形成各工艺、分生产线和车型的折旧预算。

（4）利用预算产量计算各工艺环节的标准价格。各车型预算产量乘以各车型在各工艺环节的标准作业量得出各工艺环节分车型、分生产线的作业量总额。利用上一步计算出的折旧预算除以本步骤计算出的作业总量就可以在预算系统中（Excel 中）计算出各工艺环节、分生产线、分车型的作业标准价格。并通过系统集成将这些数据导入 ERP 系统中，作为折旧的标准价格。

（5）ERP 自动归集计算各车型分工艺环节的折旧标准成本。有了上一步骤的标准价格，ERP 系统就很容易给出各车型分工艺环节的折旧标准成本。通过系统集成进入预算系统，作为年度预算各车型成本预算的单车折旧预算。

8. 预算与标准成本结合——内部物流费

内部物流费是指工厂的零部件物流部门为组织生产所需的零部件配送发生的费用，内部物流费预算和标准成本结合方案如图 3-16 所示，具体制定过程如下：

（1）工厂零部件物流部门编制内部物流费预算。工厂零部件物流部门在预算系统（或 Excel）中结合年度产量计划，分科室、分费用科目编制内部物流费预算。

（2）将上一步骤的内部物流费预算按照工时分摊至各分厂四大工艺环节的生

产线及车型。由于零部件物流部门服务的是整个生产基地的各分厂，每个分厂都会设立冲压、焊装、涂装、总装四大工艺车间，因此分摊动因为各分厂、各工艺环节、各生产线的工时总额（各车型在各工艺环节的各生产线的定额工时×车型在各工艺环节的各生产线的计划产量）。

（3）利用预算产量计算各工艺环节的标准价格。各车型预算产量乘以各车型在各工艺环节的标准作业量（如一台 S11 车在冲压环节某生产线的定额冲压次数）得出各工艺环节分车型、分生产线的作业量总额。利用上一步计算出的内部物流费预算除以本步骤计算出的作业总量就可以在预算系统中（Excel 中）计算出各工艺环节分生产线、分车型的作业标准价格。并通过系统集成将这些数据导入 ERP 系统中，作为内部物流费的标准价格。

（4）ERP 系统自动归集计算各车型分工艺环节的内部物流费标准成本。有了上一步骤的标准价格，ERP 系统就很容易运行出各车型分工艺环节的内部物流费标准成本。通过系统集成进入预算系统，作为年度预算各车型成本预算的单车内部物流费预算。

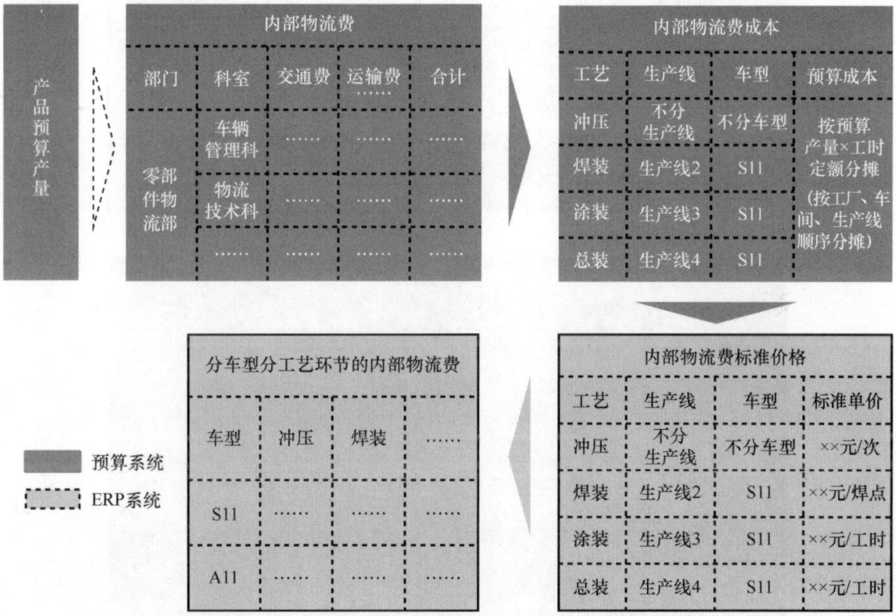

图 3-16　预算与标准成本结合——内部物流费

9. 预算与标准成本结合——其他固定费用

其他固定费用是指工厂管理部门、分厂管理部门、车间生产线发生的除直接人工、直接材料、动能、标准件、工具、机物料、废品、间接人工、折旧、内部物流费、包装费用以外的其他固定制造费用，其他固定费用预算与标准成本结合方案如图 3-17 所示，具体制定过程如下：

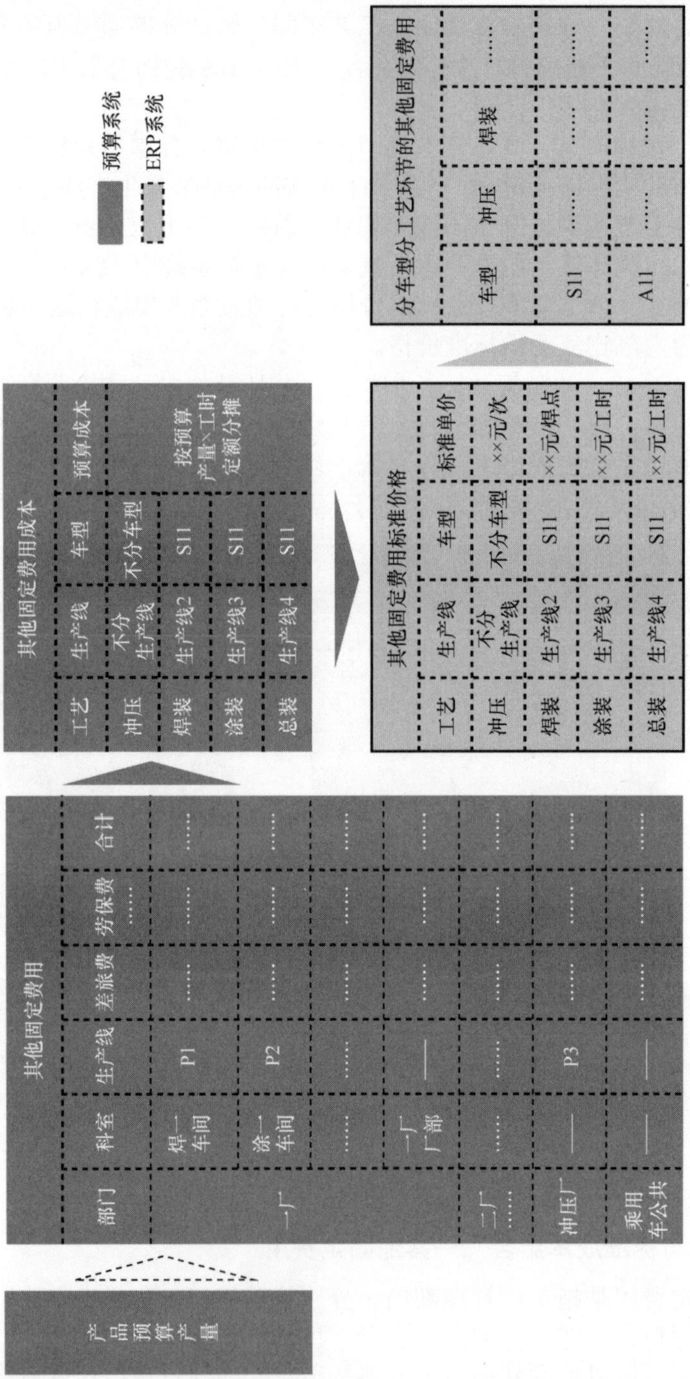

图 3-17 预算与标准成本结合——其他固定费用

（1）工厂编制其他固定费用预算。工厂在预算系统（或者 Excel）中按照部门、科室、生产线、费用科目编制其他固定费用预算，其中，部门包括整个生产基地的管理部门（财务、IT、HR、质量、工艺、办公室等）。

（2）类似于间接人工，将上述基于组织的其他固定费用预算按照工时分摊至各分厂四大工艺环节的生产线及车型，具体分摊顺序是：先将整个生产基地的管理部门（财务、IT、HR、质量、工艺、办公室等）其他固定费用预算分摊至各分厂，分摊动因为工时总额（各车型在各分厂的定额工时×车型计划产量）；其次，将各分厂的其他固定费用预算（自身的成本加生产基地管理部门分摊下来的成本）分摊至各工艺环节，分摊动因为工时总额（各车型在各工艺环节的定额工时×车型计划产量）；最后，将各工艺环节的其他固定费用预算（包括自身的成本和分厂厂部管理科室间接人工成本）分摊至各工艺环节的生产线，分摊动因为工时总额（各车型在各工艺环节的各生产线的定额工时×车型在各工艺环节的各生产线的计划产量）。

（3）利用预算产量计算各工艺环节的标准价格。各车型预算产量乘以各车型在各工艺环节的标准作业量（如一台 S11 车在冲压环节某生产线的定额冲压次数）得出各工艺环节分车型、分生产线的作业量总额。利用上一步计算出的其他固定费用预算除以本步骤计算出的作业总量就可以在预算系统中（Excel 中）计算出各工艺环节分生产线、分车型的作业标准价格，并通过系统集成将这些数据导入 ERP 系统中，作为内部其他固定费用的标准价格。

（4）ERP 系统自动计算出分车型、分工艺环节的单车其他固定费用标准成本。ERP 系统根据设定的工艺路线以及基于工艺路线的定额作业量（如工时、冲压次数、焊点数等），可自动计算出分车型、分工艺环节的单车其他固定费用标准成本。

（5）有了上一步骤的其他固定费用标准价格，ERP 系统就可以自动运行出各车型在不同工艺环节的单车其他固定费用标准成本，并将其通过系统集成进入预算系统，作为年度预算各车型成本预算的单车其他固定费用预算。

以上九个成本项目是 B 公司在预算与标准成本结合方面计算标准价格的实践。总结一下，如表 3-2 所示。

表 3-2　B 公司标准成本价格制定方法

成本类型	序号	成本项目	ERP 中标准价格计算方法
变动成本	1	直接材料	直接根据原材料预算作为 ERP 中直接材料的标准价
	2	直接人工	直接人工预算/（预算产量×工时定额）
	3	动能费	动能费预算/（预算产量×工时定额、焊点、冲压次数）
	4	标准件、工具、机物料、废品	直接设定单车标准价 =上年单台平均实际值×（1+调整率）

（续）

成本类型	序号	成本项目	ERP 中标准价格计算方法
固定成本	5	间接人工	间接人工预算/（预算产量×工时定额、焊点、冲压次数）
	6	维修费	维修费预算/（预算产量×定额机器工时）
	7	折旧费	（车型规划产能的单位折旧费×预算产量 +专属折旧费预算）/（预算产量×工时定额、焊点、冲压次数）
	8	内部物流费	内部物流费预算/（预算产量×工时定额、焊点、冲压次数）
	9	其他固定费用	其他固定费用预算/（预算产量×工时定额、焊点、冲压次数）

除以上 9 个成本项目外，B 公司还有一个特殊的成本项目——包装费，它是一个独立的包装车间发生的费用。包装一般主要发生在出口车型上，主要以 KD[⊖]件的方式打包，而且包装费未纳入标准成本管理体系，也就是以实际成本法核算的。因此，对于包装费来说，不是采用预算与标准和成本相结合的思路，因为它是用实际成本法核算的，包装费的预算成本编制和实际成本核算过程如图 3-18 所示：

（1）编制不同车型的 KD 件包装费预算：生产部门在预算系统中（或者 Excel 中）编制不同车型的 KD 件包装的辅料定额和单台制造费用定额，同时编制不同车型的 KD 件产量（KD 件本身是散件，但从预算管理或者内部管理分析的角度来看，需要 ERP 系统能够按台套归集），二者相乘，即可计算出不同车型的 KD 件包装费预算。

（2）核算不同车型的 KD 包装辅料和单台制造费用。B 公司包装费的实际成本核算是按照不同的内部订单统计不同车型发生的包装辅料和制造费用的，其中，单台包装辅料直接取当月不同订单的实际值除以当月包装的车型的 KD 件台套数。单台制造费用按照工时分摊至各车型的 KD 件。

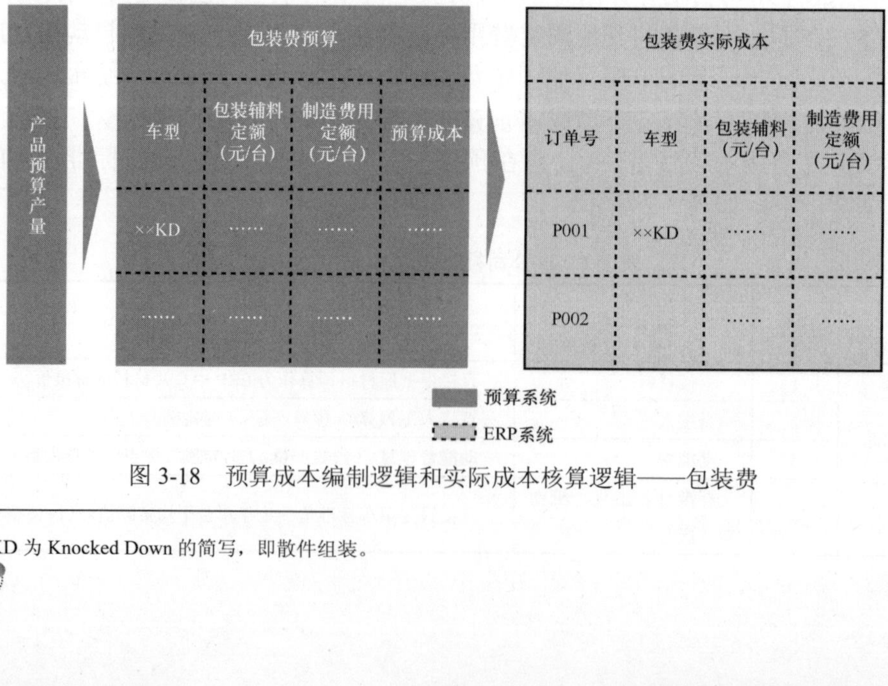

图 3-18 预算成本编制逻辑和实际成本核算逻辑——包装费

⊖ KD 为 Knocked Down 的简写，即散件组装。

3.3.2　新产品预算与标准成本结合方案

在了解新产品的定义之前，先了解典型离散制造业（如汽车行业）的新产品从设计到批量生产的不同阶段所涉及的三个不同 BOM 的概念。

（1）EBOM。全称 Engineering Bill Of Materials，可翻译为设计 BOM，主要是设计部门产生的数据。产品设计人员根据客户订单或者设计要求进行产品设计，生成包括产品名称、产品结构、明细表、汇总表、产品使用说明书、装箱清单等信息，这些信息大部分包括在 EBOM 中。EBOM 是工艺、制造等后续部门的其他应用系统所需产品数据的基础。

（2）PBOM。全称 Process Bill of Materials，可翻译为工艺 BOM，是工艺设计部门以 EBOM 中的数据为依据，制订工艺计划、工序信息等。

（3）MBOM。全称 Manufacture Bill of Materials，是制造部门根据已经生成的 PBOM，对工艺装配步骤进行详细设计后得到的，主要描述了产品的装配顺序、工时定额、材料定额以及相关的设备、刀具、卡具和模具等工装信息，反映了零件、装配件和最终产品的制造方法和装配顺序，反映了物料在生产车间之间的合理流动和消失过程。

新产品是指在年度预算编制时（上年末），产品的 MBOM 和工艺路线都没有在 ERP 系统中维护，但预计在下一年度会投产并销售的产品。针对这类产品，预算与标准成本的结合方案如图 3-19 所示。

（1）在预算阶段，产品的 MBOM 和工艺路线还没有在 ERP 系统中维护之前，不同车型的单车材料成本采用 PBOM 与不同物料的计划价相乘计算，新产品所使用的物料如果和老产品一致，则可以采用老产品的计划价，如果是全新的物料，则需要研发的财务部门根据市场价格预测制定。不同车型单车的工费成本可以直接取最新版的新产品可行性分析中的数据（由于汽车新车型的研发周期比较长，在正式上市前，车企通常会根据新产品的销量、价格、成本进行可行性分析，且这类数据在每个研发节点会根据销售市场变化、材料变化、人工数据变化进行数据更新）。

（2）在预算执行过程中，随着新产品即将投产，MBOM 和工艺路线在 ERP 系统中维护之后，需按照老产品预算与标准成本结合的思路，测算新产品的标准价格，包括新的物料的标准价格、直接人工标准价格、动能费标准价格、标准件、工具、机物料和废品标准价格、间接人工标准价格、折旧费标准价格、内部物流费标准价格和其他固定费用标准价格。同时，基于这些标准价格在 ERP 系统中运行出新产品的单车标准成本，并将此作为新产品的单车成本预算。

（3）从责任报告的角度看，由于研发可行性分析阶段产品的预计成本和上一步骤根据预算与标准成本结合方案计算出的标准成本差异由研发承担，而标准成本与实际成本的差异责任分析同老产品的责任分析。

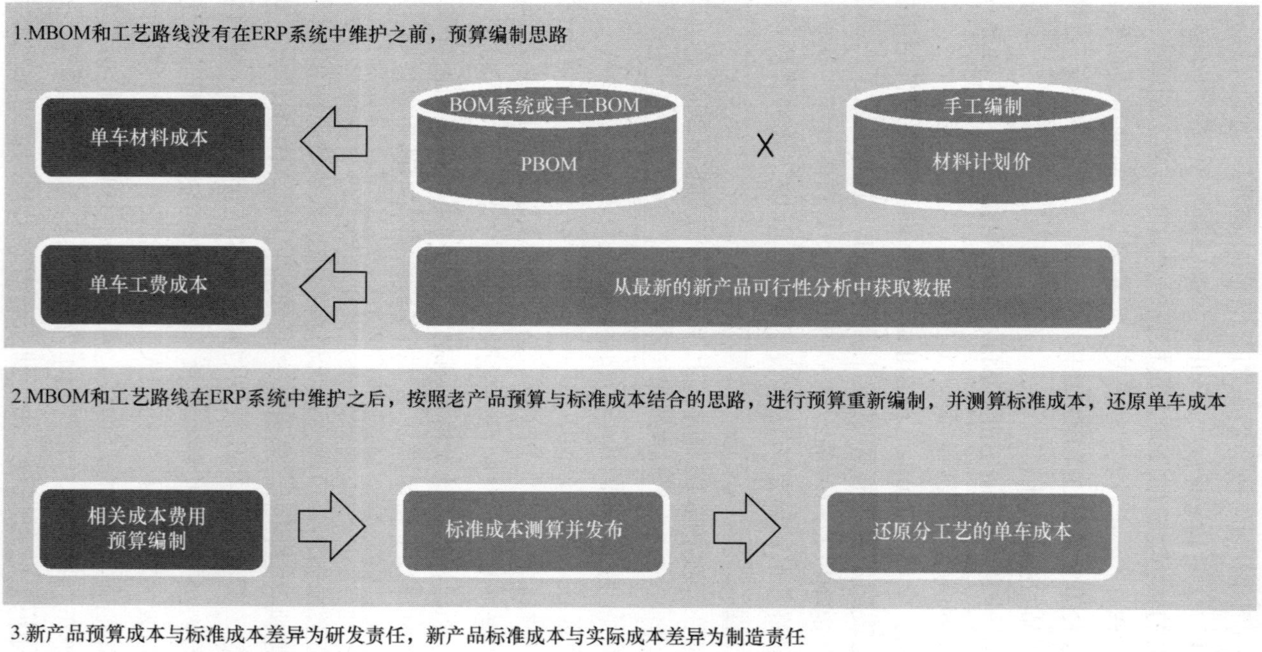

图 3-19 预算与标准成本结合——新产品

3.4 B 公司基于责任的管理报告体系详细设计

根据前述 B 公司责任报告设计的方法，在详细界定各部门责任性质的基础上，为各部门设计了如表 3-3 所示的共 12 张管理报告。

表 3-3 B 公司责任报告体系

<table>
<tr><th>序号</th><th>报告名称</th><th>适用单位</th><th>是否包括产品维度</th><th>用 途</th></tr>
<tr><td>1</td><td>销售部门责任报告</td><td>市场营销中心、国际业务中心</td><td>是</td><td rowspan="9">分析责任单位预算完成情况，便于各责任单位以此为基础进行原因分析及改进措施制定</td></tr>
<tr><td>2</td><td>整车生产部门责任报告</td><td>四大生产基地（工厂）</td><td>是</td></tr>
<tr><td>3</td><td>动力总成部门责任报告</td><td>动力总成中心</td><td>是</td></tr>
<tr><td>4</td><td>采购部门责任报告——材料价差</td><td>采购中心</td><td>是</td></tr>
<tr><td>5</td><td>采购部门责任报告——其他差异</td><td>采购中心</td><td>部分包括</td></tr>
<tr><td>6</td><td>研发部门责任报告——项目费用控制</td><td rowspan="2">汽车工程技术研发总院</td><td>是</td></tr>
<tr><td>7</td><td>研发部门责任报告——制造成本差异</td><td>否</td></tr>
<tr><td>8</td><td>职能部门责任报告</td><td>总部各管控和服务部门</td><td>否</td></tr>
<tr><td>9</td><td>部门主控费用责任报告</td><td>各费用主控部门</td><td>否</td></tr>
<tr><td>10</td><td>公司整体责任报告——预算</td><td>公司总部</td><td>是</td><td>公司预算目标分解展现</td></tr>
<tr><td>11</td><td>公司整体责任报告——实际/预测</td><td>公司总部</td><td>否</td><td>公司各责任主体绩效概览</td></tr>
<tr><td>12</td><td>公司整体责任报告——实际/预测 VS 预算</td><td>公司总部</td><td>否</td><td>公司预算完成情况总览</td></tr>
</table>

以下将对各部门责任报告的生成逻辑及用途进行详细介绍。

3.4.1 销售部门基于责任的管理报告

1. 报表逻辑概述

销售部门包括负责国内销售的市场营销中心和负责海外销售的国际业务。根据前面的责任中心设计，销售部门是作为模拟利润中心设计的。因此销售部门的报告设计是整个 B 公司基于责任的管理报告设计的核心，也是最复杂的。因为，任何一个企业的基于责任的管理报告设计都是围绕利润中心设计的，因为利润中心承担的职责最大，其他的成本中心、费用中心都是为利润中心服务的。

由于销售部门定位为模拟利润中心，也就是说它不是真正的利润中心，主要体现在它无法对损益表中的销售成本负责。因此，采用整车生产工厂的标准成本（单位产品的预算成本）来锁定单位销售成本（使用单位标准成本作为单位销售成本）。另外，管理平台的费用以及公司财务费用也是采用按预算进行锁定的方式分摊至销售部门的损益表上。尽管这些锁定成本费用对市场营销中心来说完全不可控。

关于管理费用分摊至各责任单位（或者事业部）的损益表上，在很多企业一直是争议很大的，原因在于各责任单位认为管理费用都是总部各部门应该管控的事，各责任单位（事业部）根本无法管控。但仔细分析一下，事实并非如此简单如果一个部门或者一个事业部没有管理平台的支撑，也无法独立运作。从企业的管理层来看，如果分析一个事业部或者某个产品是否挣钱，不将管理费用分摊考虑进去也是不完整的，如评价一个业务是否有竞争力，要和行业对标，也是需要考虑全成本的。另外，从国内外优秀企业的实践来看，例如 IBM、华为、海尔等，也都是通过预算锁定的方式将这部分费用考虑进去的。因此，通过锁定的方式，使得销售部门的税前利润指标对公司来说处于相对可控状态，是一个收入成本费用完全配比之后的税前利润，是可以拿来评价销售部门真实业绩的税前利润。

2. 报表作用

通过报表产品、时间、区域三个维度的成员选择，可以查看某年某个月份、某个销售大区、某个车型的盈利情况。从这三个维度的组合来看，既可以满足国内营销公司或者国际业务中心对下属各大区负责人的绩效考核，也可以满足 B 公司对国内营销公司或者国际业务中心的绩效考核。当然，通过车型维度也可以满足对车型盈利分析的需求，既可以分析某个具体车型的单台边际贡献，有助于公司把优势资源进一步集中，多生产和销售单台边际贡献高的产品，也可以分析出各车型的税前利润贡献总额大小。

以下将对本报告（报表）的各项目的计算逻辑进行逐一解释：

（1）销售净收入。对国内销售来说，包括销售收入减去经销商返利；对海外销售来说，不存在经销商返利，就是指海外销售收入。在报表中：

$$\text{预算销售收入}=\frac{\sum(\text{车型（细化到版型）市场价}\times\text{车型（细化到版型）预算销量}-\text{车型（细化到版型）预算返利})}{1.17}$$

由于在预算阶段产品的销量预算最多只能到版型（不分颜色），无法像实际数一样，在 SAP 系统中可以细到每个物料号，因此预算和实际对产品的颗粒度来说是有差异的，实际数更细，但在本报告中可以统一按预算的产品口径进行归集和对比分析。

$$实际销售净收入=\frac{\sum(车型物料号市场价\times车型物料号销量-车型物料号实际返利)}{1.17}$$

在上述两个算式中，“除以 1.17”是将含税收入转换为不含税收入。

（2）变动成本费用（标准）。在报表中，变动成本费用可以分为两部分：一是直接材料、变动制造费用和包装费，属于成本范畴；二是变动销售费用，属于期间费用范畴。但由于报表属于企业内部管理报表（不是财务对外报表），计算边际贡献（边际贡献等于收入减去变动成本，从单台边际贡献的含义来看，就是每多卖一台车可以增加的收益）时需打破传统财务报表成本和费用的限制，在设计管理报表时变动费用和变动成本都需要考虑。

从取数逻辑来看，无论是预算数口径，还是实际/预测数口径，直接材料、变动制造费用和包装费都取自于 SAP 系统中各车型的单台标准成本（标准成本的计算逻辑详见 3.3 B 公司预算与 ERP 标准成本结合方案）与预算销量或者实际销量、预测销量的乘积。变动销售费用是指专为某车型发生的和销量相关的费用，具体包括运输费、售后服务费、 出口费和运输保险费。由于这些费用都可以在业务系统中按照车型区分，因此实际数可以直接取数，无须分摊。预算数据可以按照每个车型单台费用标准编制，也无须分摊，如表 3-4 所示。

表 3-4　变动销售费用分摊方法

变动销售费用	分摊至不同部门和车型的方法	
	市场营销中心及其车型	国际业务中心及其车型
运输费	单车标准	单车标准
售后服务费	单车标准	单车标准
出口费	——	单车标准
运输保险费	——	单车标准

（3）变动成本费用（差异）。变动成本费用（差异）中的“直接材料量差_工艺调整”的含义是指由于销售部门提出产品改型造成的直接材料超出 BOM 标准或者造成材料呆滞所形成的差异。通常来说，在 SAP 系统中分析材料的量差都归为生产部门的责任。但在 B 公司，由于销售部门为了迎合消费者的需求，频繁地提出改型要求，这对生产来说频繁进行工艺改造，造成了很大的成本影响。为了让销售部门对自己的行为负责，将这部分成本纳入其损益表。这种成本如果是不利差异，以“负项”填列，如果是有利差异，以“正项”填列，因此所有差异相关的项目在损益表上为“加号”。另外，这类成本通常在预算时不会考虑，仅体现

实际数。

当然，这部分成本的统计也是一个难题，目前国内大部分企业实施SAP（或者Oracle等其他ERP）的过程中，很少考虑管理报表需求。本案例B公司SAP正赶上升级改造阶段，因此管理报表的取数需求刚好可以转给SAP实施方进行落地。

这里，我也想谈一点我个人多年来和SAP等ERP系统打交道的一点感受：一个企业如果真想从SAP等ERP系统实施中获益，一定要想明白企业的管理报告怎样设计，对销售、生产、采购、研发的管控点在哪儿，这些管控报告的取数逻辑是什么。只有明白了这些问题，ERP实施才可能将获取这些数据的字段、主数据、流程控制点植入ERP中。否则，ERP仅满足了一般的业务流程需求，无法满足企业更深层次的管理需求。这也是目前很多企业回过头来对ERP进行升级改造的重要动因之一。

（4）固定制造费用（标准）。固定制造费用（标准）包括间接人工、折旧、物流费及其他，从取数逻辑来看，同变动成本一样，无论是预算数口径，还是实际数口径，都取自于SAP系统中的各车型的单台标准成本（标准成本的计算逻辑详见3.3B公司预算与ERP标准成本结合方案）与预算销量或者实际销量、预测销量的乘积。

（5）固定制造费用（差异）。固定制造费用差异包括产量差异和产品结构差异，又分为整车和动力总成。在一般企业中，这种差异通常也会归为制造部门。但B公司在设计责任报告时，最重要的一条原则就是责任界定清晰。

试想一下，年初在做预算时，生产部门是根据销售部门各产品的销量预测进行生产资源（人、材料、模具、工装设备等）准备的，而实际销量和产品结构如果发生了变化，例如按照年初的产量预算，预算（标准）单位工时固定制造费用率是5元，如果销量下降明显，或者总销量变化不大，而高工时的产品卖得比预算少，低工时的产品卖得比预算多，这就会造成实际单位工时制造费用率攀升至6元甚至更高。同样的道理，动力总成部门主要是为整车配套的，这种差异也要反映到销售部门的损益表中。

当然，SAP中基于物料号级的产品很多，每种产品都有各自的定额工时，手工计算的工作量比较大，这种报表最终还是要通过管理报告系统（通常为BI系统）的实施，把这种复杂的逻辑计算配置在系统中，从而可以自动生成所需要的相关数据。

（6）固定销售费用。固定销售费用包括上市费用、广宣费、折旧及摊销等专项费用以及人工、差旅、办公等其他日常费用。这些费用需要分摊至部门（市场营销中心和国际业务中心）和车型两个维度。为了准确分摊这些费用，需要根据不同费用的性质确定分摊动因和顺序。如表 3-5 所示。

表 3-5　固定销售费用分摊方法

<table>
<tr><th colspan="2" rowspan="2">固定销售费用</th><th colspan="2">分摊至部门和车型的方法</th></tr>
<tr><th>市场营销中心及其车型</th><th>国际业务中心及其车型</th></tr>
<tr><td rowspan="2">专项费用</td><td>上市费用</td><td colspan="2">车型驱动的费用，如上市费用，计入车型后按照计划销量在市场营销中心和国际业务中心之间分摊</td></tr>
<tr><td>广宣费、折旧及摊销等</td><td colspan="2">部门发生的费用，优先区分部门，计入部门后按照车型预算收入在各车型之间分摊</td></tr>
<tr><td>日常费用</td><td>人工、差旅、办公等其他固定销售费用</td><td colspan="2">按计划收入比例一次性分摊至部门和车型</td></tr>
</table>

对于上市费用首先是车型受益的，但这个车型既在国内销售又在海外销售，因此还需要按照计划销量在两个部门之间进行分摊（也可以说分摊到两个部门的各个区域或者大区）。

对于广宣、折旧及摊销等费用优先按部门（或者到区域、大区）计入，再按照预算收入在各车型之间分摊。

对于人工、差旅、办公等其他固定销售费用，可以按照计划收入一步分摊至部门和车型两个维度。

（7）总部管理平台费用分摊（锁定）。总部管理平台的费用分摊至市场营销中心和国际业务中心的重要性和必要性不再赘述，但如何分摊才更准确呢？这需要区分不同的费用项目，如图 3-20 所示。

首先，能直接归集到产品（车型、发动机机型）或者利润中心（市场营销中心和国际业务中心）的费用，应优先直接归集，再考虑进行二次分摊。例如，部分车型摊销费（指为某车型研发过程中发生的研发费用资本化后的无形资产摊销）可以直接归集至车型、国际业务中心（因为该研发就是为了适应某个国家和大区的消费习惯而进行的产品改型）。而项目费用化（指某车型研发前期投入，后续又放弃研发后只能进行费用化处理的部分）应先归属至车型，再按车型的计划销量在市场营销中心和国际业务中心之间进行分摊。

其次，对于无法直接归集至产品（车型、发动机机型）或者利润中心（市场营销中心和国际业务中心）的费用，选择部分金额较大的费用分别选择不同的动因进行分摊。例如针对采购部门的费用、土地使用税、房产税、财产保险费、质

费用	归属及分摊方法
车型摊销	类型1：直接归集至车型、部门，如国际业务中心特有的车型开发费用
项目费用化	类型2：先直接归属至车型/机型，再按照计划销量分摊至市场营销中心和国际业务中心

费用	一次分摊动因	一次分摊对象	二次分摊动因	二次分摊对象
采购公司费用	材料成本	市场营销中心 国际业务中心 动力总成中心	计划销量	车型/机型
土地使用税	占用面积			
房产税	房产净值			
财产保险费	占用资产			
质保部费用	销量（动总不分摊）			

费用	一次分摊动因	一次分摊对象	二次分摊动因	二次分摊对象
除上述费用之外的其他费用	综合权重（人工40%、资产30%、收入30%）分摊	车型/动力总成中心	计划销量	市场营销中心 国际业务中心

图 3-20　总部管理平台费用分摊方法（仅针对预算数）

保部费用分别使用材料成本、占用面积、房产净值、占用资产、销量分摊至市场营销中心、国际业务中心和动力总成中心。然后，再按照计划销量在各车型/发动机机型之间分摊。

最后，针对上述两种费用之外的其他管理费用，采用相对统一的分摊方式。即先按照综合权重分摊至车型及动力总成中心，综合权重的计算权重是人工占 40%、资产占 30%、收入占 30%。然后，再将车型分摊结果按照计划销量分摊至市场营销中心和国际业务中心。综合权重中的人工可以采用产品直接人工及间接人工数据，资产需要测算或者用折旧占比代替。

值得再次说明的是，管理费用分摊在销售部门的责任报表中是以年度预算的分摊锁定不变的，因为总部管理部门费用的实际控制责任在管理部门（见职能部门责任报告），而不在销售部门。因此，管理费用的分摊仅针对管理费用预算数，实际数不需要分摊。

（8）总部财务费用分摊。同总部管理平台费用一样，总部财务费用也要分摊至各车型和利润中心（模拟利润中心）。但二者的性质是完全不同的。总部财务费用的发生，很多情况下就是这些部门自身的资金占用造成的。因此，总部财务费用的分摊并不是年初锁定的，而是每个月度出报表都需要分摊的，但分摊的方法和年初预算是一致的。

如表 3-6 所示，B 公司将财务费用分为两部分，一部分是营运资金占用成本，另一部分是其他资金成本。

表 3-6　总部财务费用分摊方法

<table>
<tr><th>序号</th><th colspan="2">财务费用构成</th><th>一次归集/分摊对象</th><th>一次归集/分摊动因</th><th>二次归集/分摊对象</th><th>二次归集/分摊动因</th></tr>
<tr><td rowspan="4">1</td><td rowspan="4">（安全资金+应收账款+存货-应付账款）-利润产生净现金流）×资金成本率</td><td>应付账款</td><td>销售总公司、国际业务中心、动力总成中心</td><td>产品材料成本比例</td><td rowspan="4">各车型/机型</td><td rowspan="4">销量</td></tr>
<tr><td>安全资金</td><td>市场营销中心、国际业务中心、动力总成中心</td><td>产品材料成本比例</td></tr>
<tr><td>应收账款和存货</td><td>销售总公司、国际业务中心、动力总成中心</td><td>直接归集</td></tr>
<tr><td>利润产生净现金流</td><td>销售总公司、国际业务中心</td><td>直接归集</td></tr>
<tr><td>2</td><td colspan="2">其他资金成本=总财务费用-[安全资金+应收账款+存货-应付账款）-利润产生净现金流）×资金成本率”]</td><td>车型/机型</td><td>按（折旧+摊销）占比</td><td>销售总公司、国际业务中心、动力总成中心</td><td>计划销量</td></tr>
</table>

营运资金占用成本的计算公式是“（安全资金+应收账款+存货-应付账款）-利润产生净现金流）×资金成本率”。其中，利润产生净现金流取“不含财务费用前的利润+折旧及摊销”，安全资金是由财务每年根据三个利润中心的资金使用情况设定的。

其他资金成本的计算公式是“总财务费用 –[安全资金+应收账款+存货-应付账款）–利润产生净现金流）×资金成本率]”，其形成的原因主要是历史及当期投资形成的资金成本，因此先按照“折旧+摊销”占比在各车型/发动机机型之间分摊。然后针对各车型（发动机机型）分摊的其他资金成本再按照计划销量在销售总公司、国际业务中心、动力总成中心之间分摊。

（9）税前利润。“税前利润=边际贡献–固定制造费用（标准）+固定制造费用（差异）–固定销售费用–总部管理平台费用分摊（锁定）–总部财务费用分摊”。税前利润可以作为评价销售部门或者销售大区业绩的核心指标。

综上所述，销售部门管理报表及其取数逻辑见表 3-7。

表 3-7　销售部门管理报表及其取数逻辑

项目	序号	预算	实际（预测）	差异	差异率
		1	2	3=2−1	4=3/1×100%
销售净收入	1	Σ（车型版型市场价×版型预算销量-车型版型预算返利）/1.17	Σ（车型物料号市场价×车型物料号销量-车型物料号实际（预测）返利）/1.17		
减：变动成本费用（标准）	2	2=2.1+2.2+2.3+2.4	2=2.1+2.2+2.3+2.4		
直接材料	2.1	Σ各产品直接材料标准成本×各产品预算销量	Σ各产品直接材料标准成本×各产品实际（预测）销量		
变动制造费用	2.2	Σ各产品变动制造费用标准成本×各产品预算销量	Σ各产品变动制造费用标准成本×各产品实际（预测）销量		
包装费	2.3	Σ各产品包装费标准成本×各产品预算销量	Σ各产品包装费标准成本×各产品实际（预测）销量		
变动销售费用	2.4	Σ各产品预算变动销售费用（包括运费等）	Σ各产品实际（预测）变动销售费用（包括运费等）		
加：变动成本费用（差异）	3	3=3.1	3=3.1		
直接材料量差工艺调整	3.1	——	Σ各产品由于销售部门频繁提出产品改型造成生产上进行工艺调整而带来的直接材料量差		

（续）

项目	序号	预算	实际（预测）	差异	差异率
		1	2	3=2−1	4=3/1×100%
边际贡献	4	4=1-2+3	4=1-2+3		
减：固定制造费用（标准）	5	5=5.1+5.2+5.3+5.4	5=5.1+5.2+5.3+5.4		
间接人工	5.1	∑各产品间接人工标准成本×各产品预算销量	∑各产品间接人工标准成本×各产品实际（预测）销量		
折旧	5.2	∑各产品折旧标准成本×各产品预算销量	∑各产品折旧标准成本×各产品实际（预测）销量		
内部物流费	5.3	∑各产品内部物流费标准成本×各产品预算销量	∑各产品内部物流费标准成本×各产品实际（预测）销量		
其他	5.4	∑各产品其他固定制造费用标准成本×各产品预算销量	∑各产品其他固定制造费用标准成本×各产品实际（预测）销量		
加：固定制造费用（差异）	6	6=6.1+6.2+6.3+6.4	6=6.1+6.2+6.3+6.4		
制造费用产量差异（PUV）_整车	6.1	——	制造费用产量差异（PUV）_整车		
制造费用产量差异（PUV）_动力总成	6.2	——	制造费用产量差异（PUV）_动力总成		
制造费用产品结构差异（PUV）_整车	6.3	——	制造费用产品结构差异（PUV）_整车		
制造费用产品结构差异（PUV）_动力总成	6.4	——	制造费用产品结构差异（PUV）_动力总成		
减：固定销售费用	7	7=7.1+7.2+7.3+7.4	7=7.1+7.2+7.3+7.4		
上市费用	7.1	预算上市费用	实际（预测）上市费用		
广宣费	7.2	预算广宣费	实际（预测）广宣费		
折旧及摊销	7.3	预算折旧及摊销	实际（预测）折旧及摊销		
其他	7.4	预算其他	实际（预测）其他		
减：总部管理平台费用均摊（锁定）	8	8=8.1+8.2+8.3+8.4	8=8.1+8.2+8.3+8.4		
坏账损失	8.1	预算坏账损失	预算坏账损失		
项目费用化	8.2	预算项目费用化	预算项目费用化		
车型摊销	8.3	预算车型摊销	预算车型摊销		
其他管理平台费用分摊	8.4	预算其他管理平台费用分摊（锁定）	预算其他管理平台费用分摊（锁定）		
减：总部财务费用分摊	9	预算总部财务费用分摊	实际（预测）总部财务费用分摊		
税前利润	10	10=4-5+6-7-8-9	10=4-5+6-7-8-9		

3.4.2 整车生产部门基于责任的管理报告

1. 报表逻辑概述

B 公司的整车生产部门包括分布在国内和海外的几个生产基地。根据前面的责任中心设计，生产部门是典型的成本中心，它追求的是在保证质量和交付时效的前提下，产品单位成本越低越好。因此，除了时效和交付质量指标外，整车生产部门的管理报表主要围绕成本分析展开。报表的核心逻辑就是比较一个制造基地的产品的变动成本和固定制造费用的差异以及差异原因。

2. 报表作用

通过报表产品、时间、制造基地（工厂）三个维度的成员选择，可以查看某年、某个月份、某个制造基地（工厂）、某个车型的制造成本控制绩效。从这三个维度的组合来看，既可以满足公司生产制造部门对下属各工厂的绩效考核，也可以满足 B 公司对生产制造部门的绩效考核。当然，通过车型维度，也可以满足对车型成本的分析需求，可以分析某个具体车型的制造成本控制情况。

3. 报表项目及取数逻辑

（1）总制造成本。通过本项目，工厂管理者可以直观地从时间、工厂、产品维度看到总制造成本的实际值和标准成本（预算成本）之间的差异额和差异率（其中，标准成本的取数逻辑为取变动成本和固定成本各项目标准成本之和，具体取数逻辑详见后续介绍）。那么这些差异是怎么构成的呢？就可以从以下变动成本和固定成本的各个报表项目查看差异的构成。

（2）变动成本。变动成本包括直接材料、变动制造费用和包装费。其中，变动制造费用包括直接人工、动能费和工具、标准件、机物料和废品。直接材料、变动制造费用的标准成本取自于 ERP 系统中的各车型单台直接材料、直接人工、动能费和工具、标准件、机物料和废品的标准成本（标准成本的计算逻辑见 3.3B 公司预算与 ERP 标准成本相结合方案）与实际产量的乘积。包装费不太一样，虽然也属于变动成本，但由于在 B 公司没有按标准成本核算，而是按照实际成本核算的，因此，直接采用单车的包装费预算成本与实际产量的乘积。这里的直接材料、变动制造费用和包装费的预算成本（标准成本）总额不等于年初预算时制定的预算成本总额，而是类似于弹性预算的概念，单车的直接材料、直接人工、包装费等于年初预算值，但由于实际产量变化了，因此在比较时，需要剔除产量的影响，直接使用“实际产量×单位标准（预算）”作为预算值，而不再使用年初预算成本总额。

（3）固定成本。固定成本包括间接人工、折旧、内部物流费、其他四项。其中，其他包括维修费和其他制造费用。同变动成本一样，间接人工、折旧、内部物流费、其他四项的标准成本也是取自于 ERP 系统中的各车型单台间接人工、折旧、内部物流费、维修费和其他制造费用标准成本（标准成本的计算逻辑见 3.3 B 公司预算与 ERP 标准成本相结合方案）与实际产量的乘积。

以上是从成本项目上分析引起总制造成本差异的原因，以下将从责任单位的视角分析总制造成本差异的责任部门。

（4）生产承担的差异。生产承担的差异主要包括直接材料量差_超 BOM 消耗、变动制造费用_实际与标准差异、包装费_实际与预算差异和固定制造费用价差和量差四块内容。

直接材料量差_超 BOM 消耗是指在生产过程中，由于出现废品或者超过 BOM 定额耗用材料导致生产一个产品耗用比 BOM 标准更多的材料而引起的直接材料成本差异。这里需要注意的是生产超 BOM 消耗还有其他方面的责任，如 BOM 本身不准，如果存在这种原因，工艺部门要及时修正 BOM，而这不应该纳入生产部门的责任报告中。有些企业 ERP 在实际统计中是这样实现的，生产是按照 BOM 进行投料的，生产过程中，出现干坏了或者 BOM 不准导致的缺料，会额外申请领料单，并注明具体原因（废品或者 BOM 不准等），这样系统就可以统计到这种差异了。

变动制造费用_实际与标准差异是指直接人工、动能费和标准件、工具、机物料和废品的实际成本超出标准成本部分。理论上讲，变动制造费用总额已经使用“实际产量×单台车变动费用”取数，应该不存在什么差异。但是，由于直接人工、动能费和标准件、工具、机物料和废品也不可能是严格意义上的变动成本，实际计算过程中肯定存在差异。当然，由于标准件、工具和机物料的采购由采购部门负责，这些一般材料（非原材料）由于价格超出标准价而导致的价差应该由采购部门负责。因此在制造部门应该承担的差异中需要剔除这部分差异。

包装费_实际与预算差异是指包装费实际值超出预算部分的差异。其中预算值也是等于单台车的预算成本与实际产量的乘积。

固定制造费用价差和量差是指间接人工、折旧、维修费、内部物流费和其他固定费用的实际值超出预算（标准）成本所形成的差异。由于在销售部门责任报告中，已经将由于销量和销售结构导致的固定制造费用差异归为销售部门的责任，因此需要将其剔除掉。

以上四项是生产部门承担的制造成本差异责任，但从生产部门责任报告的角度看，还包括另外两项与制造成本无关的内容：客户索赔_整车生产原因和盘点差异_原因不详部分。客户索赔_整车生产原因是指销售费用中客户对 B 公司的索赔，经责任分析属于制造部门的质量原因，因此需要把这部分费用直接纳入生产部门的责任报告中。盘点差异_原因不详部分是指生产部门在盘点过程中发现的差异，无法界定差异原因时，也将这待处理财产损益纳入生产部门的责任报告。

因此生产部门承担的总责任报告就是以上六项内容之和。

（5）采购承担的差异。采购承担的差异主要包括直接材料价差、一般材料价差和直接材料量差_工艺调整。

直接材料和一般材料都是产品生产过程中需要消耗的材料，不同之处在于，前者是体现在 BOM 中的，后者由于太杂碎而不包括在 BOM 中。

直接材料价差是由于原材料采购部门的实际采购价超出了 ERP 系统中制定的标准价（也是年度材料预算价格）而导致的差异。需要注意的是，计算这个差异的口径不是采购入库口径，也不是材料消耗出库口径，而是当期产成品生产成本对应的直接材料消耗的口径。也就是说采购入库产生的差异先要在当期消耗和材料库存间进行分配，然后还要在当期产成品和在制品间进行分配。

一般材料价差包括标准件、工具、机物料采购部门的实际采购价超出了 ERP 系统中制定的标准价（也是年度材料预算价格）而导致的差异。也存在同原材料一样的计算口径问题，不再赘述。值得注意的是，部分企业 ERP 针对这一块内容可能没有制定标准价，这就暂时无法计算这块差异了，企业需要逐步夯实这块的管理基础。

直接材料量差_工艺调整是指由于采购部门提出的工艺调整需求而导致的原材料量差。

（6）销售承担的差异。销售承担的差异主要包括直接材料量差_工艺调整、制造费用产量差异(PUV)_整车、制造费用产品结构差异(PUV)_整车三块内容。这三块内容的含义已经在销售部门责任报告中做了解释，不再赘述。

（7）研发承担的差异。研发承担的差异主要包括直接材料量差_工艺调整，是指由于研发部门提出的工艺调整导致的直接材料量差。

（8）其他差异。其他差异是指总制造成本差异减去上述各部门承担的责任差异之后倒挤出来的差异。理论上来说，这个差异应该为零，但是为确保报表的逻辑严谨性，应该设立该项目，一旦该项目的数据较大，需要仔细分析原因，可能的原因之一就是制造费用的差异未充分识别，这时我们根据分析的结果可以增加一些部门的责任差异。

综上所述，生产部门管理报表及其取数逻辑见表 3-8。

表 3-8　生产部门管理报表及其取数逻辑

项目	序号	预算（标准）成本	实际	差异	差异率
		1	2	3=1−2	4=3/1×100%
总制造成本	1	1=2+3	1+2+3	实际-预算	（实际-预算）/预算×100%
变动成本	2	2=2.1+2.2+2.3	2=2.1+2.2+2.3	实际-预算	（实际-预算）/预算×100%
直接材料	2.1	Σ各产品单台直接材料标准成本×各产品实际产量	Σ各产品单台直接材料实际成本×各产品实际产量	实际-预算	（实际-预算）/预算×100%
变动制造费用	2.2	Σ各产品单台变动制造费用标准成本×各产品实际产量，变动制造费用包括直接人工、动能费、工具、机物料、废品	Σ各产品单台变动制造费用实际成本×各产品实际产量	实际-预算	（实际-预算）/预算×100%
包装费	2.3	Σ各产品包装费单台预算成本×各产品实际产量	Σ各产品包装费单台实际成本×各产品实际产量	实际-预算	（实际-预算）/预算×100%
固定成本	3	3=3.1+3.2+3.3+3.4	3=3.1+3.2+3.3+3.4	实际-预算	（实际-预算）/预算×100%
间接人工	3.1	Σ各产品间接人工标准成本×各产品实际产量	Σ各产品间接人工实际成本×各产品实际产量	实际-预算	（实际-预算）/预算×100%
折旧	3.2	Σ各产品折旧费标准成本×各产品实际产量	Σ各产品折旧费实际成本×各产品实际产量	实际-预算	（实际-预算）/预算×100%
内部物流费	3.3	Σ各产品内部物流费标准成本×各产品实际产量	Σ各产品内部物流费实际成本×各产品实际产量	实际-预算	（实际-预算）/预算×100%
其他	3.4	Σ各产品其他固定制造费用标准成本×各产品实际产量	Σ各产品其他固定制造费用实际成本×各产品实际产量	实际-预算	（实际-预算）/预算×100%
生产承担的差异	4	——	——	4=4.1+4.2+4.3+4.4+4.5+4.6	——
直接材料量差_超 BOM 消耗	4.1	——	——	超 BOM 标准消耗材料引起的差异	——
变动制造费用_实际与标准差异	4.2	——	——	变动制造费用实际与标准差异-5.2	——
包装费_实际与预算差异	4.3	——	——	包装费实际与预算差异	——

（续）

项目	序号	预算（标准）成本	实际	差异	差异率
		1	2	3=1−2	4=3/1×100%
固定制造费用价差和量差	4.4	——	——	固定制造费用实际与预算差异−6.2−6.3	——
客户索赔_整车生产原因	4.5	——	——	由于生产责任导致的客户索赔	——
盘点差异_原因不详部分	4.6	——	——	生产导致的盘点差异	——
采购承担的差异	5	——	——	5=5.1+5.2+5.3	——
直接材料价差	5.1	——	——	原材料采购超过标准价格引起的差异	——
一般材料价差	5.2	——	——	标准价、工具、机物料采购超过标准价	——
直接材料量差_工艺调整	5.3	——	——	采购提出的工艺调整引起的直接材料量	——
销售承担的差异	6	——	——	6=6.1+6.2+6.3	——
直接材料量差_工艺调整	6.1	——	——	销售提出的工艺调整引起的直接材料量	——
制造费用产量差异（PUV）_整车	6.2	——	——	销量差异引起的固定制造费用差异	——
制造费用产品结构差异（PUV）_整车	6.3	——	——	产品结构差异引起的固定制造费用差异	——
研发承担的差异	7	——	——	7=7.1	——
直接材料量差_工艺调整	7.1	——	——	研发提出的工艺调整引起的直接材料量	——
其他差异	8	——	——	8=1-4-5-6-7	——

3.4.3 动力总成部门基于责任的管理报告

1. 报表逻辑概述

B公司的动力总成生产部门根据前面的责任中心设计，属于成本中心+利润中心，它追求的是在保证质量和交付时效前提下的利润最大化。其损益表的收入部分由两部分构成：一是基于内部转移价下的内部配套收入；二是对外销售收入。其成本部分，类似于整车生产部门。费用部分除了自身的管理费用销售费用外，还要承担总部分摊下来的管理费用和财务费用（预算锁定）。

2. 报表作用

通过报表产品、时间两个维度的成员选择，可以查看某年某个月份、动力总成部门的绩效（税前利润），也可以满足对发动机机型盈利分析的需求，既可以分析某个具体发动机机型的单台边际贡献，有助于公司把优势资源进一步集中，多生产和销售单台边际贡献高的产品，也可以分析出各发动机机型的税前利润贡献总额大小。

3. 报表项目及取数逻辑

（1）销售收入。动力总成作为一个独立核算的责任主体，其收入构成需要重点说明的是内部收入部分，这牵扯到内部转移价的制定。一般而言，内部转移价至少有两种用途：一是满足对外报告的要求；二是满足对内管理报告的要求。前者一般是指独立核算、独立纳税的会计主体（不一定是法人）为了满足税务的要求（或者说税务筹划的要求）而制定的内部转移价；后者是满足内部绩效计量而制定的内部转移价。这两种目的的内部转移价通常是不一致的（或者说是冲突的），因此，需要分别制定两套内部转移价。本报表所涉及的内部转移价很显然属于第二种。

为了对B公司动力部门的绩效进行有效衡量，内部转移价的制定更多是参照市场制定（因为动力总成除了内部配套整车生产外，还少量对外销售）。

（2）变动成本（标准）、变动成本（差异）。变动成本的内涵同前述，这里不再赘述。需要说明的是，为了更好地对动力总成的成本差异进行分析，特将变动成本分为变动成本（标准）和变动成本（差异）两部分分别列示。变动成本（标准）的预算和实际（预测）的差异体现的是销量变化引起的差异，而变动成本（差异）更多的是体现实际超过标准（预算）的差异。

（3）边际贡献。边际贡献的核心功能是帮助管理层掌握哪个发动机机型的边际贡献率（边际贡献/收入）更高，在资源紧缺的情况下，应该将生产销售资源向边际贡献率高的机型倾斜。

（4）固定制造费用（标准）、固定制造费用（差异）。固定制造费用（标准）、固定制造费用（差异）分开列示也是为了更好地展现差异原因，具体每个成本项目的内涵和整车成本分析是一致的，也不再赘述。这里需要解释一下的是“固定制造费用差异 =固定制造费用实际成本 − ∑（各产品固定制造费用总标准成本−

制造费用产量差异_动力–制造费用产品结构差异_动力)”，这是从责任的视角，需要排除一些由销售部门承担的产品销售结构和销量造成的固定制造费率上升而引起的成本上升责任。

还有一点需要说明的是，由于“固定制造费用（差异)”无法进行预测，实际在做滚动预测时，可以忽略这部分差异。

（5）固定销售费用。固定销售费用类似于整车销售部门的责任报告处理，主要是对固定销售费用按照机型进行分摊，分摊方法也可以参照整车处理，这里也不再赘述。

（6）固定管理费用。固定管理费用包括两部分：一部分是动力总成自身管理费用，另一部分是总部管理平台分摊下来的费用，也是年初预算阶段锁定一年不变。具体分摊规则见销售部门责任报告中的总部管理平台费用分摊规则。

（7）总部财务费用分摊。总部财务费用分摊规则见销售部门责任报告部分的总部财务费用分摊，这里不再赘述。

综上所述，动力总成部门管理报表及其取数逻辑见表 3-9。

表 3-9 动力总成部门管理报表及其取数逻辑

项目	序号	预算	实际（预测）	差异	差异率
		1	2	3=2−1	4=3/1×100%
销售收入	1	按内部结算价格计算的预算收入+对外预算销售收入	按内部结算价格计算的实际(预测)收入+对外实际(预测）销售收入		
减：变动成本（标准）	2	2=2.1+2.2+2.3+2.4	2=2.1+2.2+2.3+2.4		
直接材料	2.1	∑各产品直接材料标准成本×各产品预算销量	∑各产品直接材料标准成本×各产品实际（预测）销量		
变动制造费用	2.2	∑各产品变动制造费用标准成本×各产品预算销量	∑各产品变动制造费用标准成本×各产品实际（预测）销量		
包装费	2.3	∑各产品包装费标准成本×各产品预算销量	∑各产品包装费标准成本×各产品实际（预测）销量		
变动销售费用	2.4	∑各产品预算变动销售费用（包括运费等）	∑各产品实际(预测)变动销售费用（包括运费等）		
加：变动成本（差异）	3	3=3.1+3.2+3.3	3=3.1+3.2+3.3		
直接材料量差_超 BOM 消耗	3.1		∑各产品直接材料量差_超 BOM 消耗		

（续）

项目	序号	预算	实际/预测	差异	差异率
		1	2	3=2−1	4=3/1×100%
变动制造费用_实际与标准差异	3.2		Σ各产品变动制造费用_实际与标准差异		
包装费_实际与预算差异	3.3		Σ各产品包装费_实际与预算差异		
边际贡献	4	4=1−2+3	4=1−2+3		
减：固定制造费用（标准）	5	5=5.1+5.2+5.3+5.4	5=5.1+5.2+5.3+5.4		
间接人工	5.1	Σ各产品间接人工标准成本×各产品预算销量	Σ各产品间接人工标准成本×各产品实际（预测）销量		
折旧	5.2	Σ各产品折旧标准成本×各产品预算销量	Σ各产品折旧标准成本×各产品实际（预测）销量		
内部物流费	5.3	Σ各产品内部物流费标准成本×各产品预算销量	Σ各产品内部物流费标准成本×各产品实际（预测）销量		
其他	5.4	Σ各产品其他标准成本×各产品预算销量	Σ各产品其他标准成本×各产品实际（预测）销量		
加：固定制造费用（差异）	6	6=6.1	6=6.1		
固定制造费用差异	6.1	——	固定制造费用实际成本−Σ（各产品固定制造费用总标准成本−制造费用产量差异_动力−制造费用产品差异_动力）		
减：固定销售费用	7	7=7.1+7.2+7.3+7.4+7.5	7=7.1+7.2+7.3+7.4+7.5		
上市费用	7.1	预算上市费用	实际（预测）上市费用		
广宣费	7.2	预算广宣费	实际（预测）广宣费		
折旧及摊销	7.3	预算折旧及摊销	实际（预测）折旧及摊销		
其他	7.4	预算其他	实际（预测）其他		
客户索赔_动力总成原因	7.5				
减：固定管理费用	8	8=8.1+8.2+8.3+8.4+8.5+8.6	8=8.1+8.2+8.3+8.4+8.5+8.6		
坏账损失	8.1	——	实际（预测）坏账损失		
盘点差异_原因不详部分	8.2	——	实际（预测）盘点差异_原因不详部分		
项目费用化	8.3	预算项目费用化	实际（预测）项目费用化		
车型摊销	8.4	预算车型摊销	实际（预测）车型摊销		
动总其他管理费用	8.5	预算动总其他管理费用	实际（预测）动总其他管理费用		

（续）

项目	序号	预算	实际/预测	差异	差异率
		1	2	3=2-1	4=3/1×100%
总部其他管理平台费用分摊（锁定）	8.6	预算总部其他管理平台费用分摊（锁定）	实际（预测）总部其他管理平台费用分摊（锁定）		
减：总部财务费用分摊	9	预算总部财务费用分摊	实际（预测）总部财务费用分摊		
税前利润	10	10=4-5+6-7-8-9	10=4-5+6-7-8-9		

3.4.4　采购部门基于责任的管理报告

采购部门是典型的成本中心，其核心职责是在保证质量和及时交付的情况下，采购成本最低，这一点对于非豪华车企的B公司而言尤其重要。因此，采购部门基于责任的管理报告主要围绕着采购降本展开，主要包括两个方面的降本：直接材料的采购降本、一般材料的采购降本。另外，采购部门的责任还包括直接材料量差_工艺调整责任、客户索赔_原材料质量原因责任以及部门可控费用的管控责任。为了便于分析，将其分为三张责任报告（表）：直接材料价差、其他差异责任和部门可控费用及主控费用责任，以下逐一介绍其逻辑概述和作用。

1. 直接材料价差管理报告逻辑概述和作用

表3-10是采购部门管理报告——直接材料价差。直接材料价差的基本含义在前文已有表述，这是采购部门的核心责任。原因在于由于市场竞争的压力，B公司每年针对不同车型的市场竞争情况，制定降本策略和目标。其中重要的降本渠道就是采购材料的降本。因此，在预算阶段，根据降本目标倒推出来的原材料价格预算，是采购必须要完成的首要任务。本报表的核心作用是一目了然地帮助管理层识别各车型的采购降本目标的达成情况：某车型的直接材料价差如果是正值，表示实际成本超出了标准价格（预算价格），采购降本不力；反之，如果是负值，表示采购价格低于标准价格（预算价格），采购降本有效。在给采购部门设定该指标的考核标准时，可以用直接材料价格差异率（某车型直接材料价格差异/某车型的标准材料成本），可以将标准设为0，正负超出一定范围时，则给予相应的处罚和奖励。

表3-10　采购部门管理报告——直接材料价差

车型	项目	1月	2月	3月	4月	5月	6月	7月	8月	9月	10月	11月	12月	全年合计
车型1	直接材料价格差异/元													
	直接材料价格差异率（%）													

（续）

车型	项目	1月	2月	3月	4月	5月	6月	7月	8月	9月	10月	11月	12月	全年合计
车型 2	直接材料价格差异/元													
	直接材料价格差异率（%）													
车型 3	直接材料价格差异/元													
	直接材料价格差异率（%）													
车型 4	直接材料价格差异/元													
	直接材料价格差异率（%）													
车型……	直接材料价格差异/元													
	直接材料价格差异率（%）													
合计	直接材料价格差异/元													
	直接材料价格差异率（%）													

2. 其他差异管理报告逻辑概述和作用

表 3-11 是采购部门的其他差异责任报告，内容包括“一般材料价差”“直接材料量差_工艺调整”和“客户索赔_原材料质量原因”。值得一提的是，“直接材料量差_工艺调整”是指由于采购部门对某车型提出工艺调整而导致该车型的原材料消耗超出了原先的 BOM 范围而产生的直接材料量差，是可以识别出车型的；而“一般材料价差”是无法区分车型的；“客户索赔_原材料质量原因”虽然可以区分到车型，但由于其和当期生产销售的车型可能无法一一对应（索赔的车型可能是前几年生产的车型），因此区分车型的意义不大。

表 3-11　采购部门管理报告——其他差异责任

车型	项目	1月	2月	3月	4月	5月	6月	7月	8月	9月	10月	11月	12月	全年合计
车型 1	直接材料量差_工艺调整													
车型 2	直接材料量差_工艺调整													

（续）

车型	项目	1月	2月	3月	4月	5月	6月	7月	8月	9月	10月	11月	12月	全年合计
车型3	直接材料量差_工艺调整													
车型……	直接材料量差_工艺调整													
合计	直接材料量差_工艺调整													
	一般材料价差													
	客户索赔_原材料质量原因													
	合计													

其他差异责任表可以独立查看，在绩效考核应用的过程中，由于其他差异责任重要性相对低，金额也可能较小，因此也可以简化使用，如可将其他差异责任与直接材料价差合计起来计算“直接材料价格综合差异率”，直接材料价格综合差异率=∑车型（直接材料价差+一般材料价差+直接材料量差_工艺调整+客户索赔_原材料质量原因）/∑车型直接材料标准成本。

3. 采购部门可控费用报告和主控费用报告逻辑概述和作用

由于所有职能部门都对本部门可控费用及负责的主控费用负责，且各部门的表样是一致的，在这里不单独说明，详见职能部门基于责任的管理报告部分。

3.4.5 研发部门基于责任的管理报告

研发部门也是典型的成本中心，其核心职责是按照研发计划节点保质保量地完成研发项目任务。因此，研发部门的核心责任报表从财务视角看就是各项目的研发节点任务是否按期完成，成本是否超标，另外，研发部门的责任还包括各产品的制造成本差异责任——“直接材料量差_工艺调整”和“新产品的预算成本和标准成本差异”以及部门可控费用差异及部门主控费用差异。为了便于分析，将其分为四张责任报告（表）：研发部门项目开发责任报告、研发部门制造成本差异报告、部门可控费用报告以及部门主控费用报告。以下将逐一介绍其逻辑概述和作用。

1. 项目开发责任报告逻辑概述和作用

我们知道，汽车企业一个全新车型的研发周期超过数年，这是一个大项目。由于汽车的复杂性，通常一个大项目会分解为多个子项目，甚至孙项目（如车身子项目、底盘子项目、动力总成子项目等）。所以项目本身是一个树状机构。另外，从节点上，一个项目会分为多个节点，每到一个节点，研发部门都会组织相关人员对项目进行回顾分析，包括项目研究进展如何、费用支出是否超标，项目车型的市场效益与成本预估是否支持继续研究下去，等等。

表 3-12 是研发部门项目开发基于责任的管理报告。该表是从项目及项目节点的视角查看其预算执行情况。控制项目成本只是研发的责任之一，保质保量地及时完成研发任务可能是更重要的职责。因此，从项目和节点视角查看项目成本是否超标时，也要结合其研发任务的完成情况综合起来看。只有在研发任务完成情况下的成本节约才是有意义的。

表 3-12 研发部门项目开发基于责任的管理报告

项目	项目节点	预算	实际（预测）	差异	差异率
		1	2	3−2	4=3/1×100%
项目 1	P1				
	P2				
	P3				
	P……				
	小计				
项目……	P1				
	P2				
	P3				
	P……				
	小计				
	合计				

因此，本报告的核心作用是用于 B 公司管理层对研发部门的核心考核指标之一，同理，也可以用于研发部门对各级项目、子项目、孙项目的项目经理的绩效考核。

2. 制造成本差异责任报告逻辑概述和作用

表 3-13 是研发部门制造成本差异责任报告，其内容包括“老产品直接材料量差_工艺调整”和“新产品预算成本与标准成本差异”两部分。

“老产品直接材料量差_工艺调整”是在研发部门针对某车型提出的工艺调整，导致直接材料消耗超出了 BOM 标准而产生的成本差异。当然，这种差异也可能是正向和负向的。正向的是不利影响，负向的是有利影响。

“新产品预算成本与标准成本差异”在第 3.3 节介绍过，新产品在 EBOM 确认之后，需要对其预算和标准成本进行重新编制，所产生的标准成本和原先预算成本之间的差异由研发部门承担，标准成本产生之后，所发生的实际成本和标准成本差异由制造部门承担。

因此，本表的作用主要是衡量研发部门对公司产品成本控制的责任，具体在应用过程中可以设置“制造成本差异研发责任”指标，标准为 0，正负超出一定范围时，则给予相应的处罚和奖励。

表 3-13 研发部门制造成本差异分析责任报告

项目	车型	1月	2月	3月	4月	5月	6月	7月	8月	9月	10月	11月	12月	全年合计
老产品直接材料量差_工艺调整	车型 1													
	车型 2													
	车型 3													
	……													
	小计													
新产品预算成本与标准成本差异	新车型 1													
	新车型 2													
	新车型 3													
	……													
	小计													
	总计													

3. 研发部门可控费用报告和主控费用报告逻辑概述和作用

由于所有职能部门都对本部门可控费用及负责的主控费用负责，且各部门的表样是一致的，在这里不单独说明，详见职能部门基于责任的管理报告部分。

3.4.6 职能部门基于责任的管理报告

职能部门是典型的费用中心，不同于成本中心，其产出无法量化，只能进行定性评价，因此，只能从财务视角对其费用控制进行评价。具体可以分为两类：一是可控费用责任报告，二是主控费用责任报告。

1. 可控费用责任报告逻辑说明和作用

表 3-14 是可控费用报表样式。可控费用分为四类：一是和人相关的支出——人工成本；二是和项目相关的支出——项目费用；三是和业务量相关的支出——专项费用；四是日常办公支出——日常费用。

不同费用类型的预算编制方法和控制主体是不同的：人工成本包括工资、福利和劳务费，一般由 HR 制定编制标准，由各职能部门编制和控制。日常费用可以适当参照历史发生数进行预算编制，由各责任部门自身控制；专项费用根据具体业务量及其费用标准进行预算编制，由主控部门进行预算审核和控制（详见主控费用责任报告）；项目费用根据立项金额进行预算编制，由项目经理按照项目预算进行控制。

表 3-14 是部门可控费用的全集，对于某个特定部门来说，有些费用项目是没有的。

表 3-14　职能部门可控费用责任报告

可控费用		预算	实际（预测）	差异	差异率
		1	2	3=1−2	4=3/1×100%
人工成本	工资				
	福利				
	劳务费				
	小计				
日常费用	办公费				
	电话费				
	差旅费				
	交通费				
	车辆使用费				
	业务招待费				
	机物料消耗				
	小计				
专项费用	动能				
	广宣费				
	保险费				
	运输费				
	会务费				
	租赁费				
	招聘费				
	修理费				
	折旧/摊销				
	保安消防费				
	售前/售后服务费				
	国外差旅费				
	绿化环保费				
	坏账损失				
	存货盘亏（盘盈）				
	税金				
	技术开发费				
	其他−专项				
	小计				

（续）

可控费用		预算	实际（预测）	差异	差异率
		1	2	3=1-2	4=3/1×100%
项目费用	咨询费				
	建设管理费				
	设计费用				
	样机试制费				
	产品认证费				
	实验车辆使用费				
	其他				
	小计				

2. 主控费用责任报告逻辑说明和作用

表 3-15 是主控费用报表样式。主控费用是特别针对专项费用而言的。B 公司针对各项专项费用的特点，指定由专门的主控部门进行预算编制指导、预算审核和预算控制。也就是说，主控费用的控制由两类部门负责，一是主控部门自身，二是实际花钱的各部门。

表 3-15 职能部门主控费用责任报告

主控单位	一级费用	二级明细	预算	实际（预测）	差异	差异率
			1	2	3=2-1	4=3/1×100%
财务部	办公费	印刷品				
	保险费/运输费	财产保险费				
	租赁/折旧/摊销	折旧费				
	租赁/折旧/摊销	无形资产及递延资产摊销				
	税金					
	小计					
乘用车	其他专项	包装费				
	实验车辆使用费	整车领用费				
	其他专项	辅助生产（工位器具费）				
	小计					
动能公司	动能	电费				
	动能	水费				
	动能	天然气费				
	动能	蒸汽费				
	动能	压缩空气				
	动能	外购自来水				
	小计					

（续）

主控单位	一级费用	二级明细	预算	实际（预测）	差异	差异率
			1	2	3=2-1	4=3/1×100%
国际公司	售前/售后服务费	售后服务费 KD 件				
	其他专项	进口费				
	其他专项	出口费				
	小计					
后勤服务部	办公费	办公用品				
	办公费	清洁用品				
	办公费	邮政费				
	机物料消耗	劳动保护费				
	交通费/车辆使用费	班车费				
	交通费/车辆使用费	工作用车				
	修理费	空调设备维修				
	修理费	办公维修费用				
	安保/绿化	绿化费				
	小计					
汽车工程技术研发总院	办公费	图纸资料费				
	其他专项	技术开发费				
	建设管理/设计/试验	设计费				
	建设管理/设计/试验	设计变更费				
	建设管理/设计/试验	外委试制费				
	建设管理/设计/试验	样车、样机、样件费				
	建设管理/设计/试验	材料费				
	建设管理/设计/试验	试制费				
	试验车辆使用费	试验油费				
	试验车辆使用费	试验补贴费				
	试验车辆使用费	外委试验检验费				
	保险费/运输费	运输费				
	修理费	工程维修费用				
	建设管理/设计/试验	建设管理费				
	小计					
人力资源部	招聘费					
	其他专项	团队建设活动费				
	小计					
销售公司	广宣费	广告费				
	保险费/运输费	运输保险费				
	售前/售后服务费	售后服务费				
	其他专项	售前准备费				
	广宣费	市场调研费				
	小计					

（续）

主控单位	一级费用	二级明细	预算	实际（预测）	差异	差异率
			1	2	3=2−1	4=3/1×100%
国际公司	保险费/运输费	运输保险费				
	售前/售后服务费	售后服务费				
	小计					
信息公司	办公费	IT 耗材				
	通信费	电话费				
	小计					
运营管理部	会务费					
	咨询费					
	小计					
总经办	国外差旅费	出差期间境内、境外相关费用				
	国外差旅费	机票费				
	业务招待费	业务招待				
	业务招待费	酒店消费款				
	业务招待费	公关慰问				
	业务招待费	工作餐费				
	广宣费	媒体杂志维护费				
	广宣费	公关活动费				
	小计					

3.4.7 公司整体基于责任的管理报告体系

前面分公司的价值环节逐一介绍了销售部门、整车生产部门、动力总成部门、采购部门、研发部门和职能部门的责任报告。那么站在公司整体的视角看，也存在责任报告的分析需求，共分为三张，分别是：从价值链和产品视角查看公司预算目标分解情况、从价值链和产品视角查看实际执行情况、从产品视角查看公司公司整体的责任报告执行情况。以下将逐一详细介绍。

1. 公司整体责任报告体系（预算）——价值链/产品

（1）报告逻辑概述。在前述责任报告设计原则中谈到公司责任分解的思路是主要围绕着利润中心进行分解的，分解完成结果的呈现实际上就是本报告，如表 3-16 所示，市场营销中心、国际业务中心及动力总成中心就是 B 公司的三大利润中心（模拟利润中心）。当然，这里无法将所有的成本中心和费用中心都纳入进来，这样会造成数据的重复。但由于它们都是为利润中心服务的，因此利润中心报告上的 “变动成本和固定制造费用”“总部管理平台费用分摊” 等就是这些成本中心和费用中心责任的体现。

除了三大利润中心之外，在本报告的列上还有“公司责任”，这是针对“未达产能规划部分的折旧摊销”设计的，“未达产能规划部分的折旧摊销”是指车型销量远低于投产前研发阶段预计的销量，导致每台车实际承担的折旧和摊销远高于原先的预计成本，而这部分成本是由公司决策失误造成的，应由公司承担，而不应该由工厂承担，也无法归为任何一个产品的成本，这样会导致产品成本严重失真，因此独立出来放在“公司责任”上。

从报告的最左边一列看，和前述各价值链责任报告的总体架构大致是一致的，即“收入–变动成本=边际贡献，边际贡献–固定制造费用–固定销售费用–固定管理费用–总部财务费用分摊=税前利润”。实质上，就是将前述三大利润中心的预算数据进行了汇总。

（2）报告的作用。本报告可以从利润中心（市场营销中心、国际业务中心及动力总成中心、公司）、产品（车型、发动机机型）、时间（年、月）三个维度展现公司税前利润实现的途径：

- 从利润中心维度看各利润中心应如何完成公司分解的责任。
- 从时间维度看各利润中心在各月的责任如何分配。
- 从产品维度看各利润中心的产品如何实现各责任中心的目标。

当然，在上述三个维度，可以任意切换查看预算结果。

表 3-16　公司整体责任报告体系（预算）——价值链/产品

项目	序号	市场营销中心	国际业务中心	动力总成中心	公司责任	合计
		1	2	3	4	5=1+2+3+4
收入	1	对外预算销售净收入	对外预算销售净收入	按内部结算价格计算的预算收入+对外预算销售		
减：变动成本	2	2=2.1+2.2+2.3+2.4	2=2.1+2.2+2.3+2.4	2=2.1+2.2+2.3+2.4	——	
直接材料	2.1	直接材料	直接材料	直接材料	——	
变动制造费用	2.2	变动制造费用	变动制造费用	变动制造费用	——	
包装费	2.3	包装费	包装费	包装费	——	
变动销售费用	2.4	变动销售费用	变动销售费用	变动销售费用	——	
边际贡献	3	3=1−2	3=1−2	3=1−2	——	
减：固定制造费用	4	4=4.1+4.2+4.3+4.4	4=4.1+4.2+4.3+4.4	4=4.1+4.2+4.3+4.4	——	
间接人工	4.1	间接人工	间接人工	间接人工	——	
折旧	4.2	折旧	折旧	折旧	未达到产能规划部分的折旧摊销	
内部物流费	4.3	内部物流费	内部物流费	内部物流费	——	

（续）

项目	序号	市场营销中心	国际业务中心	动力总成中心	公司责任	合计
		1	2	3	4	5=1+2+3+4
其他	4.4	其他	其他	其他	——	
减：固定管理费用	5	5=5.1+5.2+5.3+5.4	5=5.1+5.2+5.3+5.4	5=5.1+5.2+5.3+5.4	——	
上市费用	5.1	上市费用	上市费用	上市费用	——	
广宣费	5.2	广宣费	广宣费	广宣费	——	
折旧及摊销	5.3	折旧及摊销	折旧及摊销	折旧及摊销	——	
其他	5.4	其他	其他	其他	——	
减：固定管理费用	6	6=6.1+6.2+6.3+6.4+6.5+6.6+6.7	6=6.1+6.2+6.3+6.4+6.5+6.6+6.7	6=6.1+6.2+6.3+6.4+6.5+6.6+6.7	——	
坏账损失	6.1	坏账损失	坏账损失	坏账损失	——	
项目费用化	6.2	项目费用化	项目费用化	项目费用化	——	
车型摊销	6.3	车型摊销	车型摊销	机型摊销	——	
动总其他管理费用	6.4	—	—	动总其他管理费用	——	
动总销售费用	6.5	—	—	动总销售费用	——	
动总研发费用	6.6	—	—	动总研发费用	——	
总部管理平台费用分摊（锁定）	6.7	总部管理平台费用分摊（锁定）	总部管理平台费用分摊（锁定）	总部管理平台费用分摊（锁定）	——	
减：总部财务费用分摊	7	总部财务费用分摊	总部财务费用分摊	总部财务费用分摊	——	
税前利润	8	8=3-4-5-6-7	8=3-4-5-6-7	8=3-4-5-6-7	——	

2. 公司整体责任报告体系（实际）——价值链/产品

（1）报告逻辑概述。“公司整体责任报告体系（预算）——价值链/产品”是从预算视角进行责任分解的。实际执行结果如何，就要靠实际执行结果的报表进行展现，如表3-17所示。

从本报告的最左边一列看，和“公司整体责任报告体系（预算）——价值链/产品”报告的展现“收入–变动成本=边际贡献，边际贡献–固定制造费用–固定销售费用–固定管理费用–总部财务费用分摊=税前利润”相比，多了实际数的差异。另外，由于承担制造成本差异的部门很多，因此列上多了“整车生产部门”“研发部门”“采购部门”“质量部门”。

当然，在本报告的列上还有“公司责任”，除了对应公司“未达产能规划部分的折旧摊销”责任外，还有一块就是“实际生产成本和销售成本的差异”。由于我们的报表逻辑是采用当期工厂的标准成本作为销售部门损益表的销售成本，这必然和财务账上的销售成本存在差异。因此，可通过倒挤的方式（当期公司财务会计的销售成本合计减去公司责任报告变动成本与固定制造费用之后）计算出来，置于公司责任上。由于这块差异在预算过程中无法预测，因此预算责任报告上可以忽略这块差异。

表 3-17　责任报告体系（实际）——价值链/产品

职能	序号	销售部门	动力总成部门	整车生产部门	采购部门	研发部门	质量部门	职能部门	公司责任	合计
		1	2	3	4	5	6	7	8	9=1+2+3+4+5+6+7+8
销售收入	1	对外实际销售净收入	按内部结算价格计算的实际收入+对外实际销售收入	—	—	—	—	—	—	
减：变动成本（标准）	2	2=2.1+2.2+2.3+2.4	2=2.1+2.2+2.3+2.4	2=2.1+2.2+2.3+2.4	—	—	—	—	—	
直接材料	2.1	直接材料	直接材料	直接材料	—	—	—	—	—	
变动制造费用	2.2	变动制造费用	变动制造费用	变动制造费用	—	—	—	—	—	
包装费	2.3	包装费	包装费	包装费	—	—	—	—	—	
变动销售费用	2.4	变动销售费用	变动销售费用		—	—	—	—	—	
加：变动成本（差异）	3	3=3.1+3.2+3.3+3.4+3.5+3.6+3.7	3=3.1+3.2+3.3+3.4+3.5+3.6+3.7	3=3.1+3.2+3.3+3.4+3.5+3.6+3.7	3=3.1+3.2+3.3+3.4+3.5+3.6+3.7	3=3.1+3.2+3.3+3.4+3.5+3.6+3.7	3=3.1+3.2+3.3+3.4+3.5+3.6+3.7	—	3=3.1+3.2+3.3+3.4+3.5+3.6+3.7	
直接材料量差_工艺调整	3.1	直接材料量差_工艺调整	—	—	直接材料量差_工艺调整	直接材料量差_工艺调整	直接材料量差_工艺调整	—	—	
直接材料量差_超BOM消耗	3.2	—	直接材料量差_超BOM消耗	直接材料量差_超BOM消耗	—	—	—	—	—	
直接材料价格差异（PPV）	3.3	—	—	—	直接材料价格差异（PPV）	—	—	—	—	
变动制造费用差异	3.4	—	变动制造费用差异	变动制造费用差异				—		
包装费_预算与实际差异	3.5	—	包装费_预算与实际差异	包装费_预算与实际差异	—	—	—	—	—	

（续）

职能	序号	销售部门	动力总成部门	整车生产部门	采购部门	研发部门	质量部门	职能部门	公司责任	合计
		1	2	3	4	5	6	7	8	9=1+2+3+4+5+6+7+8
变动销售费用_预算与实际差异	3.6	变动销售费用_预算与实际差异	变动销售费用_预算与实际差异	—	—	—	—	—	—	
实际生产成本和销售成本差异	3.7	—	—	—	—	—	—	—	实际生产成本和销售成本差异	
边际贡献	4	4=1-2+3	4=1-2+3	4=1-2+3	—	—	—	—	—	
减：固定制造费用（标准）	5	5=5.1+5.2+5.3+5.4	5=5.1+5.2+5.3+5.4	5=5.1+5.2+5.3+5.4	—	—	—	—	5=5.1+5.2+5.3+5.4	
间接人工	5.1	间接人工	间接人工	间接人工	—	—	—	—		
折旧	5.2	折旧	折旧	折旧	—	—	—	—	未达产能规划部分的折旧摊销	
内部物流费	5.3	内部物流费	内部物流费	内部物流费	—	—	—	—	—	
其他	5.4	其他	其他	其他	—	—	—	—	—	
加：固定制造费用（差异）	6	6=6.1+6.2+6.3+6.4+6.5+6.6	—	—	6=6.1+6.2+6.3+6.4+6.5+6.6	—	—	—	—	
制造费用产量差异（PUV）_整车	6.1	制造费用产量差异（PUV）_整车	—	—	—	—	—	—	—	
制造费用产量差异（PUV）_动力	6.2	制造费用产量差异（PUV）_动力	—	—	—	—	—	—	—	

（续）

职能	序号	销售部门	动力总成部门	整车生产部门	采购部门	研发部门	质量部门	职能部门	公司责任	合计
		1	2	3	4	5	6	7	8	9=1+2+3+4+5+6+7+8
制造费用产品结构差异（PUV）_整车	6.3	制造费用产品结构差异（PUV）_整车	—	—	—	—	—	—	—	
制造费用产品结构差异（PUV）_动力	6.4	制造费用产品结构差异（PUV）_动力	—	—	—	—	—	—	—	
一般材料价格差异（PPV）	6.5	—	—	—	一般材料价格差异（PPV）	—	—	—	—	
制造费用价差和量差	6.6	—	制造费用价差和量差	制造费用价差和量差	—	—	—	—	—	
减：固定销售费用	7	7=7.1+7.2+7.3+7.4+7.5	7=7.1+7.2+7.3+7.4+7.5	7=7.1+7.2+7.3+7.4+7.5	7=7.1+7.2+7.3+7.4+7.5	—	—	—	—	—
上市费用	7.1	上市费用	上市费用		—	—	—	—	—	
广宣费	7.2	广宣费	广宣费		—	—	—	—	—	
折旧及摊销	7.3	折旧及摊销	折旧及摊销		—	—	—	—	—	
其他	7.4	其他	其他		—	—	—	—	—	
客户索赔	7.5	—	客户索赔_动力总成原因	客户索赔_整车生产原因	客户索赔_原材料质量原因	—	—	—		

（续）

职能	序号	销售部门	动力总成部门	整车生产部门	采购部门	研发部门	质量部门	职能部门	公司责任	合计
		1	2	3	4	5	6	7	8	9=1+2+3+4+5+6+7+8
减：固定管理费用（锁定）	8	8=8.1+8.2+8.3+8.4+8.5+8.6	8=8.1+8.2+8.3+8.4+8.5+8.6	8=8.1+8.2+8.3+8.4+8.5+8.6	—	—	—	—	—	
坏账损失	8.1	坏账损失	坏账损失	—	—	—	—	—	—	
盘点差异	8.2	盘点差异_原因不详部分	盘点差异_原因不详部分	盘点差异_原因不详部分	—	—	—	—	—	
项目费用化	8.3	项目费用化	—	—	—	—	—	项目费用化差异	—	
车型摊销	8.4	车型摊销	—	—	—	—	—	车型摊销差异	—	
动总其他管理费用	8.5	—	动总其他管理费用	—	—	—	—	—	—	
总部其他管理费用分摊	8.6	总部管理费用分摊	总部管理费用分摊	—	—	—	—	总部其他管理费用分摊差异	—	
减：总部财务费用分摊	9	总部财务费用分摊	总部财务费用分摊	—	—	—	—	—	—	
税前利润	10	10=4-5+6-7-8-9	10=4-5+6-7-8-9	—	—	—	—	—	—	10=4-5+6-7-8-9

（2）报告的作用。本报告可以从责任部门（市场营销中心、国际业务中心及动力总成中心、整车生产部门、采购部门、质量部门、研发部门、职能部门）、产品（车型、发动机机型））、时间（年月）三个维度展现公司税前利润的实现情况，尤其是将责任部门置于列上，可以一目了然地发现其业绩情况，特别是整车生产部门、采购部门、质量部门、研发部门、职能部门的成本费用差异看得更清楚。在系统实施时，可以将负项差异（预算减实际/预测）以红色醒目列示。

总部通过本报告发现某个或者某些责任部门的差异比较大时，可以进一步去看该责任部门的详细报告。

3. 公司整体责任报告体系（实际（预测）VS 预算）

如表 3-18 所示，公司整体责任报告（实际（预测）VS 预算）是公司责任报告更简化的形式，把实际（预测）和预算进行比较，从构成税前损益的损益表项目的视角查看公司的绩效情况，在发现某项差异比较大的情况下，可以查看公司整体责任报告体系（实际）——价值链/产品，也可以去查看各价值链环节各责任中心的责任报告。

表 3-18　公司整体责任报告体系（实际（预测）VS 预算）

职能	序号	预算	实际（预测）	差异	差异率
		1	2	3=2−1	4=3/1×100%
销售收入	1	预算收入	实际（预测）收入		
减：变动成本	2	2=2.1+2.2+2.3+2.4	2=2.1+2.2+2.3+2.4		
直接材料	2.1	直接材料	直接材料		
变动制造费用	2.2	变动制造费用	变动制造费用		
包装费	2.3	包装费	包装费		
变动销售费用	2.4	变动销售费用	变动销售费用		
边际贡献	3	3=1−2	3=1−2		
减：固定制造费用	4	4=4.1+4.2+4.3+4.4	4=4.1+4.2+4.3+4.4		
间接人工	4.1	间接人工	间接人工		
折旧	4.2	折旧	折旧		
内部物流费	4.3	内部物流费	内部物流费		
其他	4.4	其他	其他		
减：固定销售费用	5	5=5.1+5.2+5.3+5.4+5.5	5=5.1+5.2+5.3+5.4+5.5		
上市费用	5.1	上市费用	上市费用		
广宣费	5.2	广宣费	广宣费		
折旧及摊销	5.3	折旧及摊销	折旧及摊销		
其他	5.4	其他	其他		

（续）

职能	序号	预算	实际/预测	差异	差异率
		1	2	3=2−1	4=3/1×100%
客户索赔	5.5	—	客户索赔_动力总成原因		
减：管理费用	6	6=6.1+6.2+6.3+6.4	6=6.1+6.2+6.3+6.4		
项目费用化	6.1	项目费用化	项目费用化		
车型摊销	6.2	车型摊销	车型摊销		
其他管理费用	6.3	动总其他管理费用	动总其他管理费用		
其他管理费用	6.4	其他管理费用	其他管理费用		
减：财务费用	7	财务费用	财务费用		
税前利润	8	8=3−4−5−6−7	8=3−4−5−6−7		

3.5 案例要点解析

B 公司属于汽车行业，是典型的离散制造业。我们都知道，离散制造业较流程制造业要复杂很多，离散制造业产品复杂、BOM 复杂、工艺复杂、生产组织复杂、成本核算复杂……，而汽车行业基本上属于离散制造业中最复杂的。因此，本案例可以作为一般制造业进行责任报告设计的参考案例。在本案例的学习过程中，请关注以下几个特点：

1. 预算和标准成本相结合是本案例的一大创新

预算和标准成本的结合是本案例的精华之处，占据了本案例的较大篇幅，也是 B 公司设计基于责任的管理报告的前提基础。

没有预算和标准成本的结合就无法确保一个车型的预算成本和实际成本可比。可以说，但凡一个制造企业的成本核算比较复杂（逐步结转法核算），预算成本就无法模拟该成本核算方法，就会造成预算成本和实际成本口径的不一致，这已经困扰了制造企业多年，相信很多制造业财务人士一定会有相同的体验。而本案例中，由于预算和标准成本的结合，可借助于 ERP 的标准成本功能实现产品预算成本的运算，并确保和 ERP 实际成本计算口径的一致。因此，借助 ERP 强大的实际成本和标准成本的比较功能，就可以实现实际成本和预算成本的分析比较。

没有预算和标准成本的结合企业的标准成本可能会成为“摆设”。为什么这么说呢？这是因为很多企业为了追求实际成本和标准成本的差异小，如直接材料价差小，制造费用价差和量差小，直接利用 ERP 系统的简便功能，如材料的滚动加权平均法，每个季度对材料标准价格进行重估，也就是说企业每个季度同一种物料的标准价格是不一致的。试问，在评价标准不断变化的情况下，我们如何评价采购部门的绩效？

2. 严格基于责任设计管理会计报告

在本案例中，B 公司的责任报告设计已经打破了制造成本和期间费用的闲置，销售部门可以对制造成本负责，如对产品量差和结构差引起的固定制造费用差异负责，也可以对自身提出的工艺调整导致的直接材料量差负责。制造部门、采购部门可以对销售费用负责，如可以分别对销售费用中的客户索赔_制造原因和销售费用中的客户索赔_材料质量原因负责。

对于不同车型的公用折旧，采用规划产能分摊折旧，将未达规划产能而无法吸收的折旧归为公司责任，无论是对于不同产品，还是从制造部门的角度看都更加公平地体现了责任。

基于责任设计管理报告是一个企业，尤其是一个大型企业建立良好运行机制的基础和前提，也是很多国际巨型企业管理运行的抓手。当前，我国很多企业正在从做大向做强转变，从以前靠规模扩展向精细化运营管理转变。相信 B 企业的管控运营思路一定可以起到一定的启迪作用。

本案例在设计过程中，更多的是依靠经验，尚未经过 IT 落地验证，在设计思想和主要框架思路上应该没有什么问题，但由于涉及的 ERP 取数计算的内容较多，对企业 ERP 的能力提出了严峻的挑战。因此，国内大多数企业要想应用这套思路设计管理报告，必须对企业的 ERP 系统进行升级改造，尤其是对预算和标准成本的结合方案落地、制造成本差异的责任部门区分等，都需要进行细致的分析。当然，每个企业都有自身的特点和管理环境差异，在认准思路的前提下，可以逐步推进实施。

3. 企业责任报告设计是企业 ERP 实施的重要需求

在本案例介绍过程中，我们反复强调一个企业的管理报告（责任报告）如何设计，体现企业管理者的管理理念和思想。当然，这种管理理念和思想是由以 CFO 为主导的财务来驱动的。这也是业务财务的核心职责，即财务通过深入业务一线，深刻理解业务运作，辅助业务管理者进行经营责任界定、决策和分析。在 B 公司这次管理报告设计过程中，正值公司进行 SAP ERP 系统的升级改造。因此，财务希望通过管理报告的设计，使之成为 ERP 系统升级改造的核心需求之一。从这个案例可以看出，绝大部分第一次实施 ERP 的企业是无法提出这种需求的，主要是缺乏使用 ERP 的经验（除非是市场上非常有经验的人士担任甲方项目经理和核心模块负责人），也因为管理的底子非常薄弱，让其提这种成体系的管理需求是不现实的。但是，我个人认为企业实施 ERP 是一件高投入的项目，宁愿请一些有经验的人来牵头，多花一些成本，一定是非常值得的。否则，管理提升的幅度将会非常有限。

第 4 章

某大型央企 C 基于内部结算的管理报告

4.1 C 公司基本情况

4.1.1 C 公司概述

C 公司为某通信公司的省公司，是一个网络覆盖广、通信质量高、业务品种丰富、服务水平一流的移动通信专业化运营公司，主要经营移动通信业务（包括话音、数据、多媒体通信）、IP 电话和互联网接入以及 IP 电话和互联网有关的系统集成服务等业务。公司建成了融交换网、传输网、基站网、支撑网、智能网、移动宽带互联网为一体的综合通信网络，网络覆盖了全省市县以上城市和所有的乡镇，实现了内联全国、外接 184 个国家和地区的 235 个运营公司，与 73 个国家和地区的 51 个运营商开通了 GPRS[㊀]国际漫游，国际短信通达 106 个国家和地区的 214 家运营商，彩信通达 4 个国家和地区的 14 家运营商。

C 公司通信事业飞速发展，公司全面实现了从优秀到卓越的新跨越，C 公司以做世界一流通信企业为奋斗目标，实施服务与业务领先战略，卓越发展，成为卓越品质的创造者，全面实现从优秀到卓越的新跨越。

4.1.2 C 公司管理架构和职责分工

C 公司的管理架构如图 4-1 所示。在业务模式方面，C 公司采用集中运营模式，对网络建设、网络运行维护、客户管理和后台支撑等方面推进集中化运作。C 公司设立了省、市、县三层组织架构，在省公司层级设置了 10 个生产中心进行专业化运营，为地市、县提供集中统一的内部服务和支撑。例如，呼叫中心提供全省集中的客户服务，网络管理中心负责全省的网络基础布局和支撑等。10 个生

㊀ GPRS 是 General Packet Radio Service 的简写，直译为“通用分组无线服务”，是第二代移动通信中的数据传输技术。

产中心分别为：网络管理中心、网络优化中心、业务支撑中心、工程建设中心、ICT 中心、增值业务中心、集团客户中心、客户响应中心、呼叫中心、培训中心。除了 10 大生产中心外，C 公司还设有一般企业常设的职能管理部门，共 16 个，包括市场经营部、数据通信部、计划建设部、网络部、基建办、物资采购部、企业信息办、发展战略部、纪检监察室、法律事务部、内审部、综合部、财务部、人力资源部、党务工作部和工会。

各地市公司一般除了设置市场部、政企客户部、网络部、工程建设部、信息部、人力资源部、财务部等相应的职能部门外，还设有各业务单位——各区县公司；同样，每个区县公司也是除了设有相应的职能部门外，还设有各业务单位——营业厅。

省公司的职能部门从名称上就可以看出一二，因此，重点介绍一下各生产单位的职责。

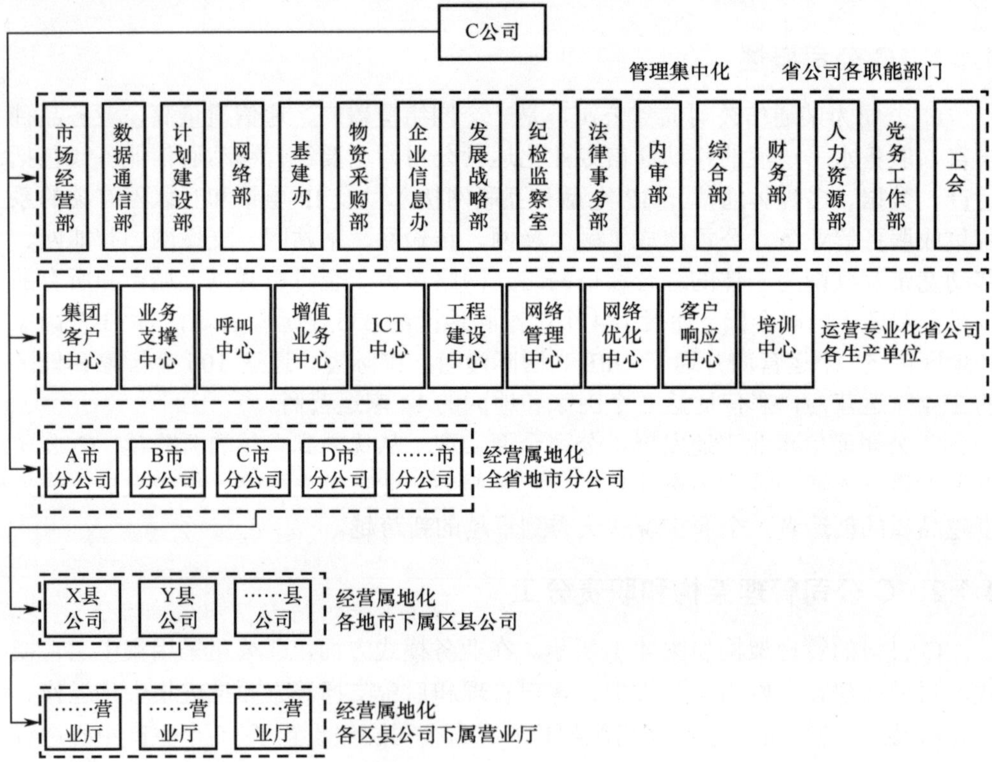

图 4-1　C 公司的管理架构

1. 工程建设中心

工程建设中心下设规划室、工程管理室、综合室。主要职责如下：

（1）负责编制全省及各分公司网络发展规划。

（2）负责建设方案制定、项目招投标、设备清单确认、集团评标。

（3）负责项目后评估、技术支撑、技术咨询等工作。

（4）负责移动网、基础和业务支撑网的集团相关项目、省管和地市项目的组织与实施。

（5）进行项目的“四管一控”（进度、质量、安全、合规性管理及投资成本控制）。

（6）制定管理办法、流程，组织对工程准备、工程施工、竣工决算等事项进行监督、检查及考核。

（7）负责工程管理的项目总体管理、信息化支撑管理和工程文档管理。

（8）负责本部门人力、财务、物资管理及日常行政事务。

2. 业务支撑中心

（1）负责经营分析系统、数据集市、数据深度运营平台（VGOP）等的应用需求分析、设计和评估，组织、协调进行业务系统的设计和开发；负责组织和管理集团一经（一级经营分析的简称）接口的生产工作。

（2）负责经营分析系统的设备建设与维护。

（3）负责数据深度运营平台（VGOP）的设备建设与维护。

（4）负责数据集市系统的设备建设与维护。

（5）负责计费和结算模块、ESOP 系统、出账模块、营业前台模块、接口模块等的应用需求设计和开发，负责业务资费配置、核查、上线工作；处理 BOSS 系统故障、协助解决客户投诉问题。

（6）负责计费和结算模块的设备建设与维护。

（7）负责 ESOP 系统的设备建设与维护。

（8）负责出账模块的设备建设与维护。

（9）负责营业前台模块的设备建设与维护。

（10）负责接口模块的设备建设与维护。

（11）负责 BOSS 系统（含计费、结算、营业、账务、接口等子系统）、一级 BOSS 的新业务总体规划，负责系统需求开发、优化、系统集成、软件测试、质量控制的管理协调和实施工作；制定和落实新业务建设的业务技术规范和实施方案。

（12）负责外呼管理平台的需求开发、测试和上线工作。

（13）根据新业务开发的相关考核管理要求，实施对集成商新业务开发工作的考核。

（14）负责电话经理平台的需求开发、测试和上线工作。

（15）负责客服系统（10086）的设备建设与维护。

（16）负责电话经理平台的设备建设与维护。

（17）负责业务支撑网所有系统的 7×24 小时日常监控管理，确保 BOSS 网管监控平台、各种辅助监控手段告警数据、性能数据、配置数据的准确性及变更的及时性。

（18）制定业务支撑网投诉考核办法，对地市分公司业务支撑网投诉处理质量进行监督考核，对业务支撑网投诉进行处理；受理、转派来自 10086Web 电子流、地市业务支撑中心、集团公司的投诉及紧急电话投诉。

（19）负责门户网站、网厅掌厅、自助终端、短厅等的应用需求分析、设计和评估，组织、协调进行业务系统的设计和开发。

（20）负责门户网站的设备建设与维护。

（21）负责网厅掌厅的设备建设与维护。

（22）负责自助终端的设备建设与维护。

（23）负责短厅的设备建设与维护。

（24）派驻地市进行业务交流。

（25）负责组织 BOSS 系统主机、存储、网络、终端设备及传输线路的新增、扩容或改造项目的需求讨论，制定具体技术实施方案和系统优化方案，并进行安装、测试和验收工作；负责 BOSS 系统数据库、中间件等系统软件的维护、优化和管理。

（26）负责信息办部分系统基础设施管理

（27）负责撰写部门工作计划、总结、工作报告等综合性文稿，组织部门的各类信息、宣传工作，负责部门公文管理、印章管理、合同管理等；制定全省业务支撑网业务运营与技术运营管理相关制度和操作规范，协调、指导、考核各分公司业务支撑网运营工作，并协助开展业务支撑网专业人员的专业技术培训、组织维护经验交流等工作。

3．增值业务中心

（1）负责销售增值产品流量。

（2）负责增值业务运营平台需求建设。

（3）负责增值业务体验营销平台建设。

（4）负责合作伙伴等团队管理。

（5）负责增值业务运营支撑。

（6）负责增值业务支撑系统建设。

（7）负责增值业务满意度及投诉管理。

（8）负责增值业务产品对接管理。

（9）负责业务平台建设和维护。

（10）负责部门内部的综合保障。

4．网络优化中心

（1）负责承接集团的管理需求支撑。

（2）负责承接省公司职能部门的管理需求支撑。

（3）负责网络优化支撑系统建设与运维。

（4）负责应急通信保障及安全管理。

（5）负责无线网络质量测试。

（6）负责无线网络规划、无线网络分析、无线网络优化。

（7）负责部门内部人力、财务及行政管理。

5．网络管理中心

（1）负责软硬件及设备的维保、升级，网络质量分析，网络安全管理。

（2）负责全网设备集中监控，网络故障定位、派单和处理，组织地市公司配合排障。

（3）负责受理和派发 EOMS 工单、网络投诉工单，跟踪处理的过程及反馈结果；对全省网络投诉的集中处理、反馈和质检，对网络投诉情况进行统计分析，组织编写投诉处理经验库。

（4）负责交换网设备的维护管理、质量管理、技术支撑、故障处理、网络分析、扩容调整方案制定和审核、交换网络保障处理等。

（5）负责 MO 短信相关、垃圾短信拦截相关、网间短信相关、AO、行业短信相关、梦网 SP、行业 EC 相关、点对点彩信相关、应用业务相关、短号彩信相关、V 网家庭网相关、智能卡类业务相关、风控类业务相关、IP 多媒体子系统（IMS）Centrex 业务相关、彩铃相关、省内会议电视相关、位置业务相关、来电提醒业务相关、客服系统话音业务相关、无线局域网（WLAN）业务相关等网络的运行维护。

（6）负责 IP 承载网、MDCN、PS、CE 相关、CMNET、省内流控系统、第三方流控系统相关、3A、域名服务器（DNS）相关、GPRS 核心网相关、无线应用协议（WAP）网关相关、GPRS 专线相关、日志留存系统相关、拨测系统相关、数据室公用成本相关等网络的运行维护。

（7）负责传输网设备的维护管理、质量管理、技术支撑、故障处理、网络分析、扩容调整方案制定和审核、网络保障、传输室综合性事务。

（8）负责网络管理中心电源、空调设备的维护管理；负责网络管理中心设备用电规划与管理，响应各业务部门的设备用电需求。

（9）负责网络管理中心电源空调代维管理。

（10）负责终端入网测试、第三方业务适配性能测试、用户感知、入网表现报告、测试设备维护。

（11）负责话务网管相关、数据网管相关、传输网管相关、综合类网管相关、集客户与宽带客户响应系统相关、网络客服支撑系统相关的网络运行维护。

（12）负责中心的文档管理、人力、财务、工会、党群（纪检）、工程管理、采购招标、综合后勤等综合管理工作。

6. 客户响应中心

（1）负责专线管理。

（2）负责专线系统支撑。

（3）负责专线项目支撑。

（4）负责一点响应。

（5）负责宽带管理。

（6）负责宽带系统支撑。

（7）负责宽带技术支援。

（8）负责部门内部人事、财务、行政等综合事务。

7. 呼叫中心

（1）负责 10086 人工客服。

（2）负责 10086 投诉处理。

（3）负责 12580 前台接续。

（4）负责 12580 信息采集。

（5）负责 12580 产品策划与营销。

（6）负责彩铃外包。

（7）负责外呼管理。

（8）负责 10086 客服系统语音呼入。

（9）负责 12580 系统语音呼入。

（10）负责部门内部人事、财务、行政等综合事务。

8. 集团客户中心

（1）负责相关行业集团省级总部的集团产品销售、服务等各项保拓工作。

（2）负责直管客户行业重要信息化项目需求管理与收集、销售指导、后台支撑协调。

（3）负责共管/管控客户行业重要信息化项目需求管理与收集、销售指导、后台支撑协调。

（4）负责树立省级行业信息化应用标杆，带动和支撑地市进行行业集团客户的整体收入规模拓展。

（5）负责直管客户相应跨国/跨省/跨地市集团业务调度工作的落地执行等。

（6）负责共管/管控客户相应跨国/跨省/跨地市集团业务调度工作的落地执行等。

（7）负责全省中高端等高价值客户保有和拓展运营、特权推广；全省 VIP ㊀俱乐部建设及运营管理，电话经理平台及电话经理队伍管理。

（8）负责集团产品的推广和运营，集团客户存量市场的保拓，全省集团客户基础资料管理，包括实体化梳理和实体数据优化、稽核等工作。

（9）负责集团产品宣传、资费、营销等非产品功能、支撑类的投诉处理，配合后台部门开展集团产品功能类的投诉处理。

（10）负责配合相关部门，参与和推动全省集团客户网络质量、产品、服务质量的提升规划与改善。

（11）负责 ESOP 系统，推进集团客户各类业务支撑系统建设需求的提出，组织相关部门进行优化，推动地市开展使用。

（12）负责经分系统，推进集团客户各类业务支撑系统建设需求的提出，组织相关部门进行优化，推动地市开展使用。

（13）负责 BOSS 系统，推进集团客户各类业务支撑系统建设需求的提出，组织相关部门进行优化，推动地市开展使用。

（14）负责产品支撑平台，推进集团客户各类业务支撑系统建设需求的提出，组织相关部门进行优化，推动地市开展使用。

（15）负责全省集团客户市场 KPI 管控、经营分析、预算考核，重点对三个生产科室进行综合支撑和通报分析等。

（16）负责本部门人力、财务、物资管理及日常行政事务，并对口集团公司及时上报各类报表，完成集团要求的各类材料上报工作。

9. ICT 中心

（1）负责 ICT 项目产品开发与销售。

（2）负责 ICT 项目技术服务。

（3）负责 ICT 项目设计。

（4）负责部门内部人事、财务、行政等综合事务。

10. 培训中心

（1）负责培训管理。

（2）负责培训组织与支撑。

（3）负责离退休人员管理。

（4）负责集中培训项目。

（5）负责课程开发项目（公共）。

（6）负责部门内部人事、财务、行政等综合事务。

㊀ VIP 为 Very Important People 的简称，可译为贵宾，大人物。

4.2 C公司面临的管理问题

随着产业格局日趋复杂，电信市场发展趋于饱和，运营商竞争加剧，公司收入增速趋缓。同时，为促进四网协同发展、维系客户群稳定，运营成本急剧增长，资源稀缺性凸显，盈利能力面临考验。在收入增幅趋低的情况下，成本资源空间进一步收窄，成本增量空间有限，但资源需求趋于多元，资源矛盾越发凸显。如图 4-2 所示。

造成以上问题的原因很多，既有外部市场方面的原因，但更多和企业内部管理机制有关，在市场形势好、收入增长较高的情况下，C 公司内部管理存在的问题会被掩盖，但是一旦市场逐步饱和，内部管理的功力问题就会显露无遗。主要体现在以下两个方面：

（1）责权利不清晰，缺乏真正的“利润中心”和“成本中心”评价机制，造成省公司总部效益管控缺抓手，省公司各专业部门、各地市公司固守传统“多占多要”思维，成本效益意识不足。

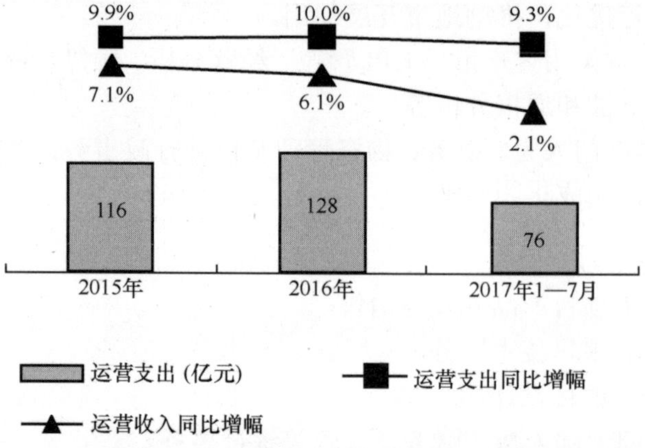

图 4-2　C 公司近年收入成本增长对比

各地市公司、区县公司大量资源使用是由其上级单位配置的，但由于缺乏有效的评价和配置手段，实际上是无偿提供的。例如，市公司大量资源消耗由总部各生产中心无偿提供，或者费用发生在总部专业部门，各市公司争相向省公司伸手要资源。这就造成市公司的收入和其成本不配比，也就是说市公司的损益表成本部分是不完整的。从而导致总部无法准确衡量市公司的真实效益，更无法根据各市公司的效益情况配置总部资源。

同理，区县公司的收入和其成本费用也不配比，各区县公司也是伸手争着要地市公司的资源。地市公司对区县公司侧重考核收入及业务类指标，成本效益不清，例如全省“收入十强县”不等于“效益十强县”。

另外，从总部各专业部门来说，它们是为地市公司服务的，地市公司要资源，这些部门一方面自身没有有效的资源配置机制，将资源配置到效益高的地市，另一方面其自身提供专业服务的效率也无法评价，这就会造成省公司总部对各二级单位缺乏有效的机制进行管控的局面。

从国内外先进企业的管理实践来看，只要上了一定规模的集团企业，内部必须要有明确定位为“利润中心”的部门，虽然目前 C 公司也将收入、成本、费用、甚至利润分解下去了，但由于未将各二级部门之间的责权利关系通过管理会计手段核算清楚，那么也会导致指标失效，形成不了应有的良性管理机制，势必会导致大家“有劲不往一处使，免费资源一起抢”的局面。

（2）各市场主体资源使用责任关系不明，执行管控效果不佳。通信运营商有大量面向市场一线的主体，如县公司、营业厅（网厅）等，由于公司自上而下对其效益重视不够，或许缺乏有效的效益计量手段，这些单位更多重视市场业务量，而很少考虑效益问题。这就会造成“只花不算”“花多少钱办多少事”“吃大锅饭”等问题，县公司、营业厅之间的效率效益无法横向比较，各单位缺乏市场竞争意识。例如，对县公司和营业厅传统考核普遍侧重业务与规模，效益评价关注度不高。对营业厅以业务办理量、终端销量等指标为主，也缺乏效益评价。同时，由于由上级单位统一配置人、财、物等资源，这些业务单位缺乏独立运营权，也谈不上主动去创造效益的问题。

因此，在当前形势下，革新传统的资源配置与管控机制，以资源“谁占有、谁负责”为原则，落实责任主体，促进责权匹配，提升资源使用效率，加强成本精细化管理，探索资源管理新模式，成为 C 公司实现可持续发展和价值增长的重要手段。

4.3　C 公司责任中心界定及其管控模式设计

C 公司是一家大型央企通信集团公司的省公司，企业规模大，管理层级深，从该公司的组织架构上可窥一斑。那么对于这样一家大型企业，设置利润中心非常关键，它是企业管理报告设计的基础。一个理想的管理报告设计范式是：所有利润中心的利润之和等于公司利润，在上一个 B 公司案例的管理报告设计原则中已经谈到。同样的原理，对于 C 公司来说，尽管管理模式和业务稍有些复杂，但确定利润中心是任何一家公司责任体系和责任报告设计的出发点。

从 C 公司的管控架构上来看，由于其组织架构比较深，运营比较复杂，建议分层设计利润中心。

4.3.1　省公司层面——将地市公司设为“真正意义上的利润中心”

从 C 公司原有的管理模式上来看，各地市公司过去本身就是作为利润中心管理的，但是利润中心管理得不到位，主要问题在于省本部大量的专业化生产部门和地市公司之间的关系未厘清。由于通信企业是个技术密集型行业，因此总部进行专业化运作本身毫无疑问是正确的。但这种业务上的分工，并不代表财务上不进行核算。过去，财务核算的方法是：省总部和地市公司之间各自独立核算，总部专业部门的成本费用都核算在省本部，各地市公司仅核算自身的收入和自身投入的成本费用。从财务会计上来说，由于不影响省公司的总损益，无所谓在哪核算。但是从管理会计和责任计量的角度看，地市公司的损益表完全不能反映地市公司的真实效益，因为省总部各专业部门投入到地市公司的资源成本未纳入地市公司损益表。这样，就会造成省总部各专业部门的资源被各地市公司争抢，省总部各部门的资源成为地市公司的“免费午餐”。

因此，C 公司在省公司层面的利润中心设置就是要将地市公司设为“真正意义上的利润中心”。通过管理会计手段，模拟市场行为，将省总部各专业部门为地市公司提供的支持和服务以“成本计价”的方式结算给地市公司，从而取消地市公司的“免费午餐”。地市公司寻求总部专业部门的服务，必须模拟市场行为付费。这样才能达到让地市公司“精打细算、当家做主”的目标，使地市公司在向总部寻求资源的同时，要仔细考虑能带来多少效益。

4.3.2 省公司层面——将各专业部门设为成本中心

成本中心是指只对成本费用负责的责任部门，如省公司的 10 大生产中心：网络管理中心、网络优化中心、业务支撑中心、工程建设中心、ICT 中心、增值业务中心、集团客户中心、客户响应中心、呼叫中心、培训中心。这些专业部门是集中了省公司的各类专家、为各地市公司提供专业服务的部门。这些部门提供的服务有些可以标准化，如网络优化中心的网络优化服务、呼叫中心提供的呼叫服务。这些服务可以比较容易地确定服务内涵，服务工作量容易量化。但有些服务却难以量化，如网络管理中心负责的“核心网运行维护”“监控系统运行维护”“数据网运行维护”“传输网运行维护”“支撑网运行维护”“动力配套设施运行维护”，这些服务在很大程度上是各地市公司共同使用的网络系统平台，很难说它为某个地市提供了多少可量化的服务，也没有市场化的类似服务可做价格参考。

因此，针对各专业部门为各地市公司提供的专业服务，首先要区分该作业是否标准，是否可量化。如果是标准的且可量化，就可以通过年度预算制定其在内部单位之间的结算价格。各地市公司消耗作业量时，成本自动按照耗用量结算至地市公司。如果无法量化，则可以通过作业成本的方法将成本分摊至各地市公司。具体分摊方法是：先将每个部门为各地市公司提供的专业服务进行定义（定义为作业），并计算出每项作业的成本（如人工成本、业务成本、部门公共成本、折旧摊销等），最后，通过寻找合适的作业动因，将成本分摊至成本对象——地市公司。

对于成本中心的成本管控方式，针对可量化的作业服务，C 公司可以明确要求专业部门提高作业效率，制定单位作业成本持续降低的目标及达成目标的各项措施。有外部市场参考，那么单位作业成本的目标制定将更容易。而针对无法量化的服务，C 公司可制定总体的预算进行管控。但要通过作业成本的方法，合理地将成本分摊至各地市公司。

因此，无论是采用上述哪种方式，成本中心管控成本的压力将会非常明确，而地市公司作为服务对象，尤其针对可量化部分的作业要求，在作业量的需求方面将会逐步变得更加慎重。

通过在省公司十大专业部门和各地市公司之间建立内部结算体系，以“谁收益，谁承担”为基本原则，优化全省资源配置，推动建立内部市场化契约机制，综合评价资源使用效率，提升成本效益意识，如图 4-3 所示，期望达到以下效果：

1．价值前端：促进地市管理精细化

通过将地市公司享受服务、业务发展应承担的成本结算给地市，取消“免费午餐”，形成上下价值共识，减少目标不一致的浪费行为，推动其更精细地提升管理。

2．价值后端：推动总部部门价值显现化

各中心明确自身定位，使成本使用及工作价值显性化，控制总部人员、费用过快增长，资源向价值区域倾斜，通过优化资源管理、提高专业能力，不断凸显部门价值，提升管理及服务能力。

3．上下协同：强化横向部门间、纵向省市间协同

横向部门间加强协作配合、强化支撑服务，纵向省市间紧密业务联系、提升工作效率，实现全面协同，围绕公司目标，引入市场契约机制，让沟通变得更简单。

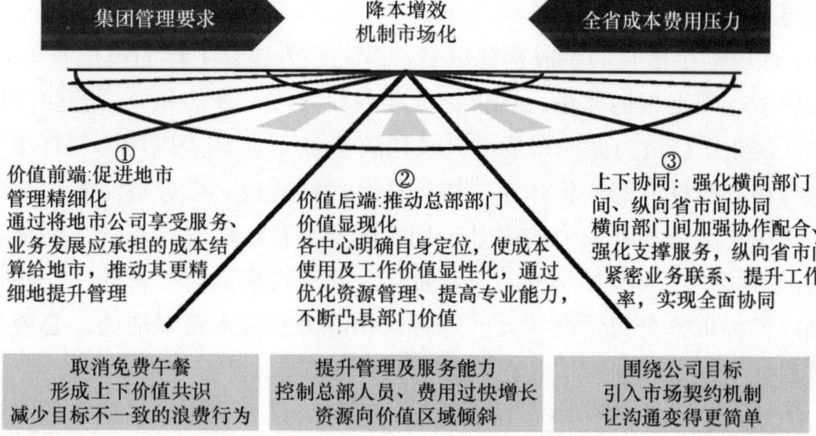

图 4-3　内部结算的目标和意义

当然，省公司的其他职能管理部门将会被设为费用中心。由于这些部门不是本案例详细探讨的内容，在这里不再详细展开介绍。

4.3.3 地市公司层面——将区县公司设为利润中心

区县公司面临的问题和地市公司类似。例如，很多营销资源的投入是在地市公司层面统一实施，各区县公司为了完成自己的业务发展目标，都去市公司争抢资源。解决这个问题的核心仍然是需要将区县公司打造为“利润中心”。具体方法就是要通过管理会计的手段，将区县公司的收入和成本费用核算清楚。将市公司统一实施的营销资源、投入的各项成本通过一定的动因分摊至区县公司，将区县打造为一个面向市场、自负盈亏的市场主体，而不再是一个销售部门。

将区县公司划小核算后，可提高省市公司对区县公司的掌控力，以效益为导向，优化资源配置，便于对区县公司在全省（市）进行横向对标，监控并推动区县公司改善成本效益状况，优化考评体系，更加突出并引导区县公司效益化运营。

当然，在地市公司层面也会有费用中心定位的职能部门和成本中心定位的专业单位。但这些部门都不是本案例讨论的重点，因此不再赘述。

4.3.4 区县公司层面——将自营营业厅设为利润中心

自营营业厅是通信公司面向市场从事经营活动的最小业务单元。过去，自营营业厅的定位比较模糊，其业绩评价更多的是看业务量和服务满意度等指标。而对效益的衡量缺乏有效手段。这就会造成营业厅不计成本地开展业务，也会造成对区县公司“免费资源”的争抢。

因此，通过划小核算的手段构建以自营营业厅为核算主体的模拟收入、成本、利润评估模型，确定指标体系、评价标准和获取方法，评估和分析营业厅运营效率。将自营营业厅打造为面向市场的“微利润中心”，形成“以厅为责任主体、以模拟利润为核心指标”的评价体系，进行排名对标通报、引导资源配置，促进自营营业厅卖场化改造和营销力的提升，切实转变自营业厅运营观念，强化收入和成本意识，落实以厅为核算单位的经营责任，从而实现面向“营业厅”构建成本压力机制，增强市分公司生产单元的综合营销能力和成本管理能力，有效提升资源使用效益。

综上所述，C 公司责任中心界定的核心思路就是要构建层层细分的“利润中心”，形成自上而下的以效益为核心的资源配置和管控体系，如图 4-4 所示。

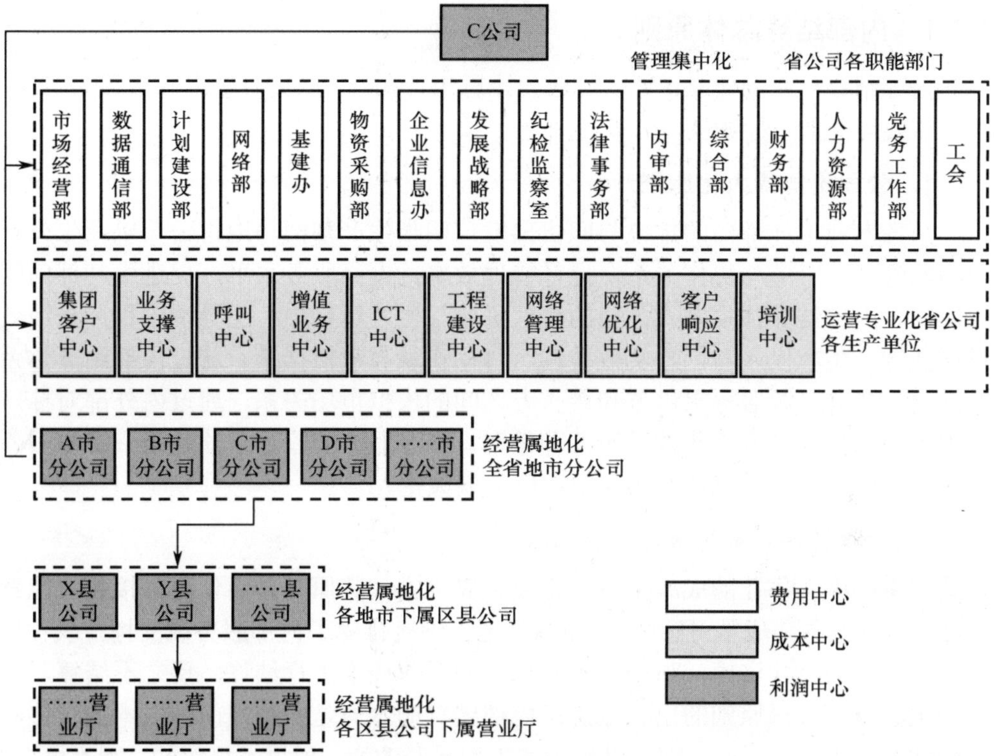

图 4-4 C 公司责任中心界定

4.4 省公司总部内部结算方案及其应用

内部结算是指企业各责任中心清偿因相互提供产品或劳务所发生的、按内部转移价计算的债权、债务。C 公司面对日益严峻的挑战和企业变革需求，在全省范围内推动省总部成本中心与地市公司之间的内部结算。

C 公司推动内部结算主要是为了更合理地反映成本、费用归属，在资源紧张的情况下，向各支撑部门、地市分公司传递责任意识、传递成本压力，灌输成本管理理念，同时也是为了实现内部支撑部门与地市之间契约化运作的模式。通过合理地设计结算方案，建立内部结算机制，实现降本增效，促进省市协同，并以此作为管理抓手和突破点，提升全省各条线的管控水平，进而推动业务前端管理模式的优化。

C 公司内部结算范围是：省公司集中化运营管理的 10 个生产中心发生的成本基于内部服务关系结算至各地市公司。

4.4.1 内部结算总体原则

内部结算体系的建立，是以管理会计思想为指导，以提升效率和效益为目标，因此需要遵循如下原则：

1．公司价值最大化原则

从各专业生产部门的定位与职责出发，明晰生产部门与地市公司以及生产部门间的管理、服务与协作关系，提升管理效率，提高服务水平，促进生产部门间的协同。内部结算体系融入公司的管理机制与生产运行中，引导费用目标与绩效目标挂钩、生产投入与创收实效挂钩、目标实现与考核挂钩。通过内部结算体系的搭建，建立资源服务提供方和接收方之间的模拟市场关系，通过内外部对标，实现资源服务提供方不断改进服务和效率、资源服务接收方节约使用资源和服务的内部良性管控体系，从而实现公司价值最大化。

2．成本结入对象对服务可感知原则

各生产中心作业的成本是否一定要结算出去，其原则是要使服务接收方能够对“结入的服务和成本可感知”。即如果地市确实接受了内部服务或支撑，或者使用了省公司的公共资源，那么应当对相应的作业成本进行结算，反之不结算，由生产中心留存。该原则的出发点是：内部结算的本质是一种部门间成本的转移，接受部门如果可以感知，则可以进行行为引导和改变；如果不可感知，则不可控，其成本应该留存。这种结算思路体现了责任成本的思想。这也是内部结算体系能够有效运转的前提，否则双方一定会陷入无休止的扯皮，这是违背内部结算初衷的。通过这项原则，服务提供方（各生产中心）一定要对相关作业进行检讨，如果不是为地市提供服务的作业，一定要检讨其存在的必要性，或者虽然必要，但是否应该维持该项成本服务的成本水平？这是非常值得探讨的。

3．管理成本和效益平衡原则

内部结算体系建立的目的在于合理评价各部门成本效益，应避免部门将大量精力消耗在结算事项的确认、结算单价的测算以及业务量的统计等维护性工作。结算方式（如定价的计算与维护、分摊模型的设计）应该简单易操作，避免因为单价的确定而造成部门投入过多的精力用于博弈过程。同时，在结算体系设计上，应尽可能减少多级结算和交叉结算。例如，如果两个生产中心互相提供内部服务，应该以成本高的一方为准，忽略成本低的一方提供的服务，否则会造成计算过程的死循环，从而确保管理成本和结算带来的效益之间达成均衡。

结算只是成本费用结转的方式之一，并不是所有的支出都需要使用结算的方法进行转移。结算定价的基础是当年的实际成本及对下年的业务量和成本的预测，结算的目的不是创造虚拟利润，应合理定价。相反，这种虚拟利润还需要通过合并抵消的方式在 C 公司层面进行抵消，会增加一定的管理成本。因此，结算双方需要理解内部结算的目的和意义，双方权责要明确，并以此为前提进行如实的分析或考核。

4.4.2　内部结算总体步骤和思路

C 公司内部结算项目借鉴了国际领先公司的经验，并结合自身行业特点，遵循以下三个步骤，如图 4-5 所示：

1．服务提供方进行作业定义

各生产中心对所提供的产品或者服务进行梳理。目的是通过梳理了解业务前端，并形成系统化、标准化的作业。也就是说，服务提供方必须要明确我是为谁提供服务的（为谁提供了服务是后续确定成本接收方的前提）、提供了什么样的服务（服务接收方必须认同他接受了服务提供方这样的服务，这是进行内部结算的前提）。如果这个环节梳理不清晰，是无法进行后续的定价和结算模型搭建的。

2．生产中心作业成本计算

各生产中心对外提供的各项作业服务，其成本必须核算清楚。核算到什么程度？对于可量化的作业，必须核算出单位作业成本。例如，呼叫中心为地市提供客户服务，必须核算每分钟通话的成本是多少；网络优化中心为地市提供网络优化技术服务，必须核算每人天的成本是多少。而对于无法量化的作业服务，必须核算出其总成本是多少。否则根本谈不上向服务接收方（地市公司或者总部职能部门）进行内部结算。

3．内部结算方法设计

根据生产中心各项作业特点设计不同的结算方案，目的是基于对作业的提供方和接收方的关系设计符合业务特点、有利于管控的内部结算方案。具体分为三种结算方法：如果服务接收方或者服务受益方唯一，那么就会将服务提供方的某项作业总成本一次性直接归集给服务接收方。如果服务接收方不唯一，且服务作业可量化，那么通过量价结算的方法进行内部结算，即年初双方事先确定结算价格，日常根据使用量直接结算给服务接收方。如果服务接收方不唯一，且服务作业不可量化，也就是无法测算出单位作业成本，这时只能采取分摊的方法进行内部结算，寻找合适的作业动因，将成本分摊给受益方。

对于某个生产中心的内部服务作业（如部门综合管理），它是为部门内其他作业提供服务的，因此，其成本要分摊给其他作业，由其他作业再向服务接收方进行结算。

此外，由于各生产中心内部也互相提供服务，比如培训中心为各生产中心提供培训服务，因此，各生产中心的作业成本不仅包括自身作业直接发生的成本，还包括其他生产中心结入过来的成本。对于这部分成本，如果能够对应到具体作业的，也会将其核算至作业成本的一部分，如果无法对应到作业，直接在该生产中心留存。

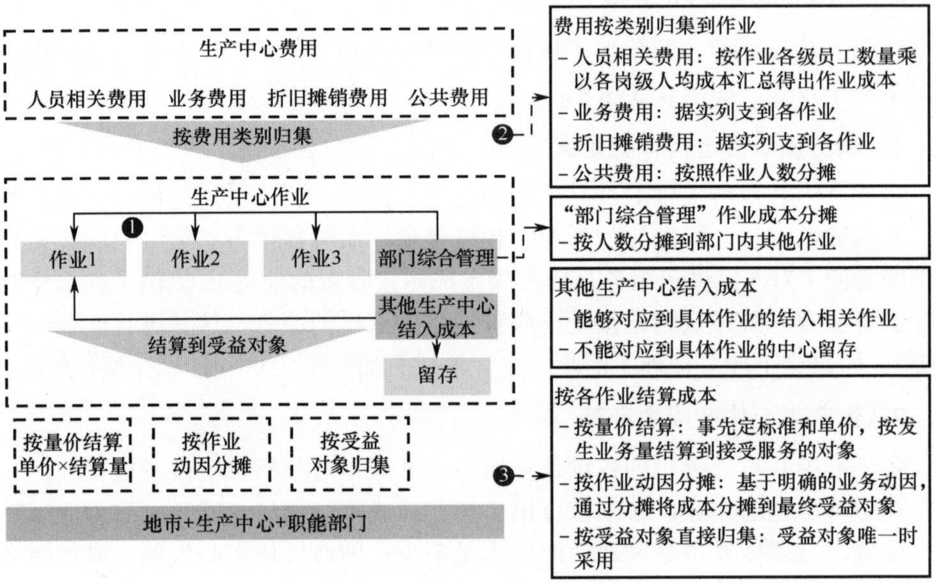

图 4-5　内部结算总体思路示意图

4.4.3　生产中心作业定义

总部 10 大专业化生产中心在前文已经被界定为成本中心，成本中心的标准定义是它对外提供产品及服务，且所提供产品和服务的成本可以量化。这是将这些成本进行内部结算的前提。因此，在核算其产品或者服务的成本时，首先要做的工作就是梳理各中心的职能职责，定义其对外输出的产品或服务，我们可以称之为作业定义。由于各生产中心的业务复杂程度、业务模式各不相同，因此定义合理的作业细度十分重要：细度过粗将会使合理的管理要求无法实现，内部结算将没有意义；细度过细又将导致复杂处理流程和额外的管理成本（包括：结算数据收集、结算模型设计、未来结算系统建设），不符合成本效益原则。

通过对 C 公司生产中心的业务特点进行分析和梳理，我们将其作业分为三类：管理类作业、生产类作业和部门内部的综合管理作业。管理类作业是指生产中心承担的与自身业务密切相关的统筹管理职能，这类作业的特点主要以日常事务为主，种类繁杂，无法确定明确的服务对象或受益对象。此类作业设计时不宜过细，比如集团客户中心负责的“全省中高端客户整体运营管理”。生产类作业是指生产中心承担的某一类具体生产工作，针对性强，服务对象明确，工作标准化、流程化程度较高。这类业务原则上都可以设置作业进行结算，其细度根据管理需求确定。例如，网络优化中心提供的“无线网络规划、分析和优化”作业，是指网络优化中心的技术人员对地市进行基于特定业务的技术服务。能够明确服务类别、服务的地市，并且网络优化技术是移动通信公司的核心技术，所以单设为作业进行结算。部门内部的综合管理作业是指服务于部门其他作业的作业，具体职责是提供人力、财务和行政等基础管理服务。例如，10 大生产中心每个中心都会有一个“部门综合管理”作业。

经过对各部门职能职责的详细梳理，形成了如表 4-1 所示的 10 大生产中心共计 100 个作业。

表 4-1　10 大生产中心作业定义

部门	作业序号	作业名称	作业内容
工程建设中心	1	网络规划	负责编制全省及各分公司网络发展规划，负责建设方案制定、项目招投标、设备清单确认、集团评标，负责项目后评估、技术支撑、技术咨询等工作
	2	网络建设	负责移动网、基础网和业务支撑网的集团相关项目、省管和地市项目的组织与实施；进行项目的“四管一控”（进度、质量、安全、合规性管理及投资成本控制）；制定管理办法、流程，组织对工程准备、工程施工、竣工决算等事项进行监督、检查及考核
	3	工程项目管理	负责工程管理的项目总体管理、信息化支撑管理和工程文档管理
	4	部门综合管理	负责本部门人力、财务、物资管理及日常行政事务
ICT 中心	5	ICT 产品开发与销售	ICT 产品开发与销售
	6	ICT 项目技术服务	ICT 项目技术服务
	7	ICT 项目设计	ICT 项目设计
	8	部门综合管理	负责本部门人力、财务、物资管理及日常行政事务
集团客户中心	9	集团产品销售和服务	负责相关行业集团省级总部的集团产品销售、服务等各项保拓工作
	10	直管客户售前支持	负责直管客户行业重要信息化项目需求管理与收集、销售指导、后台支撑协调
	11	共管/管控客户重点项目售前支持	负责共管/管控客户行业重要信息化项目需求管理与收集、销售指导、后台支撑协调
	12	省级行业信息化应用标杆项目建设	树立省级行业信息化应用标杆，带动和支撑地市进行行业集团客户的整体收入规模拓展

（续）

部门	作业序号	作业名称	作业内容
集团客户中心	13	直管客户的跨地域调度	负责直管客户相应跨国/跨省/跨地市集团业务调度工作的落地执行等
	14	共管/管控客户的跨地域调度	负责共管/管控客户相应跨国/跨省/跨地市集团业务调度工作的落地执行等
	15	全省中高端客户整体运营管理	负责全省中高端等高价值客户保有和拓展运营、特权推广、全省VIP俱乐部建设及运营管理、电话经理平台及电话经理队伍管理
	16	集团存量客户保有和拓展	负责集团产品的推广和运营，集团客户存量市场的保拓，全省集团客户基础资料管理，包括实体化梳理和实体数据优化、稽核等工作
	17	集团产品投诉处理	负责集团产品宣传、资费、营销等非产品功能、支撑类的投诉处理；配合后台部门开展集团产品功能类的投诉处理
	18	集团客户网络、产品、服务提升规划	配合相关部门，参与和推动全省集团客户网络质量、产品、服务质量的提升规划与改善
	19	ESOP平台持续优化	负责ESOP系统，推进集团客户各类业务支撑系统建设需求的提出，组织相关部门进行优化，推动地市开展使用
	20	经分系统持续优化	负责经分系统，推进集团客户各类业务支撑系统建设需求的提出，组织相关部门进行优化，推动地市开展使用
	21	BOSS系统持续优化	负责BOSS系统，推进集团客户各类业务支撑系统建设需求的提出，组织相关部门进行优化，推动地市开展使用
	22	产品支撑平台持续优化	负责产品支撑平台，推进集团客户各类业务支撑系统建设需求的提出，组织相关部门进行优化，推动地市开展使用
	23	集团客户市场管控分析	负责全省集团客户市场KPI管控、经营分析、预算考核，重点对三个生产科室进行综合支撑和通报分析等
	24	部门综合管理	负责本部门人力、财务、物资管理及日常行政事务，并对口集团公司及时上报各类报表，完成集团要求的各类材料上报工作
呼叫中心A	25	人工客服	通过人工座席为客户提供服务
	26	投诉处理	对通过呼叫中心投诉的问题进行处理
	27	前台接续	呼叫中心A前台人工座席为客户提供接入服务
	28	信息采集	呼叫中心A后台信息采集
	29	产品策划与营销	策划与营销呼叫中心A提供的产品和服务
	30	彩铃外包	彩铃外包业务

（续）

部门	作业序号	作业名称	作业内容
呼叫中心 B	31	外呼管理	营销、调查和服务等外呼业务
	32	A 客服系统语音呼入	A 客服系统语音呼入
	33	B 系统语音呼入	B 系统语音呼入
	34	部门综合管理	负责本部门人力、财务、物资管理及日常行政事务
客户响应中心	35	专线管理	负责集团客户专线业务管理
	36	专线系统支撑	负责集团客户专线系统支撑
	37	专线项目支撑	负责集团客户专线项目支撑
	38	一点响应	负责集团客户一点响应服务
	39	宽带管理	负责宽带业务管理
	40	宽带系统支撑	负责宽带系统支撑
	41	宽带技术支援	负责宽带技术支援
	42	部门综合管理	负责本部门人力、财务、物资管理及日常行政事务
培训中心	43	培训管理	负责培训业务的日常管理
	44	培训组织与支撑	培训组织与支撑
	45	离退休人员管理	离退休人员管理
	46	集中培训项目	开展集中培训项目
	47	课程开发项目	负责课程的开发
	48	部门综合管理	负责本部门人力、财务、物资管理及日常行政事务
网络管理中心	49	核心网运行维护	交换网和信令网的运行和维护
	50	监控系统运行维护	全网监控设备的运行和维护
	51	数据网运行维护	数据承载网、短信、彩信中心网络运行和维护
	52	传输网运行维护	传输网设备的维护管理、质量管理、技术支撑、故障处理、网络分析、扩容调整方案制定和审核、网络保障处理、传输室综合性事务
	53	支撑网运行维护	EMOS、话务网管、传输网管等支撑系统的运行和维护
	54	动力配套设施运行维护	网管中心电源、空调设备的维护管理、设备用电规划与管理、电源空调代维管理
	55	部门综合管理	负责中心的文档管理、人力、财务、工会、党群（纪检）、工程管理、采购招标、综合后勤等综合管理工作
网络优化中心	56	支撑集团管理需求	承接集团的管理需求支撑
	57	支撑省公司职能部门的管理需求	承接省公司职能部门的管理需求支撑
	58	网络优化支撑系统建设与运维	网络优化支撑系统建设与运维
	59	应急通信保障及安全管理	应急通信保障及安全管理
	60	无线网络质量测试	无线网络质量测试

（续）

部门	作业序号	作业名称	作业内容
网络优化中心	61	无线网络规划、分析和优化	无线网络规划、无线网络分析和无线网络优化
	62	部门综合管理	负责本部门人力、财务、物资管理及日常行政事务
业务支撑中心	63	经分系统运行维护	负责经营分析系统、数据集市、数据深度运营平台（VGOP）等的应用需求分析、设计和评估，组织、协调进行业务系统的设计和开发；负责组织和管理集团一经接口的生产工作
	64	经分系统设备建设和维护	负责经营分析系统的设备建设与维护
	65	VGOP 设备建设和维护	负责数据深度运营平台（VGOP）的设备建设与维护
	66	数据集市系统设备建设与维护	负责数据集市系统的设备建设与维护
	67	应用需求设计和开发	负责计费和结算模块、ESOP 系统、出账模块、营业前台模块、接口模块等的应用需求设计和开发，负责业务资费配置、核查、上线工作；处理 BOSS 系统故障、协助解决客户投诉问题
	68	计费和结算模块设备建设与维护	负责计费和结算模块的设备建设与维护
	69	ESOP 系统的设备建设与维护	负责 ESOP 系统的设备建设与维护
	70	出账模块的设备建设与维护	负责出账模块的设备建设与维护
	71	营业前台模块的设备建设与维护	负责营业前台模块的设备建设与维护
	72	接口模块的设备建设与维护	负责接口模块的设备建设与维护
	73	BOSS 系统运行维护	负责 BOSS 系统（含计费、结算、营业、账务、接口等子系统）、一级 BOSS 的新业务总体规划，负责系统需求开发、优化、系统集成、软件测试、质量控制的管理协调和实施工作；制定和落实新业务建设的业务技术规范和实施方案
	74	外呼管理平台运行与维护	负责外呼管理平台的需求开发、测试和上线工作
	75	集成商新业务开发工作考核	根据新业务开发的相关考核管理要求，实施对集成商新业务开发工作的考核
	76	电话经理平台系统运行与维护	负责电话经理平台的需求开发、测试和上线工作
	77	客服系统设备建设与维护	负责客服系统（10086）的设备建设与维护
	78	电话经理平台的设备建设与维护	负责电话经理平台的设备建设与维护
	79	业务支撑网所有系统日常监控管理	负责业务支撑网所有系统的 7×24 小时日常监控管理，确保 BOSS 网管监控平台、各种辅助监控手段告警数据、性能数据、配置数据的准确性及变更的及时性

（续）

部门	作业序号	作业名称	作业内容
业务支撑中心	80	业务支撑网投诉处理	制定业务支撑网投诉考核办法，对地市分公司业务支撑网投诉处理质量进行监督考核，对业务支撑网投诉进行处理；受理、转派来自 Web 电子流、地市业务支撑中心、集团公司的投诉及紧急电话投诉
	81	电子渠道应用系统维护	负责门户网站、网厅掌厅、自助终端、短厅等的应用需求分析、设计和评估，组织、协调进行业务系统的设计和开发
	82	门户网站设备建设与维护	负责门户网站的设备建设与维护
	83	网厅掌厅设备建设与维护	负责网厅掌厅的设备建设与维护
	84	自助终端设备建设与维护	负责自助终端的设备建设与维护
	85	短厅设备建设与维护	负责短厅的设备建设与维护
	86	地市业务交流	派驻地市进行业务交流
	87	BOSS 系统软硬件维护	负责组织 BOSS 系统主机、存储、网络、终端设备及传输线路的新增、扩容或改造项目的需求讨论，制定具体技术实施方案和系统优化方案，并进行安装、测试和验收工作；负责 BOSS 系统数据库、中间件等系统软件的维护、优化和管理
	88	信息办部分系统基础设施管理	负责信息办部分系统基础设施管理
	89	部门综合管理	负责撰写部门工作计划、总结、工作报告等综合性文稿，组织部门的各类信息、宣传工作，负责部门公文管理、印章管理、合同管理等；制定全省业务支撑网业务运营与技术运营管理相关制度和操作规范，协调、指导、考核各分公司业务支撑网运营工作，并协助开展业务支撑网专业人员的专业技术培训、组织维护经验交流等工作
增值业务中心	90	销售增值产品	负责增值业务和产品销售
	91	流量运营	负责流量运营
	92	增值业务运营平台建设	负责增值业务运营平台需求建设
	93	增值业务体验营销平台建设	负责增值业务体验营销平台建设
	94	合作团队管理	负责合作伙伴的管理
	95	增值业务运营支撑	负责增值业务运营支撑
	96	增值业务支撑系统建设	负责增值业务支撑系统建设
	97	增值业务满意度及投诉管理	负责增值业务满意度及投诉管理
	98	增值业务产品对接管理	负责增值业务产品对接管理
	99	业务平台建设和维护	负责增值业务平台建设和维护
	100	部门综合管理	负责本部门人力、财务、物资管理及日常行政事务

4.4.4 生产中心作业成本计算

C 公司目前的核算体系中，对于责任中心核算到生产中心层面，而没有作业层级的成本费用数据，因此需要在内部结算时以作业层级为单位，分析并核算出生产中心进行某一作业服务或支撑时发生的成本/费用，从而实现对生产中心作业的成本费用的精细化管理。

通常来说，作业成本的基本原理如下：“作业消耗资源、成本对象消耗作业”。以网络优化中心为例，共有七项作业活动，这些作业活动都是为地市公司或者省公司职能部门服务的。那么如何计算各生产中心各项作业的成本呢？下面将以网络优化中心为例，介绍网络优化中心各项作业成本的计算方法和过程。

首先，定义网络优化中心的资源有哪些。

根据调查结果，网络优化中心的资源可以分为五类：人工成本资源、部门公共费用、业务费用、折旧摊销、仪器仪表耗用。由于仪器仪表耗用这项资源可以通过领用台账明确对应到具体的受益对象（地市公司或者省公司职能部门），因此不需要通过作业耗用进行内部结算。因此，各项作业的耗用资源仅包括四类（人工成本资源、部门公共费用、业务费用及折旧摊销）即可。

其次，计算七项作业的成本。

各项作业都会消耗人工成本资源、部门公共费用、业务费用及折旧摊销四项资源，因此，将这些资源和作业对应起来，就可以计算出各项作业的成本，计算过程如下：

1．计算作业的人工成本

如表 4-2 所示，计算作业的人工成本的方法是先统计合同工和劳务工的各岗级对应的平均人工成本（包括工资、五险一金等各项福利支出），然后统计各项作业对应的合同工、劳务工各岗级的人数，二者相乘就可以计算出各项作业的人工成本。

表 4-2 网络优化中心各项作业成本计算表——人工成本

员工类型	岗级	计算逻辑	平均薪酬	作业 1		作业 2		作业 3		作业 4		作业 5		作业 6		作业 7	
				人数	人工成本	人数	人工成本	人数	人工成本	人数	人工成本	人数	人工成本	人数	人工成本	人数	人工成本
			1	2	3=1×2	4	5=1×4	6	7=1×6	8	9=1×8	10	11=1×10	12	13=1×12	14	15=1×14
合同工	1 岗	1															
	2 岗	2															
	3 岗	3															
	4 岗	4															
	⋮	⋮															
	12 岗	12															

（续）

员工类型	岗级	计算逻辑	平均薪酬	作业 1		作业 2		作业 3		作业 4		作业 5		作业 6		作业 7	
				人数	人工成本	人数	人工成本	人数	人工成本	人数	人工成本	人数	人工成本	人数	人工成本	人数	人工成本
			1	2	3=1×2	4	5=1×4	6	7=1×6	8	9=1×8	10	11=1×10	12	13=1×12	14	15=1×14
劳务工	1 岗	13															
	2 岗	14															
	3 岗	15															
	4 岗	16															
	⋮	⋮															
	8 岗	20															
合计		21=1+2+…+20	——														

2．计算各作业应承担的部门公共费用

如表 4-3 所示，对于部门公共费用这项资源，需要找到资源动因进行分摊至各项作业，比较合适的是“人数”。先计算出部门当期发生的总公共费用，包括维修费、经营租赁费、低值易耗品摊销、业务招待费、交通费、办公费、劳动保护费、通信费、邮寄运杂费、物业管理费、会议费、公共接待费、车辆运行费和其他费用。然后按照各项作业的人数统计进行分摊。

表 4-3　网络优化中心各项作业成本计算表——部门公共费用

部门公共费用科目	部门公共费用总额	各项作业人数合计	人均分摊费用	作业 1		作业 2		作业 3		作业 4		作业 5		作业 6		作业 7	
				人数	承担部门公共费用	人数	承担部门公共费用	人数	承担部门公共费用	人数	承担部门公共费用	人数	承担部门公共费用	人数	承担部门公共费用	人数	承担部门公共费用
	1	2=4+6+8+10+12+14+16	3=1/2	4	5=3×4	6	7=3×6	8	9=3×8	10	11=3×10	12	13=3×12	14	15=3×14	16	17=3×16
维修费																	
经营租赁费																	
低值易耗品摊销																	
业务招待费																	

（续）

部门公共费用科目	部门公共费用总额	各项作业人数合计	人均分摊费用	作业 1		作业 2		作业 3		作业 4		作业 5		作业 6		作业 7	
				人数	承担部门公共费用	人数	承担部门公共费用	人数	承担部门公共费用	人数	承担部门公共费用	人数	承担部门公共费用	人数	承担部门公共费用	人数	承担部门公共费用
	1	2=4+6+8+10+12+14+16	3=1/2	4	5=3×4	6	7=3×6	8	9=3×8	10	11=3×10	12	13=3×12	14	15=3×14	16	17=3×16
交通费																	
办公费																	
劳动保护费																	
通信费																	
邮寄运杂费																	
物业管理费																	
会议费																	
公共接待费																	
车辆运行费																	
其他费用																	
作业部门公共费用合计				—	合计	—	合计	—	合计	—	合计	—	合计	—	合计	—	合计

3. 计算各项作业发生的业务费用

如表 4-4 所示，各项作业发生的业务费用包括差旅费、技术资料费、经营租赁费（车辆租赁费）、维修费。除差旅费需要在作业 6 和作业 7 之间做简单拆分外，其他费用基本上和作业之间是唯一对应的。例如技术资料费就是作业 6 发生的，车辆租赁费就是作业 5 发生的，维修费就是作业 2 发生的。

以上是手工拆分的做法，长远来看，企业要核算出各项作业发生的业务费用，可以对费用报销系统进行升级改造，也就是在费用报销的前端，直接对应到这笔费用应该属于哪项作业发生，这样未来就可以通过系统直接抓取各项作业的业务费用。

表 4-4　网络优化中心各项作业成本计算表——业务费用

科目	计算逻辑	金额	作业 1	作业 2	作业 3	作业 4	作业 5	作业 6	作业 7
差旅费	1								
技术资料费	2								
经营租赁费	3								
维修费	4								
合计	5=1+…+4								

4．计算各项作业发生的折旧摊销

如表 4-5 所示，各项作业所耗费的折旧摊销可以通过资产明细进行拆分。当然这项工作量比较大，特别是对于一些资产密集型的生产部门工作量更大。因此，未来应该通过资产管理系统的升级改造，将目前的资产所属部门进一步细化，细化出资产所属部门及部门下的某项具体作业，这样未来就可以从系统中直接抓出各项作业的折旧和摊销金额。

表 4-5　网络优化中心各项作业成本计算表——折旧摊销

科目	金额	作业 1	作业 2	作业 3	作业 4	作业 5	作业 6	作业 7
固定资产折旧								
无形资产摊销								
合计								

4.4.5　生产中心作业成本内部结算

内部结算从省公司各生产中心核心业务入手，基于各生产中心的作业所耗成本，分别采用直接归集、量价结算和分摊三种结算方式进行结算。

1．直接归集

该方式适用于受益对象唯一、无须在各受益方间分配的情况。例如，客户响应中心“专线项目支撑”作业的成本直接归集至省集团客户部，业务支撑中心“电话经理平台系统运行与维护作业相关成本直接归集至省集团客户部。

2．量价结算

该方式根据一定的规则或标准制定结算单价，按照实际业务量结算成本。单价可以是人天资费，也可以是业务单价。人天资费如网络优化支撑服务人天单价、ICT 产品开发或技术服务人天单价、业务支撑中心的需求开发人天单价、客户响应中心的专线技术支援人天单价，其测算过程见表 4-6。业务单价如人工/语音客服或投诉处理的每分钟通话时长单价等。量价结算方法对于业务部门/地市公司来说，可通过加强业务量管理实现对结算成本的有效规划。

表 4-6 各生产中心人天结算单价的测算过程

生产中心	计算逻辑	网络优化中心	ICT 中心			客户响应中心	业务支撑中心		
作业名称	1	技术支援	产品开发	技术服务	设计	专线技术支援	经分系统需求开发	BOSS 系统需求开发	电子渠道系统需求开发
总成本/万元	2								
实际工作量/人天	3								
实际人天单价/元	4=2/3								

3. 成本分摊

该方式即根据一定的动因规则将费用分配至各受益对象。其中：①对于网络管理中心集中运营网络支撑系统，根据不同资产类别按不同动因进行成本分摊，如交换设备按各地市交换设备数量分摊，短信相关设备按各地市短信发送条数分摊。②对于市场类支撑系统及相关业务支撑职责，按照不同业务数据进行成本分摊，包括按用户数、收入、业务办理量、话单量、缴费量及其他业务规模等动因分摊。

以下仍然以网络优化中心的作业为例，介绍网络优化中心的各项作业如何结算出去或者是留在本部门，各项作业的结算方法和计算过程如表 4-7 所示。

表 4-7 网络优化中心各项作业及资源向地市公司、职能部门结算方法

作业序号	作业名称	是否参与结算	结算方式	分摊动因	分摊对象
作业 1	支撑集团管理需求	否	留存	—	—
作业 2	支撑省公司职能部门的管理需求	是	直接归集		职能部门
作业 3	网络优化支撑系统建设与运维	是	作业动因分摊	基站数	地市公司
作业 4	应急通信保障有安全管理	是	作业动因分摊	按费用类别选择不同的分摊动因	地市公司
作业 5	无线网络质量测试	是	作业动因分摊	测试次数及人天数	地市公司
作业 6	无线网络规划、分析和优化	是	量价结算	人天量×人天单价	地市公司
作业 7	部门综合管理	是	按人数分摊至其他作业	人数	其他作业
资源	低耗-仪器仪表	是	直接归集		地市公司

（1）作业 1 的成本结算。由于与各地市之间关系不大，各地市也感受不到网络优化中心为其提供的服务，强行分摊下去容易产生争议，考虑暂时留存。

（2）作业 2 的成本结算。作业 2 发生的成本仅针对省公司的职能部门，因此直接归集至省公司的职能部门，与各地市公司没有关系。

（3）作业 3 的成本结算。作业 3 是为各地市公司服务的，网络优化支撑系统建设与运维和各地市的基站数密切相关，因此，选择基站数作为作业动因将作业 3 的成本分摊至各地市公司。

（4）作业 4 的成本结算。作业 4 也是为地市公司服务的，由于应急通信保障及安全管理比较复杂，需要根据其不同的成本类型选择不同的作业动因，如表 4-8 所示。作业 4 的人工成本按照人天分摊，分摊公式是：作业 4 的人工成本/（251 天×作业人数）×各地市的应急通信保障及安全管理作业人天数。其中，251 天是去除节假日之后的有效工作天数。由于网络优化中心从事应急通信保障及安全管理作业的人不可能每个工作日都在从事这项作业，因此，必定有闲置的时候，如果按照上述的分摊公式，一定会存在无法全部分摊完毕的问题。目前，C 公司的做法是将无法分摊完毕的部分也留存下来。其实，这种做法在刚开始试点的时候是可行的，但是按照市场化的运作方式来看，这种分摊方法对网络优化中心不尽合理。假如网络优化中心是一家市场主体，难道它对外提供服务报价的时候，不会将闲置成本考虑进去吗？因此，长远来看，分摊模型必须要考虑一定的闲置率，也就是说可以允许网络优化中心从事这项作业的人员存在合理的闲置，因此分摊公式可以优化为：作业 4 的人工成本/（251 天×作业人数）×各地市的应急通信保障和安全管理作业人天数×（1+合理闲置率）。合理闲置率是所有提供对外服务的市场主体报价时必须考虑的因素。合理闲置率的确定方法可以经网络优化中心和地市公司协商，由财务部门在年初预算时确定。作业 4 的折旧摊销成本，与人工成本类似，也是按照人天分摊，分摊公式是：作业 4 的折旧摊销成本/（365 天×作业人数）×各地市的应急通信保障及安全管理作业天数。所不同的是，这里不再使用去除节假日的有效工作天数，而是 365 天/年。同样的道理，未考虑合理闲置率也是不科学的。在考虑合理闲置率的情况下，未分摊完毕的成本留存下来是可以理解的。作业 4 的其他成本（部门公共费用分摊和业务成本）由于都是为各地市服务时发生的成本，因此就按照各地市服务人天占比进行分摊即可。作业 4 还有一块成本是由作业 7 分摊过来的。由于网络优化中心的作业 7 是为部门其他作业提供支撑的，包括部门领导成本和综合管理的成本，因此需要将作业 7 的成本分摊给其他作业。作业 4 的这块成本可以称为综合保障作业转入成本，也是按照服务各地市的人天占比分摊至各地市公司。

表 4-8 网络优化中心作业 4 成本分摊表

结算对象	计算逻辑	人工成本	折旧摊销成本	其他成本	综合保障作业转入
		按各地市应急保障车工作量（人天）占有效人天比例分摊	按各地市应急保障车工作量（人天）占有效人天比例分摊	按各地市应急保障车工作量（人天）占比全部分摊	按各地市应急保障车工作量（人天）占比全部分摊
A 市分公司	1				
B 市分公司	2				
C 市分公司	3				
D 市分公司	4				
E 市分公司	5				
F 市分公司	6				
G 市分公司	7				
H 市分公司	8				
I 市分公司	9				
J 市分公司	10				
职能部门	11				
留存成本	12=总成本-1…11				

（5）作业 5 的成本结算。作业 5 也是为各地市提供服务的作业，无线网络质量测试的作业动因很明显采用“无线网络质量测试次数及人天数”比较合理。

（6）作业 6 的成本结算。作业 6 无线网络规划、分析和优化也是服务于地市公司的，采用人天单价×人天量的方式与地市公司结算。作业 6 结算的人天单价的计算过程如表 4-9 所示。计算公式是：作业 6 的各项成本/(251 天×作业 6 的人数)。这种量价结算的方式在国际公司中采用得非常普遍，如本书案例 A 中所介绍的结算方法。但是，这种方法不是基于实际成本进行人天单价的测算，而是利用预算数据进行测算。也就是说年初预算时，各地市公司预测需要网络优化中心提供的服务人天数。网络优化中心基于这项作业的预算总成本和服务人天数进行人天单价的测算。如果利用实际数据进行人天单价的测算，也就是说服务提供方的实际花费全部结算给服务需求方，那就和分摊没有什么区别了。同样的道理，该模型略有不足之处，在于未考虑合理闲置率。比较合理的人天单价测算公式应为调整为：作业 6 的各项预算成本/（251 天×作业 6 的人数×（1-合理闲置率））。在考虑合理闲置率的情况下，如果作业 6 还存在实际成本无法全部分配出去的话，那就说明该作业团队存在以下两个方面的原因：一是团队实际支出超出了年度预算的范围，计算人天单价的基础发生了变化；二是地市公司要求作业 6 团队服务的人天数较预测的人天数少。对于前者应该由作业 6 团队负责，而后者必须由地市公司承担，如果地市公司要求服务的人天数少于预算数，也应该按照预算数进行结算，因为年初作业 6 团队是按照各地市公司要求服务的工作量进行资源准备的。当然，如果实际服务人天数大于预算时要求的人天数，按照实际服务人天数进行结算。因此，表 4-10“作业 6 向各地市职能部门结算过程表”中的留存数可能是正数，也可能是负数。正数说明作业 6 团队的业绩不好，其单位实际作业成本（人天单价）一定是高于年初制定的人天单价。相反，负数说明该团队的业绩好，其单位实际作业成本（人天单价）一定是低于年初制定的人天单价，说明作为成本中心的该团队成本控制得非常好。国际领先企业的内部管控思路就是这样的：成本中心的责任是控制单位成本，成本中心服务的利润中心的主要责任是控制使用量，从而控制自己使用成本中心的成本。只有这样的机制形成了，无论多大的企业集团，它的内部管控机制就形成良性循环了。

表 4-9　作业 6 结算单价测算方法

作业名称	作业单价构成	单价	单价测算方法
无线网络规划、分析和优化	人员相关成本		作业 6 人员相关成本 /（作业 6 的人数×251）
	业务相关成本		作业 6 业务相关成本 /（作业 6 的人数×251）
	公共成本		作业 6 公共成本 /（作业 6 的人数×251）
	折旧摊销		作业 6 折旧摊销成本 /（作业 6 的人数×251）
	综合保障分摊成本		作业 6 综合保障分摊成本 /（作业 6 的人数×251）
单价合计			以上各项合计

表 4-10　作业 6 向各地市职能部门结算过程表

结算对象	结算事项	结算数量/人天	结算金额
A 市分公司	作业 6		结算数量×结算单价
B 市分公司	作业 6		结算数量×结算单价
C 市分公司	作业 6		结算数量×结算单价
D 市分公司	作业 6		结算数量×结算单价
E 市分公司	作业 6		结算数量×结算单价
F 市分公司	作业 6		结算数量×结算单价
G 市分公司	作业 6		结算数量×结算单价
H 市分公司	作业 6		结算数量×结算单价
I 市分公司	作业 6		结算数量×结算单价
J 市分公司	作业 6		结算数量×结算单价
职能部门	作业 6		结算数量×结算单价
留存	作业 6		作业 6 总成本-上述结算对象结算金额合计

（7）作业 7 的成本结算。如前述，作业 7 是“部门综合管理”，属于部门内部的管理作业，它是为其他作业服务的，因此，其成本需要按照人数分摊至其他作业。

除上述 7 项作业外，网络优化中心还有一项资源或者成本未计算出去，它是为各地市提供网络优化服务过程中耗用的各项低值易耗品。由于这块成本可以通过台账明确对应到各地市分公司，因此采用直接归集的方法直接结算给各地市公司。

以上就是以网络优化中心为例介绍的省公司生产中心与地市公司之间的内部结算方法。其他生产中心的原理都是一样的，这里不再详细描述，表 4-11 对各生产中心的内部结算方法做了总结和概述。

表 4-11　其他生产中心内部结算方法概述

序号	生产中心	分摊方法	成本结算规则
1	呼叫中心 A	量价结算	呼叫中心 A 前台接续、语音客服按通话时长定价结算
		分摊	彩铃外包、呼叫中心 A 产品策划与营销按收入分摊
		分摊	呼叫中心 A 信息采集按采集量分摊
2	ICT 中心	量价结算	产品研发、技术服务按人天报价标准，根据实际工作量结算成本
		—	设计费已在业务部门/地市工程项目资本开支中列支，不再进行虚拟结算
3	增值业务中心	分摊	增值产品销售、流量运营及运营平台、体验营销平台成本按相关收入分摊
		分摊	增值业务运营支撑、支撑系统成本按客户数分摊
4	集团客户中心	直接归集	直管客户相关成本直接归集至各地市公司
		分摊	共管/管控客户相关成本、产品管理、ESOP 及经分等系统支撑成本按相关收入进行分摊
		分摊	中高端客户管理、BOSS 系统（ESOP 除外）支撑成本按相关客户数分摊
5	呼叫中心 B	量价结算	呼叫中心 B 的人工/语音客服、投诉处理部门费用按通话时长进行量价结算
		分摊	外呼管理费用按外呼业务量分摊
6	业务支撑中心	量价结算	系统需求开发按人天资费标准，以实际工作量结算
		分摊	系统维护成本按收入、用户数、办理量等标准分摊
		直接归集	客服系统、外呼平台成本直接归集至呼叫中心，电话经理平台成本直接归集至集团客户中心
7	客户响应中心	量价结算	对集团客户专线项目支撑分类定价，按实际工作量结算
		分摊	专线/宽带管理、系统支撑、地市技术支援按专线/宽带条数分摊
8	培训中心	量价结算	按各期课程实际发生成本确定课程单价，根据实际参课人天数结算成本
9	网络管理中心	分摊	按不同资产类别分别确定标准分摊
10	工程建设中心	分摊	工程管理成本按投资额分摊
		量价结算	规划按人天资费标准，根据实际工作量结算成本

4.4.6　内部结算流程和结果

内部结算的周期通常和公司内部绩效考核的周期一致，C 公司内部结算的周期是每个季度结算一次。如图 4-6 所示，具体的结算流程如下：

（1）季度结束前 10 个工作日内，各生产中心、地市公司和省公司财务部内部结算组就业务变化等情况与内部结算方案进行沟通，从而优化内部结算方案。

（2）季度结束后 15 个工作日内各生产中心按照内部结算的数据收集模板，完成相关业务数据的提取，并发至服务接收方。完成业务数据核对，各生产中心将经过服务接收方审核的业务数据上报至内部结算工作组，同时，财务部提取成本费用、折旧等财务数据。

（3）季度结束后 25 个工作日内，内部结算工作组完成内部结算数据运算及结算结果下发。结算结果的运算分为三个步骤：首先，省公司各生产中心内部各项作业成本结算；其次，10 个省公司生产中心之间进行结算，按照结算规则，先在省公司层面完成结算工作，确定各生产中心各项作业完整的成本耗用；最后，在 10 个生产中心之间结算完成后，对全部成本费用进行汇总，将其结算至地市公司，完成利润中心的成本费用核算。

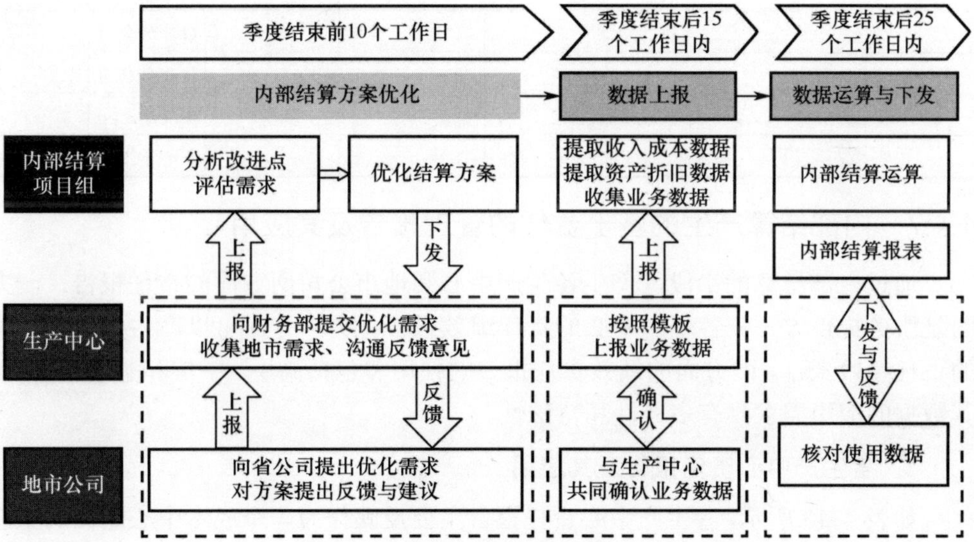

图 4-6　内部结算业务流程示意图

以网络优化中心为例，经过内部结算后，将得到如表 4-12 所示的部门内部结算结果表，包括本生产中心的成本情况、其他生产中心结入的成本情况、结出给服务接收方的成本情况以及最后本生产中心留存的成本情况。

表 4-12　网优中心结算结果表

部门实际发生成本		结入成本		留存成本		结出成本	
科目	金额	结入中心	金额	中心/作业	金额	结出中心/地市	金额
此处列示当期本部门科目名称	此处列示当期本部门实际发生成本金额	此处列示哪些中心将成本结入本中心	此处列示结入中心分别结入的金额	此处列示本中心哪些成本未参与结算，含外部结入成本	此处列示留存的成本金额	此处列示本中心成本分别结出给哪些中心/地市	此处列示结出中心/地市分别结出的成本金额
人员相关成本		工程建设中心		工程建设中心		职能部门	
部门公共费用		网络管理中心		培训中心		职能部门	
业务相关成本		培训中心		作业 1		A 市分公司	
折旧摊销				作业 4		B 市分公司	
						C 市分公司	
						D 市分公司	
						E 市分公司	
						F 市分公司	
						G 市分公司	
						H 市分公司	
						I 市分公司	
						J 市分公司	

4.4.7　内部结算产生的基于责任的管理报告及其应用

通过内部结算的手段，产生各生产中心和地市公司两方面的责任报告：一方面是服务提供方——各生产中心的责任绩效报告；另一方面可以产生各地市公司的责任绩效报告。两方面的绩效责任报告的使用者包括高层、中层和基层管理者。其数据的应用需求具有多样性和特殊性。

1. 各生产中心责任报告及其应用

如表 4-13 所示，各生产中心责任报告主要反映作为一个成本中心定位的生产单位，其各项成本的绩效情况包括三类成本指标：

（1）基本指标。基本指标反映一个生产中心总体的成本费用绩效情况，包括部门直接发生成本、其他部门结入成本、部门结出成本和部门留存成本。部门直接发生成本反映的是部门作为生产服务单位直接在本部门发生的成本，其他部门结入成本反映的是本部门对外提供的服务，除在本部门发生的成本外，还有在其他部门发生的、结算过来的成本。部门直接发生成本和其他部门结入成本二者合计构成了部门成本合计。

表 4-13　生产中心责任报告

指标分类	指标体系	实际值	预算值	差异	差异率	累计实际值	累计预算值	累计差异	累计差异率
		1	2	3	4=3/2×100%	5	6	7	8=7/6×100%
基本指标	部门直接发生成本								
	其他部门结入成本								
	部门成本合计								
	部门结出成本								
	部门留存成本								
各项作业总成本	作业 1 总成本								
	作业 2 总成本								
	作业 3 总成本								
	作业 4 总成本								
	作业…总成本								
单位作业成本	作业 1 单位成本								
	作业 2 单位成本								
	作业 3 单位成本								
	作业 4 单位成本								
	作业…单位成本								

以前，在未进行内部结算之前，各部门直管发生在本部门的直接成本，认为其他部门的成本和自己没有关系。实际上，通过内部结算体系的搭建，就厘清了成本关系，其他部门结入的成本并不是完全不可控的，而是完全可以通过控制对服务提供方的业务需求量来进行管控。

另外，部门结出成本反映的是本部门向服务接收方（如地市公司）提供服务而结算出去的成本。部门留存成本是本部门直接发生成本与其他部门结入成本的成本合计减去部门结出成本。部门结出成本越多，部门留存成本越少，根据前述的结算规则的介绍，部门留存成本反映的是无法结算出去的成本，主要原因可能是部门人员或者设备闲置较多，超出了合理的闲置率。因此可以设定部门成本留存率（部门成本留存率＝部门留存成本/部门成本合计×100%）指标，分析该指标的变化情况，公司可以将各部门的成本留存率进行定期通报，引导这些部门主动提高服务水平，提高人员和设备利用率，或者减少人员或者设备的投入，从而实现资源的节约化运营。

（2）各项作业总成本。各项作业总成本是对传统以部门为单位进行成本归集和分析的进一步细化。由于C公司每个生产中心的规模都很大，而每个部门都是对外提供作业，因此，细化到作业层面进行成本管控是非常必要的。我们不能简单地认为作业是内部结算的一个桥梁和手段而已，而是要把作业真正管理起来，最好每项作业都有相应的负责人，作业负责人对作业的成本负责，否则作业成本的管控无法落实到具体责任人。

每项作业的成本也会分为两部分：一是在本生产中心直接发生的成本，二是在其他生产中心发生后结入的成本，因此作业成本的负责人管控作业成本也要从这两方面进行。

从这个角度看，各中心作业的梳理和定义非常重要，一个好的内部结算体系能否真正有效运作，可以说好的作业定义决定了成功的一半。

（3）单位作业成本。单位作业成本分析比作业总成本的分析更为重要。但其前提条件是该项作业可以量化，否则无法计算单位作业成本，而只能分析作业的总成本。

对于单位作业成本的分析有几个重要的分析方法和视角：

➢ 预算分析。单位作业成本的预算值一般一年制定一次，它是经过服务提供方预测作业总成本和服务接收方预测服务量，由财务部门测算确定的结算价格，是采用量价结算方法进行内部结算的基础，因此分析时一年之内它是不变的。而实际单位成本与预算单位成本的差异分析非常关键，其形成的原因主要有两方面：要么是服务接收方需要的服务量较年初预测的量少，要么是生产中心花费的资源成本超出了预算。这一点需要各生产中心详细分析差异原因。

➢ 趋势分析。趋势分析时有两个口径。一个口径是“单位作业成本＝实际作业成本/实际作业量”。这种分析只能看到一个趋势，但趋势形成的原因如前述，可能是两方面的，无法直接看到生产中心责任引起的单位作业成本的变化。因此，可以采用第二个口径：“单位作业成本=（实际作业成本+或-｜单位预算作业变动成本×｜（实际作业量-年初假定业务量）｜）｜/年初定价时假定的作业量”，这个公式的含义是，将分子作业总成本还原为和分母同口径的作业总成本，这样计算出的成本就是剔除了服务需求方（地市公司）业务量需求变化导致的单位作业成本的变化。由于业务量的变化对作业总成本的影响主要是变动成本，因此固定成本无须剔除。

当然，如何界定作业的变动成本和固定成本也是一道难题。折旧摊销可以认定为固定成本，人力成本某种程度上也可以视为固定成本，只有在业务量严重超出年初预测的业务量，导致生产中心临时确定招聘的人员，才可能设为变动成本。部门公共费用通常也设为固定成本，只有业务费用通常设为变动成本。

通过以上口径的转换，才能真正分析出生产中心由于自身原因导致的单位作业成本的变化。

➢ 行业对标分析。行业对标分析的单位作业成本口径可以使用第一种口径。即“单位作业成本=实际作业成本/实际作业量”，对标分析可以选择集团公司内其他做得比较好的省公司作为参照标准，也可以选择业务规模差不多的公司作为参照标准，以确定自身努力改进的方向。

通过建立各生产中心单位作业成本的变动表，从趋势、差异值、对标等进行联动分析，可以合理评价部门或者作业负责人的业绩。实现各生产中心作业成本的显性化和透明化，驱动各生产中心不断寻找降本的途径和手段，改变高成本、低效率运行模式，向市场化公司学习。

以下以呼叫中心 B 的呼叫一室人工呼叫业务为例，以说明如何对单位作业成本（呼叫中心单位呼叫成本）进行深入分析：

如图 4-7 所示，呼叫中心 B 的人工呼叫单位成本为 1.21 元/分钟。对这个成本可以从以下几方面分析：

首先，我们要分析这个数据和同业兄弟省公司相比是什么水平；和年初制定的预算单价比是否存在差异，差异原因是什么；这个单价和历年水平比如何，是增长趋势，还是下降趋势。

其次，我们需要对其计算过程展开分析。人工呼叫单位成本的计算公式是人工呼叫的总成本除以呼叫总时长。人工呼叫总成本包括三部分：接线员的直接劳务成本，通常设为变动成本，占 60.8%；部门管理成本占 32.6%（其中，固定成本——管理人员成本占比 14%，固定成本——其他固定成本占比 12.6%，变动成本占比 6%）；其他部门结入的固定成本占 6.6%（业务支撑中心客服系统的折旧摊销结入成本占 1.36%，网络管理中心排队机维保费结入成本占比 3.21%，需求开发成本占比 2%）。

直接劳务成本占 60.8%，劳务成本的高低直接影响因素就是接线员的数量（劳务市场的单价不可控），那么为了达成话务接通率和客户满意度目标，需要分析和思考以下问题：

- 现有话务人员的规模是否合适？与成本是否匹配？
- 话务员利用率与行业比处于什么水平，有无提升空间？
- 现有台席数与人员利用率能否达成业务目标？

部门管理成本占比 32.6%，其中固定成本——管理人员成本占比 14%，其他固定成本占比 12.6%，变动成本占比 6%，我们需要分析和思考提以下问题：

- 管理人员的配备量是否合理？有没有精减或转型空间？
- 固定成本有无很大波动，是否合理？
- 变动成本预算是否合理，执行情况如何？

其他部门结入成本占比 6.6%，我们需要分析和思考以下问题：

- 已建成的系统，是否充分利用？
- 新增的系统开发需求，是否经过投入产出分析？

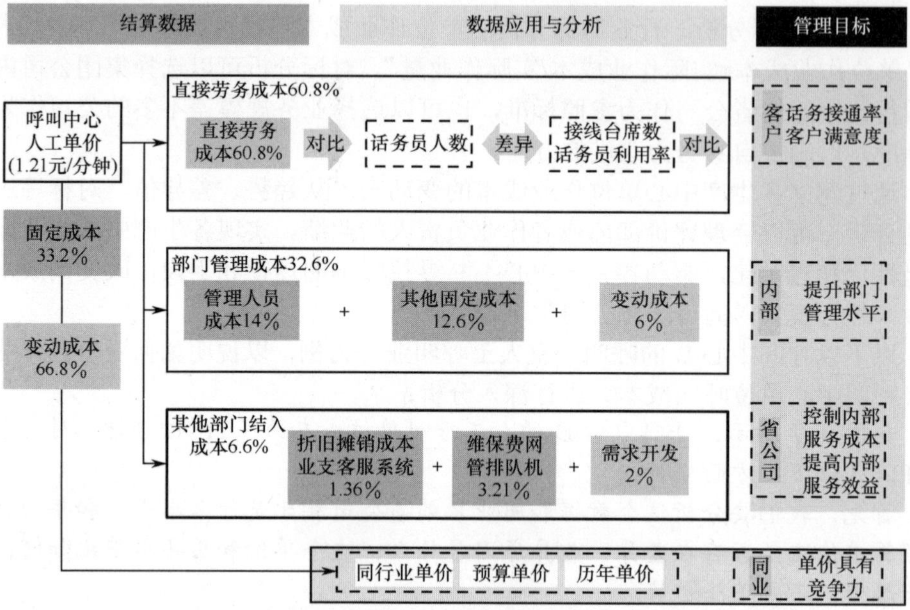

图 4-7 呼叫中心呼叫一室人工呼叫单位作业成本分析方法

为了回答上述问题，我们可以进一步展开深入分析，将影响各项成本的因素进一步分解计算出来，如图 4-8 所示。

注：台席根据业务量不同，介于 60～200 之间，按预估数 150 计算

图 4-8 呼叫中心呼叫一室人工呼叫单位作业成本详细分析

➢ 直接人工成本的深入分析。

针对直接人工成本占比 60.8%，需要分析人员配置是否足够，人员利用率是否合理，现有台席能否满足接通率和客户满意度的业务目标的问题，分析如下：

● 现有人员配置能够满足业务量的进一步提升，目前人均每天业务量 4.93 小时，可以进一步对业务量与人员配置数进行分析。

● 话务人员的利用率有提升空间：台席支撑 3.32 人。上年平均离职率为 19%，对此数据影响较大，建议进一步进行业务分析。

● 寻找接线台席的合理配置数量。日均台席话务量：15.52 小时/台席，可以尝试建立业务模型来寻找出日均台席话务量与接通率、满意度目标之间的平衡点。

针对如何降低呼叫成本的问题，省市层面需要同时采取措施：

● 省公司层面：应对话务增长，从内部挖掘潜力，优化组织架构、梳理业务流程及绩效考核等，拟分流约 30 名后台支撑人员到生产现场，提升一线生产能力。呼叫中心需要加强培训，提升人员解答问题的能力；同时进一步做好语音分流。

● 地市层面：推动地市加强营销方案与宣传管理，降低咨询类业务呼入时长，减少客服结算成本；推动地市加强投诉管理，提升客户满意度，减少客服投诉结算成本。

➢ 部门其他成本分析。

关注成本发生的合理性与可控性，充分发掘已发生成本的效益。例如，寻找质检团队的合理配置数量。目前质检与生产人数的比例是 1∶16，（质检团队共 75 人）。可以尝试建立业务模型来寻找合理的比例，平衡成本与业务满意度之间的关系。

➢ 其他部门结入成本分析。

充分发挥系统效用，客服系统的需求开发和折旧摊销成本较高，且较为刚性。建议增加后评估，进而提高投产体系的使用效率和效益。例如，可以有选择性地引导客户使用语音客服，对各成本中心的作业与兄弟省公司，进行对标管理，根据分组情况进行资源配置，通过资源挖潜，提升资源利用效率。

下面以业务支撑中心的成本控制为例，说明成本中心进行成本控制的思路。

在 C 公司开展内部结算之前，业务支撑中心对于各地市提出的系统开发需求更多是“被动接受”，业务支撑中心对需求的主动管理和地市公司对需求的自发管理都不够。由于开发成本未显性化，地市公司对业务支撑中心的开发成本投入无感知，导致业务支撑中心花了很多投入开发的营销案实际办理情况不理想，如图 4–9 所示。无办理量的营销案占 22%，100 及以下办理量的营销案占 42%，101～1000 办理量的营销案占 18%，1000 以上的营销案也占 18%左右。也就是说真正业务办理量较大的营销案占比不高。

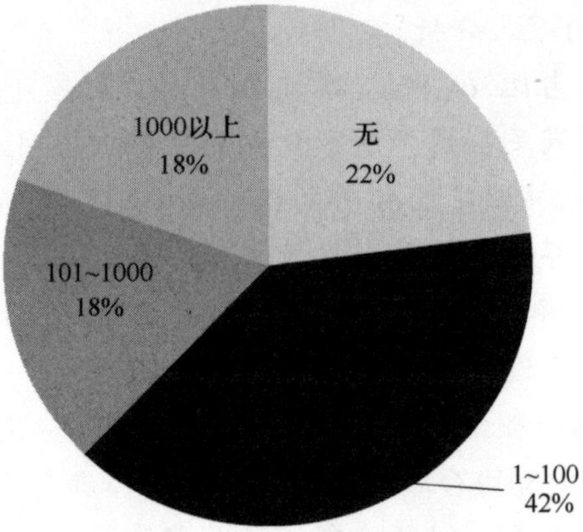

图 4-9　全省营销案办理情况

因此，在没有进行成本结算之前，业务支撑中心的成本浪费是很大的，也没有给地市公司带来效益。

通过内部结算之后，业务支撑中心强化了需求管理，力求实现资源整合。通过强化需求管理，实现资源整合，提升效率效益，部门价值显性化。业务支撑中心主动开展以下工作：

➢ 经分系统需求评估细化。

● 鼓励地市/部门积极使用统一建设的经分系统，最大化经分系统的使用效率。

● 加强对各地市/部门系统使用效果的评估，对单个部门使用需求进行控制，减少低利用率需求开发量，推动共性需求开发及使用，达到以最少需求开发量实现支撑效率最大化。

➢ BOSS 系统需求后评估强化。

● 需求提出后，通过需求评估与重要性分析，对需求前端进行把控，鼓励需求提出方合理衡量需求价值，强化需求自主管理。

● 需求开发后，进行系统需求后评估，评价地市相应收入与系统投入匹配性（如营销活动收入能否覆盖营销案配置开发成本）。

➢ 地市资源有效整合。

● 显性化地市完整资源耗用情况（地市自身投入+耗用省公司资源成本），供决策者合理评估地市资源投入。

● 有效整合省市业务支撑系统资源，避免重复建设，推动地市积极充分利用省公司既有资源。

2. 地市公司责任报告及其应用

在省公司为地市提供专业化服务，耗用资源按照一定规则，进行市场化内部虚拟成本结算之前，公司上下只对需付出真金白银的外部服务有成本意识，对于内部资源使用往往具有较大的随意性，成本意识不强。通过取消“免费午餐”，结算集中运营或共享服务成本，将“隐性成本”公开透明化，使各地市公司清晰了解自身花费成本情况，建立资源有偿使用理念，避免资源浪费。同时，对于成本结入方的地市公司而言，对省公司各生产中心的成本投入合理性及效益情况可起到反向监督、制约作用，有效督促服务提供方成本使用精简、高效。

地市公司出不了完整损益是省公司总部开展内部结算的主要动因之一。对于省公司而言，地市公司作为公司最重要的利润中心，无法出具完整损益表将导致地市公司和省公司各生产中心之间的责权利不清晰，导致内部良性的管理机制无法建立。

对于地市公司而言，通过结入省公司集中运营或集中支撑服务成本，明晰自身完整成本耗用情况，引导其正确认识自身盈利水平，强化经营目标与资源配置匹配度，通过横、纵向对标管理寻找运营短板，优化运营模式，提升运营效益。例如发展短彩信业务时，不仅需评估地市公司自身投入成本与产出效益，还应同时涵盖省公司网络管理中心集中运营短彩信设备的相关成本，从全量级衡量产品效益，更有效指导经营决策。

如表 4-4 所示，省公司各生产中心通过内部结算手段将服务于地市公司的成本结算给地市公司，使得原先地市公司损益表的成本项增加一块成本——“省公司生产中心结入成本”，这就使得地市公司的收入成本由原先“不配比”变为了“配比”状态。这种转变对省公司来说意义非常大，不仅使得原先地市公司争相使用省公司免费资源的情况得到了有效解决。同时，省公司也可以有效评价地市公司的真实效益，引导省公司预算资源的优化配置。

表 4-14　XX 地市损益表示例

收入	
-成本	
毛利	
-本市核算费用	
-省公司生产中心结入成本	
税前利润	

当然，反过来地市公司对省公司各生产中心结入的成本可以进行明细分析。例如，针对人工客服结入成本部分，各地市公司可以查看结入成本的明细构成。在各地市人工客服及投诉单位作业价格一致的基础上，呼叫中心人工客服为各地市客户通话时长越长、用户投诉量越多，该地市的结算成本就会越高，如图 4-10 所示。

从结算完的结果来看：作为省会城市的 A 市结入的人工客服及投诉处理的成本最高。成本最高的原因除了 A 市用户数较其他城市多，导致的结入成本高之外，进一步详细分析，发现：

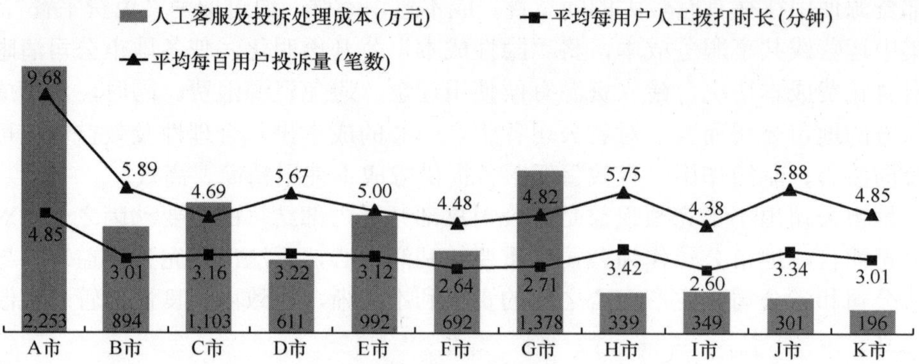

图 4-10　人工客服及投诉处理量价分析

人工客服单价为 1.21 元/分钟。每用户人工拨打时长：全省平均值为 3.28 分钟，而作为省会城市的 A 市的每用户人工拨打时长明显偏高，达到 4.85 分钟，较平均值高出了 48%。

投诉处理单价为 4.30 元/笔。每百用户投诉量：全省平均值为 5.82 笔，而作为省会城市的 A 市的每百用户投诉量明显偏多，达到了 9.68 笔，较平均值高出了 66%。

因此，A 市公司需要进一步分析原因，有针对性地采取相应的措施降低“每用户人工拨打时长”和“每百用户投诉量”，才能有效降低结入成本，提高税前利润指标。

省公司在获得完整的、收入成本完全可配比的地市公司损益后，针对这份“难得的”损益，省公司各部门可以进行多种应用，例如：

（1）预算标杆应用，引导资源配置。从省公司的视角来看，如何为各地市设定合适的盈利目标，如何根据各地市的盈利能力进行资源配置，将有限的资源投入到盈利能力强的地市，是一个难题。尤其在之前地市公司无法准确地核算盈利的情况下，这个问题只能依靠经验进行。现在通过内部结算体系，比较准确地核算出了各地市的真实盈利水平，那么就可以通过一系列的标杆指标比较各地市的盈利情况，如表 4-15 所示，EBITDA㊀率、人均 EBITDA、资产收益率（ROA）、净资产收益率（ROE）等指标无不需要依赖于准确的利润指标。

通过表 4-15 可以看出，作为省会城市的 A 市，其 EBITDA 率、人均 EBITDA、资产收益率（ROA）、净资产收益率（ROE）明显较其他城市高，说明其盈利能力更强，省公司的资源应该优先保障。而 J 市等城市恰恰相反，资源投入应该相对低一些，只要能确保市场占有率、客户流失率等指标即可。

㊀ EBITDA 即税息折旧及摊销前利润。

表 4-15　全省各地市营运效益类标杆指标

标杆指标	单位	全省	A 市	B 市	C 市	D 市	E 市	F 市	G 市	H 市	I 市	J 市
EBITDA 率	%	47%	60%	57%	57%	57%	57%	48%	48%	48%	38%	38%
人均 EBITDA	万元/人年	220	650	450	350	250	300	200	180	180	100	100
资产收益率（ROA）	%	18%	25%	22%	20%	16%	19%	18%	18%	17%	15%	15%
净资产收益率（ROE）	%	30%	40%	35%	31%	29%	28%	27%	29%	29%	20%	20%
营运支出占营运收入比	%	72%	50.8%	58.3%	58.3%	58.3%	63.3%	67.4%	67.4%	72.4%	92.9%	80.9%
人均营运支出	万元/人年	350	500	400	320	250	300	300	200	260	240	200

（2）地市公司绩效评价。省公司对地市公司的绩效评价也离不开地市公司损益的精确计算，如表 4-16 所示，C 公司对地市公司的绩效评价分为四类共 19 个指标。其中财务类的三个指标主营业务利润率%、EBITDA 率（%）、净资产收益率（%）都需要依赖于内部结算体系，将省公司为地市公司服务的成本结算进来。

表 4-16　省公司对地市公司业绩评价示例

指标分类	指标名称	指标定义	权重
财务指标	主营业务利润率（%）	主营业务利润总额/主营业务收入总额 ×100%	10%
	EBITDA 率（%）	EBITDA 值/主营业务收入净额 ×100%	5%
	净资产收益率（%）	主营业务利润净额/平均资产净额 ×100%	10%
	应收账款周转率	主营业务收入净额/平均应收账款余额	5%
客户市场	主营业务收入	主营业务收入净额	5%
	现金占收入比	现金收入/主营业务收入×100%	2%
	MOU	平均每月内通话时间长度	5%
	ARPU	收入总额/用户数	5%
	新增用户比例	新增用户数/现有用户数 ×100%	5%
	普通客户流失率	流失客户数/现有用户数 ×100%	5%
	客户投诉率	地区投诉次数/全省投诉总次数 ×100%	5%
	人工应答及时率	规定时间内应答次数/客户问题总数 ×100%	3%
	障碍处理及时率	规定时间内解决障碍次数/障碍出现次数 ×100%	5%
	市场占有率	分公司收入/本地通信业务总收入×100%	5%

（续）

指标分类	指标名称	指标定义	权重
内部运营	资本性支出（CAPEX）完成率	CAPEX 实际完成额 / 计划额 ×100%	5%
	营业费用占收入比	营业费用 / 主营业务收入 ×100%	5%
	逾期欠费率	（欠费余额一当月欠费）/ 当期收入 ×100%	5%
学习及成长	新业务贡献率	新业务收入 / 主营业务收入 ×100%	5%
	三高人员比重	三高人员数 / 员工总数 ×100%	5%

4.5 区县公司基于责任的管理报告设计及其应用

4.5.1 区县公司基于责任的管理报告设计

区县公司责任报告设计的总原则是将原先的以“收入中心管控模式为主”向“利润中心管控模式为主”转变。对区县公司采用“全成本”核算，即不仅核算区县公司直接发生的成本，而且还包括将市公司发生的费用按照特定依据分摊至县区公司，使各区县公司成本合计金额与全市总成本金额相等。

收入核算原则：BOSS 出账收入直接归集，非 BOSS 出账收入按照话务量分摊或台账记录确认。

成本核算原则：直接受益成本直接归集，县公司发生但在市公司核算的费用如网元租赁费、网络维修等成本按照合理动因分摊。

区县公司责任报告设计的具体规则如表 4-17 所示：

表 4-17　区县责任报告设计的规则

项目		取数规则
收入	语音及数据业务收入	直接归集（BOSS 系统直接取数）
	其他运营收入	按话务量占比分摊
	口径转换补充数据	当前：区县公司话务量占比分摊 后期：系统直接取数
	其他收入	根据台账记录核算单厅裸机零配件进销差价、出租收入的实际金额
成本	直接成本	ERP、报账平台等现有系统可以将部分直接成本直接归集至各区县公司 现有系统无法对收入/成本直接归集的，通过台账记录、计费话单等方式手工归集至各区县公司
	分摊成本	市公司发生的费用按照特定依据分摊至区县公司，具体分摊动因详见表 4-18

区县公司责任报告的最终目标是核算出区县公司的税前利润，税前利润=运营收入-运营成本+其他业务利润+营业外利润+利息收入，如表 4-18 所示。

表 4-18　区县公司责任报告

项目	序号	计算规则
1 运营收入	1	1=2+10+17+22
1.1 话音业务收入	2	2=3+…+9
1.1.1 非漫游通话费收入	3	BOSS 系统直接获取各区县数据
1.1.2 国内漫游通话费收入	4	BOSS 系统直接获取各区县数据
1.1.3 国际及港澳台漫游通话费收入	5	BOSS 系统直接获取各区县数据
1.1.4 长途通话业务收入	6	BOSS 系统直接获取各区县数据
1.1.5 移动公话	7	BOSS 系统直接获取各区县数据
1.1.6 月租费收入	8	BOSS 系统直接获取各区县数据
1.1.7 话音增值业务收入	9	BOSS 系统直接获取各区县数据
1.2 数据业务收入	10	10=11+…14
1.2.1 短信业务收入	11	BOSS 系统直接获取各区县数据
1.2.2 彩信业务收入	12	BOSS 系统直接获取各区县数据
1.2.3 无线上网业务收入	13	BOSS 系统直接获取各区县数据
1.2.4 应用及信息服务业务收入	14	14=15+16
其中：应用及信息服务收入（不含结算的新业务收入）	15	BOSS 系统直接获取各区县数据
结算的新业务收入	16	BOSS 系统直接获取各区县数据
1.3 其他运营收入	17	17=18+…+21
1.3.1 网内结算收入	18	详见网内和网间结算收入和支出的分解依据，见表 4-18
1.3.2 网间结算收入	19	详见网内和网间结算收入和支出的分解依据，见表 4-18
1.3.3 出租设备业务收入	20	区县公司数+按话务量分摊市公司数
1.3.4 其他	21	区县公司数+按话务量分摊市公司数
1.4 口径转换补充数据	22	22=23+24+25+28
1.4.1 主营业务税金	23	区县公司数+按话务量分摊市公司数
1.4.2 积分递延	24	区县公司数+按话务量分摊市公司数
1.4.3 折扣折让	25	25=26+27
1.4.3.1 系统充值	26	区县公司数+按话务量分摊市公司数
1.4.3.2 有价卡赠送	27	按各区县公司实际使用情况手工填报
1.4.4 增值业务折扣折让	28	区县公司数+按话务量分摊市公司数
2 运营成本	29	29=30+39+42+49+52+80
2.1 电路及网元租赁费	30	30=31+32+37+38
2.1.1 电路租赁费	31	区县公司数+按话务量分摊市公司数
2.1.2 网元租赁费	32	32=33+…+36
2.1.2.1 村通资产租赁费	33	根据各县村通租赁资产原值的 15%计算
2.1.2.2 铁通协建租赁费	34	同村通资产租赁费

（续）

项目	序号	计算规则
2.1.2.3 端口租赁费	35	按各区县公司实际使用情况手工填报
2.1.2.4 其他租赁费	36	按各区县公司实际使用情况手工填报
2.1.3 共建共享租赁费	37	区县公司数+按话务量分摊市公司数
2.1.4 TD 租赁费	38	区县公司数+按上年 TD 资产折旧占比分摊市公司数
2.2 网内、网间结算支出	39	39=40+41
2.2.1 网内结算支出	40	详见网内和网间结算收入和支出的分解依据
2.2.2 网间结算支出	41	详见网内和网间结算收入和支出的分解依据
2.3 折旧及摊销	42	42=43+48
2.3.1 折旧费	43	43=44+…+47
其中：折旧费（不含核心机房、干线、光缆）	44	区县公司数+按出账收入分摊市公司数
核心机房折旧费	45	按资产地点手工统计填报
干线折旧费	46	按资产地点手工统计填报
光缆折旧费	47	按资产地点手工统计填报
2.3.2 摊销	48	区县公司数+按出账收入分摊市公司数
2.4 人工成本	49	49=50+51
2.4.1 人工成本	50	根据合同工数量分摊
2.4.2 劳务费	51	根据劳务工数量分摊
2.5 销售及推广费用	52	52=53+57+60+68+71+79
2.5.1 促销费用	53	53=54+55+56
2.5.1.1 终端补贴	54	根据通话客户数分摊
2.5.1.2 促销实物	55	根据通话客户数分摊
2.5.1.3 二维码促销	56	根据通话客户数分摊
2.5.2 社会渠道手续费	57	57=58+59
2.5.2.1 用户入网手续费	58	报账平台直接取数
2.5.2.2 有价卡手续费	59	报账平台直接取数
2.5.3 社会渠道服务费	60	60=61+…+67
2.5.3.1 话费服务费	61	报账平台直接取数
2.5.3.2 增值业务服务费	62	报账平台直接取数
2.5.3.3 集团业务服务费	63	报账平台直接取数
2.5.3.4 终端服务费	64	报账平台直接取数
2.5.3.5 合约计划服务费	65	报账平台直接取数
2.5.3.6 激励费用	66	报账平台直接取数
2.5.3.7 其他服务费	67	报账平台直接取数
2.5.4 业务宣传及广告费	68	68=69+70
2.5.4.1 业务宣传费	69	根据在网客户数分摊
2.5.4.2 广告费	70	根据在网客户数分摊
2.5.5 客户服务费	71	71=72+…+76

（续）

项目	序号	计算规则
2.5.5.1 积分计划兑现	72	根据在网客户数分摊
2.5.5.2 打折销售终端	73	ERP 系统直接取数
2.5.5.3 客服外包费	74	ERP 系统直接取数
2.5.5.4 VIP 俱乐部	75	根据 VIP 客户数分摊
2.5.5.5 其他客户服务费	76	76=77+78
其中：实物赠送	77	报账平台，各县区根据参与实物赠送的客户归属填写
VIP 大讲堂费用	78	报账平台，各县区根据参与 VIP 大讲堂的客户归属填写
2.5.6 其他	79	报账平台直接取数
2.6 销售、一般管理费用及其他	80	80=81+99+104+109+110+111+112+116+117
2.6.1 维修费	81	81=82+86+87+98
2.6.1.1 房屋维修费	82	82=83+84+85
其中：县公司房屋维修费	83	报账平台直接取数
市公司房屋维修费	84	区县公司数+按出账收入分摊市公司数
机房基站房屋维修费	85	区县公司数+按基站数量分摊市公司数
2.6.1.2 车辆维修费	86	区县公司数+按出账收入分摊市公司数
2.6.1.3 设备维修费	87	87=88+89+90
2.6.1.3.1 管理设备维修费	88	ERP 系统直接取数
2.6.1.3.2 营销设备维修费	89	ERP 系统直接取数
2.6.1.3.3 网络设备维修费	90	90=91+…+97
2.6.1.3.3.1 传送网设备维修费	91	区县公司数+按皮长公里分摊市公司数
2.6.1.3.3.2 网络支撑网 设备维修费	92	区县公司数+按出账收入分摊市公司数
2.6.1.3.3.3 业务支撑网 设备维修费	93	区县公司数+按出账收入分摊市公司数
2.6.1.3.3.4 无线接入网 设备维修费	94	区县公司数+按基站数量分摊市公司数
2.6.1.3.3.5 核心网设备 维修费	95	区县公司数+按出账收入分摊市公司数
2.6.1.3.3.6 数据网设备 维修费	96	区县公司数+按数据业务收入分摊市公司数
2.6.1.3.3.7 综合配套设备维修费	97	区县公司数+按基站数量分摊市公司数
2.6.1.4 其他维修费	98	区县公司数+按出账收入分摊市公司数
2.6.2 低值易耗品摊销	99	99=100+…+103
2.6.2.1 仪器仪表	100	区县公司数+按网络设备原值分摊市公司数
2.6.2.2 通信终端	101	区县公司数+按网络设备原值分摊市公司数
2.6.2.3 办公设备	102	区县公司数+按员工数分摊市公司数
2.6.2.4 其他	103	区县公司数+按员工数分摊市公司数
2.6.3 经营租赁费	104	104=105+…+108
2.6.3.1 房屋租赁费	105	区县公司数+按出账收入分摊市公司数
2.6.3.2 车辆租赁费	106	区县公司数+按出账收入分摊市公司数
2.6.3.3 其他租赁费	107	区县公司数+按出账收入分摊市公司数
2.6.3.4 土地使用权摊销	108	区县公司数+按出账收入分摊市公司数

（续）

项目	序号	计算规则
2.6.4 资源占用费	109	根据在网用户数填报
2.6.5 码号占用费	110	根据在网用户数填报
2.6.6 坏账准备	111	根据账龄分析填报
2.6.7 业务技术支撑费	112	112=113+114+115
其中：二维码技术支撑费	113	按接收二维码客户数分摊
校讯通技术支撑费	114	按校讯通客户数分摊
其他	115	按出账收入分摊
2.6.8 上缴管理服务费	116	ERP 系统直接取数
2.6.9 其他	117	117=118+…+123+128+…+153
2.6.9.1 审计费	118	区县公司数+按出账收入分摊市公司数
2.6.9.2 咨询费	119	区县公司数+按出账收入分摊市公司数
2.6.9.3 职工教育经费及培训费	120	区县公司数+按出账收入分摊市公司数
2.6.9.4 工会经费	121	区县公司数+按出账收入分摊市公司数
2.6.9.5 各项税金	122	区县公司数+按出账收入分摊市公司数
2.6.9.6 动力水电取暖费	123	123=124+…+127
2.6.9.6.1 动力费	124	区县公司数+按出账收入分摊市公司数
2.6.9.6.2 水费	125	区县公司数+按出账收入分摊市公司数
2.6.9.6.3 电费	126	区县公司数+按出账收入分摊市公司数
2.6.9.6.4 取暖费	127	区县公司数+按出账收入分摊市公司数
2.6.9.7 物业费	128	区县公司数+按出账收入分摊市公司数
2.6.9.8 漫游清算服务费	129	区县公司数+按出账收入分摊市公司数
2.6.9.9 有价卡制作费	130	区县公司数+按出账收入分摊市公司数
2.6.9.10 解款手续费	131	区县公司数+按出账收入分摊市公司数
2.6.9.11 通信费	132	区县公司数+按出账收入分摊市公司数
2.6.9.12 差旅费	133	区县公司数+按出账收入分摊市公司数
2.6.9.13 办公费	134	区县公司数+按出账收入分摊市公司数
2.6.9.14 业务招待费	135	区县公司数+按出账收入分摊市公司数
2.6.9.15 会议费	136	区县公司数+按出账收入分摊市公司数
2.6.9.16 车辆运行费	137	区县公司数+按出账收入分摊市公司数
2.6.9.17 邮寄运杂费	138	区县公司数+按出账收入分摊市公司数
2.6.9.18 业务用品费	139	区县公司数+按通话客户数分摊市公司数
2.6.9.19 业务外包费	140	区县公司数+按通话客户数分摊市公司数
2.6.9.20 劳动保护费	141	区县公司数+按出账收入分摊市公司数
2.6.9.21 保险费	142	区县公司数+按出账收入分摊市公司数
2.6.9.22 银行手续费	143	区县公司数+按出账收入分摊市公司数
2.6.9.23 绿化清洁费	144	区县公司数+按出账收入分摊市公司数
2.6.9.24 警卫费	145	区县公司数+按出账收入分摊市公司数

（续）

项目	序号	计算规则
2.6.9.25 安全保护费	146	区县公司数+按出账收入分摊市公司数
2.6.9.26 交通费	147	区县公司数+按出账收入分摊市公司数
2.6.9.27 排污费	148	区县公司数+按出账收入分摊市公司数
2.6.9.28 存货盘亏和毁损	149	区县公司数+按出账收入分摊市公司数
2.6.9.29 残疾人保证金	150	区县公司数+按出账收入分摊市公司数
2.6.9.30 聘请中介结构费	151	区县公司数+按出账收入分摊市公司数
2.6.9.31 仓储费	152	区县公司数+按出账收入分摊市公司数
2.6.9.32 其他	153	区县公司数+按出账收入分摊市公司数
3 其他业务利润	154	154=155-161
3.1 其他业务收入	155	155=156+…+160
3.1.1 终端销售收入	156	区县公司数+按在网客户数分摊市公司数
3.1.2 SIM 卡销售收入	157	区县公司数+按在网客户数分摊市公司数
3.1.3 出租通信商品收入	158	区县公司数+按在网客户数分摊市公司数
3.1.4 房屋出租收入	159	区县公司数+按在网客户数分摊市公司数
3.1.5 其他收入	160	区县公司数+按在网客户数分摊市公司数
3.2 其他业务支出	161	161=162+…+166
3.2.1 终端销售成本	162	区县公司数+按在网客户数分摊市公司数
3.2.2 SIM 销售成本	163	区县公司数+按在网客户数分摊市公司数
3.2.3 出租通信商品成本	164	区县公司数+按在网客户数分摊市公司数
3.2.4 房屋出租成本	165	区县公司数+按在网客户数分摊市公司数
3.2.5 其他成本	166	区县公司数+按在网客户数分摊市公司数
4 营业外利润	167	167=168-173
4.1 营业外收入	168	168=169+…+172
4.1.1 违约或赔偿金	169	区县公司数+按出账收入分摊市公司数
4.1.2 非流动资产处置利得	170	区县公司数+按出账收入分摊市公司数
4.1.3 无法支付的应付款项利得	171	区县公司数+按出账收入分摊市公司数
4.1.4 其他收入	172	区县公司数+按出账收入分摊市公司数
4.2 营业外支出	173	173=174+…+177
4.2.1 处置非流动资产净损失	174	区县公司数+按出账收入分摊市公司数
4.2.2 赔偿及违约支出	175	区县公司数+按出账收入分摊市公司数
4.2.3 营业税及附加	176	区县公司数+按出账收入分摊市公司数
4.2.4 其他	177	区县公司数+按出账收入分摊市公司数
5 利息收入	178	区县公司数+按出账收入分摊市公司数
6 税前利润	179	179=1-29+154+167

上述结算规则中，针对网内结算收入、网间结算收入和支出的分解依据如表 4-19 所示。

表 4-19　网内和网间结算收入和支出的分解依据

项目		分解依据
网内结算收入	外省漫游客户主叫	呼叫发起基站位置
	外省漫游客户被叫	被叫发起基站位置
	外省客户省际网间长途	—
	外省漫游客户省际短信	短信发送基站位置
	外省漫游客户省际无线上网	上网发起基站位置
	外省漫游客户省际 WLAN	WLAN 接入位置
网内结算支出	本省漫游客户主叫	客户归属地
	本省漫游客户被叫	客户归属地
	本省客户省际网间长途	—
	本省漫游客户省际短信	客户归属地
	本省漫游客户省际无线上网	客户归属地
	本省漫游客户省际 WLAN	客户归属地
网间结算收入	联通/电信手机客户呼叫本省移动用户	客户归属地
	固定用户呼叫本省移动用户	客户归属地
	本省移动用户接收网间短信	客户归属地
	本省移动用户接收网间彩信	客户归属地
网间结算支出	本省移动用户呼叫联通/电信手机客户	客户归属地
	本省移动用户呼叫固定用户	客户归属地
	本省移动用户发送网间短信	客户归属地
	本省移动用户发送网间彩信	客户归属地
结算的新业务收入		客户归属地

4.5.2　区县公司基于责任的管理报告应用

区县公司划小核算后可提高省对区县公司的掌控力，以效益为导向，优化资源配置，便于对区县公司在全省进行横向对标，监控并推动区县公司改善成本效益状况，优化考评体系，更加突出并引导区县公司效益化运营。

1. 优化资源配置

通过管理会计手段实现了区县公司基于“全成本”的损益，省、市公司投资部门进行投资资源配置时，可以根据各区县公司的效益情况进行综合考虑；省、市公司财务部门进行成本费用资源配置时，尤其在年度预算确定成本费用资源的过程中，也可以将区县公司的盈利情况作为重要参考；省、市公司人力部门进行人力资源配置的时候，对于新增员工，也可以将各区县公司的效益情况纳入综合考虑。

2．强化对标管控

省公司财务部牵头突破地市限制，在全省范围进行区县公司分组，推进效益逐优；每季度发布全省各区县公司效益对标管理报告。从省公司层面推动基层区县公司改变运营观念，从原先强调业务指标发展到考虑业务指标及财务效益的平衡。

3．完善考评体系

各地市公司可以参考省公司对地市公司的考核，将利润指标纳入区县公司业绩考核体系。同时，在全省的“十强十佳”评选活动中，省公司也可以将利润指标作为评价“十强县”“十佳县”等荣誉的核心依据之一。

4.6　营业厅基于责任的管理报告设计方案及其应用

4.6.1　营业厅基于责任的管理报告设计

营业厅划小核算方案的目标是实现营业厅从“成本中心”管控模式向“利润中心”管控模式转变，将营业厅视作社会渠道，就可以根据各营业厅的业务办理量和付给社会渠道的单价核算出虚拟收入。

以单厅为核算单位，构建营业厅模拟利润计算表，全面评估营业厅运营效率。以厅为核算单位的运营效能评估以“模拟利润”为核心指标，其指导模型为：模拟利润=模拟收入-模拟成本费用。

1．模拟收入

模拟收入以自营渠道各项可量化、可测量和记录，且具有参照市场价值的直接价值作为输入项。模拟收入的计算包括：

（1）业务办理收入：直接经营和服务性活动创造的价值，如放号、销售有价卡、收取话费、基础业务办理、增值业务办理、集团业务办理、终端销售、合约计划等。各业务的内涵如下：

➢ 放号业务包括：低档套餐卡号-预存 50 元、低档套餐卡号-预存 100 元、中档套餐卡号-预存 50 元、中档套餐卡号-预存 100 元、高档套餐卡号-预存 50 元和高档套餐卡号-预存 100 元。

➢ 销售有价卡包括销售手机充值卡，缴费卡，IP 记账卡、IP 充值卡等。

➢ 收取话费包括营业厅前台和自助终端收取的费用。

➢ 基础业务包括：0 元到档次（产品变更）、档次到无限大（产品变更）。

➢ 增值业务包括：各类定向长途包，各类“两城一家”，各类“非常假期漫游包”，各类额度的手机上网包、短信包、彩信包、WLAN 全国套餐包、加油包、特惠流量包、家庭短号升级业务、亲情优惠包，各类额度的宽带包、音乐随身听、歌曲下载、铃音盒、百事易、务工易、各类手机报、各类手机阅读等。

➢ 集团业务包括：集团宽带 2M 资费 125 元/月、集团客户预存 1000 元送 800 元加油卡、集团客户预存 800 元送 600 元商品提货卡等。

➢ 终端销售业务包括：不同价格区间终端、版本及其销售类型的组合，如价格区间为 300～598 元、版本为公开版或者定制版、销售类型为裸机或者购机赠费。

➢ 合约计划业务包括：百万计划-存 1000 元送 800 元（BOSS 版）、百万计划-存 1000 元送 800 元（电子渠道版）、高校市场预存 200 元赠送 200 元饭卡、老客户回馈活动-预存 200 元送 150 元话费（BOSS 版）、全省统一活动-百万计划预存 1000 元赠送 1000 元等。

（2）激励费用收入：包括终端销售补贴和业务办理激励酬金。

（3）其他收入：裸机销售利润、零配件销售利润以及营业厅场地租赁收入。

模拟收入的定价参考社会渠道酬金标准，无社会渠道办理业务参照集团及兄弟省份标准，系统无记录的查询等业务不核算收入，具体方法和核算公式如表 4-20 所示。

表 4-20　模拟收入核算方法

项目	核算方法	核算公式
业务办理收入	参照社会渠道酬金标准设定办理类业务的虚拟收入单价，乘以单厅对应业务量	社会渠道酬金标准/业务办理酬金固定值×单厅业务量
激励费用收入	按照激励酬金率和社会渠道酬金标准分别计算激励酬金和门店补贴	激励酬金=激励酬金率×单厅业务办理收入
		门店补贴=社会渠道门店补贴标准×单厅终端销量
其他收入	根据台账记录核算单厅裸机零配件进销差价、出租收入的实际金额	—

注：

1. 考虑到缴费的分流导向，缴费、有价卡销售业务的酬金标准采用社会渠道酬金标准的低值，即银行代收服务费标准。

2. 对于社会渠道无法办理的基础业务，虚拟收入单价取集团营业厅效益评估模型中的固定值（查询类按 0.2 元/笔计算，办理类按 1.0 元/笔计算）。

3. 对于没有社会渠道酬金标准的增值业务，虚拟收入单价参照同类业务酬金制定方法确定，如使用单月资费标准。

2. 模拟成本费用

模拟成本费用包括以下四方面的成本费用，各营业厅各项成本费用的数据获取方法是根据报账平台、台账记录等统计数据。

（1）折旧。这即剔除与营业、营销无关的设备后的运营设备折旧成本。

（2）人工成本及劳务费。这包括人工成本及劳务费，是指剔除与营业、营销无关人员的人工成本后的单厅人工成本汇总。

（3）水电取暖及租赁费。这包括水费、电费、取暖费、动力费和租赁费（营销设备租赁费、房屋租赁费、车辆租赁费和其他租赁费）。

（4）其他综合费用。这包括广告宣传费、维修费、业务用品费、低值易耗品、解款手续费、办公费、物业管理费、劳动保护费、警卫费、业务招待费、差旅费、交通费、车辆运行费、邮寄运杂费、绿化清卫费、搬运费及其他。

按照上述规则，可生成如下的责任报告，见表 4-21。

表 4-21　营业厅责任报告（损益）

项目	序号	计算方法
1 运营收入	1	1=2+13+16
1.1 业务办理收入	2	2=3+4+5+8+9+10+11+12
1.1.1 放号	3	∑各档次套餐卡号数量×各档次套餐卡号社会酬金标准
1.1.2 销售有价卡	4	销售有价卡收入×社会酬金标准费率
1.1.3 收取话费	5	5=6+7
1.1.3.1 营业厅前台缴费	6	前台缴费额×前台缴费社会酬金费率
1.1.3.2 自助终端缴费	7	自助终端缴费额×自助终端缴费社会酬金费率
1.1.4 基础业务	8	∑各类基础业务办理量×单位基础业务办理社会酬金费
1.1.5 增值业务	9	∑各类增值业务办理量×单位增值业务办理社会酬金费
1.1.6 集团业务	10	∑各类集团业务办理量×单位集团业务办理社会酬金费
1.1.7 终端销售	11	∑各类终端销售量×该类型终端单台社会酬金
1.1.8 合约计划	12	∑各类合约计划办理量×该类型合约计划单笔社会酬金
1.2 激励费用收入	13	13=14+15
1.2.1 激励酬金	14	业务办理酬金总额×该地市平均激励酬金占业务办理酬金率
1.2.2 门店补贴	15	∑各类终端销售量×各类终端销售单台补贴额
1.3 其他收入	16	16=17+20
1.3.1 裸机和零配件销售利润	17	17=18+19
1.3.1.1 裸机销售利润	18	从报账平台手工统计裸机进销差价
1.3.1.2 零配件销售利润	19	从报账平台手工统计零配件进销差价
1.3.2 营业厅场地租赁收入	20	按实际租赁金额和期间统计当年租赁收入
2 运营支出	21	21=22+23+26+37
2.1 折旧	22	按营业厅实际构建情况统计折旧费用
2.2 人工成本及劳务费	23	23=24+25
2.2.1 人工成本	24	从薪酬系统导出每月发放明细，根据人力资源部/市场部提供的人员所在机构信息统计；工会经费、教育经费按照上述结果的 4.5%计算，福利费按实际报销和发放情况计算
2.2.2 劳务费	25	从薪酬系统导出每月发放明细，根据人力资源部/市场部提供的人员所在机构信息统计
2.3 水电取暖及租赁费	26	26=27+32

（续）

项目	序号	计算方法
2.3.1 水电取暖费	27	27=28+29+30+31
2.3.1.1 水费	28	从报账平台手工统计
2.3.1.2 电费	29	从报账平台手工统计
2.3.1.3 取暖费	30	从报账平台手工统计
2.3.1.4 动力费	31	根据实际发生费用统计
2.3.2 租赁费	32	32=33+34+35+36
2.3.2.1 营销设备租赁费	33	根据实际租赁费用核算
2.3.2.2 房屋租赁费	34	从报账平台手工统计
2.3.2.3 车辆租赁费	35	从报账平台手工统计
2.3.2.4 其他租赁费	36	从报账平台手工统计
2.4 其他综合费用	37	37=38+39+…+54
2.4.1 广告宣传费	38	根据实际领用物料数量和采购单价手工统计
2.4.2 维修费	39	根据实际发生费用手工统计
2.4.3 业务用品费	40	根据实际领用物料数量和采购单价手工统计
2.4.4 低值易耗品	41	根据实际发生费用手工统计
2.4.5 解款手续费	42	根据实际发生费用手工统计
2.4.6 办公费	43	根据实际领用物料数量和采购单价手工统计
2.4.7 物业管理费	44	根据实际发生费用手工统计
2.4.8 劳动保护费	45	根据实际发生费用手工统计
2.4.9 警卫费	46	根据实际发生费用手工统计
2.4.10 业务招待费	47	根据实际发生费用手工统计
2.4.11 差旅费	48	根据实际发生费用手工统计
2.4.12 交通费	49	根据实际发生费用手工统计
2.4.13 车辆运行费	50	根据实际发生费用手工统计
2.4.14 邮寄运杂费	51	根据实际发生费用手工统计
2.4.15 绿化清卫费	52	根据实际领用物料数量和采购单价手工统计
2.4.16 搬运费	53	根据实际发生费用手工统计
2.4.17 其他	54	根据实际发生费用手工统计
3 运营利润	55	55=1-21

4.6.2 营业厅基于责任的管理报告的应用

基于以上营业厅责任报告设计规则，某市公司对其下属的 23 个营业厅进行了核算应用，在收入基于社会渠道酬金定价、成本涵盖营业厅全成本的情况下，核算结果是从 23 个营业厅综合来看，整体处于亏损状态，亏损了 1415 万元，如图 4-11 所示。这充分体现了，在房租和人工成本不断增长的今天，实体营业厅越来越难以适应发展的需要。相反，网上营业厅除了系统软硬件的投入外，将大大节约成本，同时免去了客户排队等候的时间，越来越符合未来发展的趋势。

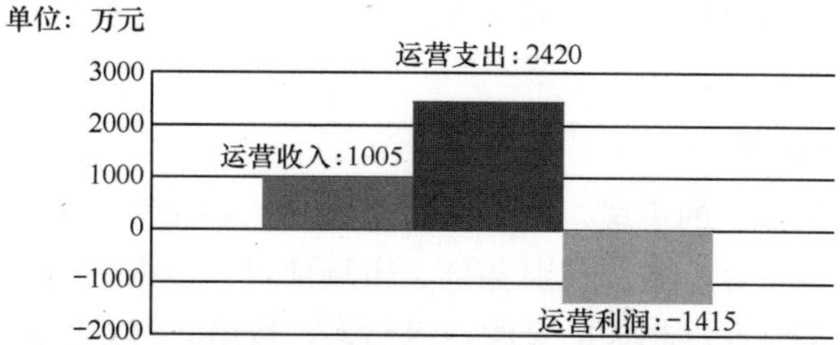

图 4-11 某市公司下属 23 家营业厅盈利情况

从营业厅的主要收入来源看，主要集中在业务办理、缴费和放号收入，合计占 69%。其中，业务办理收入占 28%，缴费收入占 23%，放号收入占 18%，如图 4-12 所示。

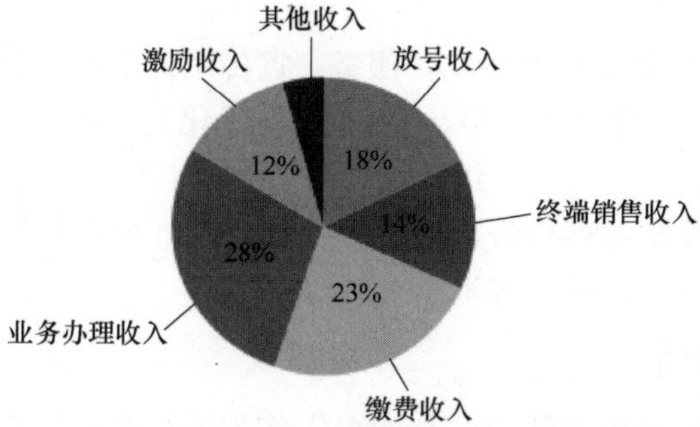

图 4-12 某市公司下属 23 家营业厅的收入结构

如图 4-13 所示，从营业厅的主要成本来看，人工成本、日常费用、租赁费，合计占 93%。其中，人工成本占比 58%，日常费用占 18%，租赁费占 17%。租赁费中主要为营业厅的房租费。因此，剔除日常费用不说，营业厅的成本中人工成本和租赁费合计占到了 75%的比重，而这两项高成本恰恰是网厅低成本的优势所在。

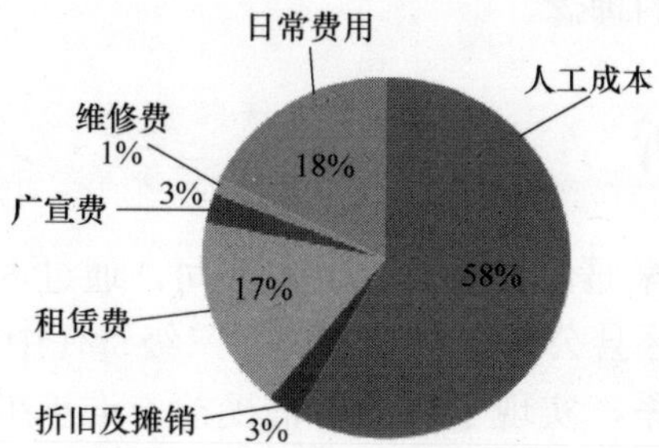

图 4-13 某市公司下属 23 家营业厅的成本结构

通过构建营业厅价值评估系统，可以对不同质态营业厅收入及成本情况进行单独核算，实现效益评估，引导营业厅正确认识自身盈利水平，强化经营目标与资源配置匹配度；通过横、纵向对标管理寻找运营短板，优化运营模式，提升运营效益。

1. 优化资源配置

通过"划小核算"的手段，建立全省营业厅的利润核算体系和方法，并在全省各地市公司逐步推行，省公司财务部、市场部可以根据各地市营业厅的总体盈利能力配置各地市营业厅相关的资源，包括人、费用、营业厅面积、房租等。

地市公司财务部、营业厅运营中心可以根据各营业厅的盈利能力进一步配置相关的资源，包括人、费用、营业厅面积、房租等，建立资源投入与产出挂钩机制，申请资源需对应设置虚拟收入目标，调整目标需相应收回预算资源，推进资源使用的责权匹配。

2. 支撑渠道转型

省公司市场部从效益（盈利率）、服务、宣传示范等角度建立营业厅综合评价体系，根据评价结果实施"关、停、并、转"，优化营业厅的布局。同时，省公司市场部可以建立营业厅分类、分组对标体系，推进营业厅增收节支（可控成本）、降本增效，每季度发布对标报告，对标指标如营业厅模拟核算利润、人均业务办理量、人均终端销售量、每平方米水电费等。

3. 完善考评机制

省公司市场部应该将"营业厅利润率"作为地市公司运营的核心评价指标之一。地市公司营业厅运营中心应该深化营业厅"店长负责制"，针对可控成本适当授权营业厅负责人，让营业厅负责人参与选址谈判，拥有一定的人员/资产调配等权等，推动店长责、权匹配，对营业厅负责人的考核指标应该包括：业务发展、盈利能力、可控成本、服务等。地市公司人力资源部应该将渠道运营中心整体盈利情况作为部门负责人考评的核心指标之一，从而形成自上而下的强调业务发展和营业厅效益均衡发展的理念。

4.7 案例要点解析

本案例介绍的是一家通信行业央企的省公司，通过内部结算、划小核算等手段实现了对地市公司、区县公司、自营营业厅三级责任中心责、权、利的再定位，从而根据内部的服务关系，实现了资源"谁受益、谁承担"的管控机制，在本案例的学些过程中，需要重点关注以下要点：

1. 作业的设计对省公司专业部门和地市公司之间的内部结算至关重要

根据“谁受益，谁承担”的原则，关注成本的全要素和全过程管理，包括账面显性成本与虚拟隐性成本，构建省、市资源合理分摊机制，实现资源使用的透明与高效是省公司专业部门通过内部结算手段要实现的管理目标。

对于省公司生产中心而言，自身到底为各地市公司提供了哪些服务？这就必须要自身对自己提供的作业服务清单进行完整的梳理。这些服务的单位成本是多少？这就需要对本部门的成本按照作业的口径进行重新归集和核算。通过核算自己提供的作业的单位成本的分析，可以发现自身提供作业服务的成本在市场上是否具有竞争力。如果没有竞争力，就需要对引起单位作业成本高的原因进行追根溯源式的分析。例如，通过对省公司各生产中心核心作业的梳理，将人员工资及福利、日常行政开支费用、市场营销费用、资产折旧及维护费用等各项成本分拆至对应作业，显性化各业务成本情况。通过细化成本结构，分析资源配置合理性，寻求优化空间。某中心在对前台一线生产和后台支撑成本量化分析后，发现后台支撑人员比例过高，因此提出人员分流，通过竞争上岗形式将人员向一线倾斜，盘活利用自身资源，以资源优化配置满足业务增长的需要。

当然，在各生产中心对外提供的作业服务的梳理过程中发现个别生产中心同时担负管理职责与生产职责，其中管理职责部分难以量化和结算，造成难以衡量和评估生产中心的价值。例如，网络优化中心担负的全省无线网络质量管理工作，ICT 中心担负一定的支撑角色等。因此，需进一步梳理部门职责与业务协作流程，形成规范化管理和运营体系。因此，内部结算的开展不仅需要财务部门的投入，负责组织和业务流程及岗位设计的部门也应该参与进来。在梳理作业的过程中，对各部门的职责和人员配置进行调整，尤其是对一些和对外提供服务的作业无关的或者无价值的作业进行调整。

2. 尽可能采用“量价结算”的方法实现服务提供方和服务接收方的相互制衡

在本案例，针对内部结算部分，我们介绍了三种内部结算方法：直接归集、量价结算和分摊。但比较这三种方法，我们发现分摊对于服务接收方（地市公司）来说完全是被动接收的，也就是说地市公司无法控制这块成本的发生。这对于地市公司来说没有降低这块成本费用的手段，更谈不上降低成本费用的动力。因此，它无法形成一个服务提供方和服务接收方的内部制衡机制，只能靠各生产中心自身的觉悟去控制成本。而直接归集法取决于成本的受益方是否唯一，这一点决定了这种方法应用的局限性。

量价结算的方法恰恰弥补了管理分摊的不足之处，如图 4-14 所示。

服务接收方在年初预算时，预测需要各生产中心提供的服务作业量（如人天），服务提供方通过制定合理的人员利用率（UT，UT = 每年实际投入作业的天数/每年剔除节假日的有效工作天数×100%）及服务接收方提报的业务量预测，估算出自身完成这些业务量需要发生的成本总额。财务部根据以上信息可以测算出服务提供方的单位作业价格或者人天单价。并且将该单价和外部市场进行比较，从而对各生产中心形成降本的压力。

而一旦作业的单位定价确定之后，服务接收方必须按照每次作业需求量向成本中心"付费"，从而让地市公司形成自觉节约使用专业部门提供的服务量，从而避免了开展内部结算前各地市公司争抢免费资源的局面。

同时，在各生产中心成本向地市公司结算的同时，各生产中心也会定期对比实际人员利用率与目标人员利用率，依据是否达到目标人员利用率，判断本部门人员配置情况是否需进行调整。比较单位实际作业成本和内部结算定价，分析原因，并制定相应的策略确保自身的单位实际成本低于年初定价。

因此，我们发现量价结算法比较接近于市场化的交易关系，有利于大型企业建立内部成本中心和利润中心之间的良性制衡机制。

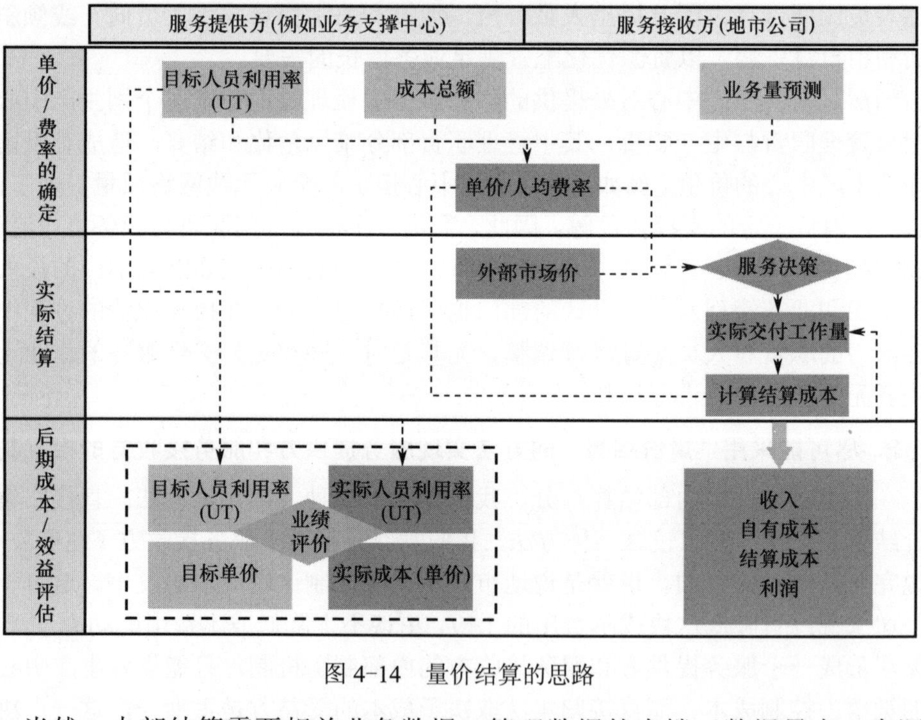

图 4-14　量价结算的思路

当然，内部结算需要相关业务数据、管理数据的支撑，数据量大，来源广泛。由于目前缺乏统一的数据口径、数据规则及来源定义，因此还需要大量的工作去梳理数据，定义明确的数据收集规范，并通过系统建设来支撑和固化内部结算逻辑。

3. 内部核算体系的改进是县公司和自营厅划小核算的关键

在县公司、营业厅的责任报告设计思路中，更多的是应用内部定价的思路模拟核算收入。而费用核算基本上是采用管理分摊的思路，整体上看，略显粗糙。建议未来从以下两个思路进一步细化费用的处理。

一是建议省公司财务部牵头完成划小核算实施细则，细化核算颗粒度，统一核算规则。例如，市公司广宣费、维修费目前绝大部分在市公司核算，未来应该根据受益对象细化核算至区县公司。营业厅广宣费、业务用品费等目前统一在县公司（或者营业厅运营中心）核算，未来需要按照受益对象直接细化核算至营业厅。

二是尽可能采用量价结算的方法实现地市公司专业部门和县公司及自营厅之间的内部结算，其原理和省公司专业部门和地市公司之间内部结算的道理是一样的。

附录

某跨国公司管理报表模板

下表为某跨国公司的管理分析报表体系，共分为九大主题，涵盖了关键业务及财务指标，以及从财务指标向业务指标的追根溯源分析。

通过这份管理报表分析模板，我们发现以下要点特别值得我国大型企业集团学习：

（1）集团领导通过日报关心核心业务关键指标。

（2）报表分析体系的设计遵循从财务指标向业务指标的源头追溯。

（3）报表的维度架构设计支持从集团到事业部到产品线、事业部到地区部的任意钻取分析。

（4）指标数据口径的定义从集团到各事业部、各区域国家都是完全一致的。

某跨国公司管理报表架构

序号	分析主题	二级主题/报表	报表	频次	主要服务对象
1	首页	集团销售快报		日报	集团管理层
		集团经营概览	集团经营趋势分析	日报	集团管理层
			集团月度核心指标分析	月报	集团管理层
			集团各事业部月度核心指标分析	月报	集团管理层
2	损益简表、资产负债简表、现金流简表	损益简表	集团损益简表	月报	集团 CFO
			分事业部损益简表	月报	集团 CFO
		资产负债简表	集团资产负债简表	月报	集团 CFO
			分事业部资产负债简表	月报	集团 CFO
		现金流简表	集团现金流简表	月报	集团 CFO
			分事业部现金流简表	月报	集团 CFO

（续）

序号	分析主题	二级主题/报表	报表	频次	主要服务对象
3	订货分析	事业部下各产品线订货完成情况		月报	事业部管理层
		事业部下各地区部订货完成情况		月报	事业部管理层
		订货分客户信用等级分析		月报	事业部管理层
		订货动因分析		日报	事业部管理层
4	收入分析	事业部下各产品线收入完成情况		月报	事业部管理层
		事业部下各地区部收入完成情况		月报	事业部管理层
		收入动因分析		月报	事业部管理层
5	毛利分析	事业部下各地区部毛利完成情况		月报	事业部管理层
		毛利变化影响因素分析		月报	事业部管理层
6	费用分析	各责任中心费用使用情况		月报	事业部管理层
7	AR、回款、DSO 分析	各事业部 AR、回款、DSO 情况		月报	事业部管理层
		各事业部下各地区部 AR、回款、DSO 情况		月报	事业部管理层
		AR 回款动因分析-AR 余额按客户信用等级分析		月报	事业部管理层
		AR 回款动因分析-回款结构及效率分析		月报	事业部管理层
8	存货、ITO 分析	各事业部、存货、ITO 情况		月报	事业部管理层
		各事业部下各地区部存货、ITO 情况		月报	事业部管理层
9	现金流分析	各事业部现金流情况		月报	事业部管理层
		各事业部下各地区部现金流情况		月报	事业部管理层

假定公司分析时间为 2016 年 9 月，公司有 A、B、C、D 和 E 五个事业部，每个事业部有多条产品线，下面依次列出各报表模板。

集团销售快报

日期：2016/9/10	2Q2016 实际					FY2016 实际				
	（$M）	YTY	B/W % YTY	Target	B/W % Target	（$M）	YTY	B/W % YTY	Target	B/W % Target
订货										
A 事业部										
B 事业部										
C 事业部										
D 事业部										
E 事业部										
发货										
A 事业部										
B 事业部										
C 事业部										
D 事业部										
E 事业部										
净销售收入										
A 事业部										
B 事业部										
C 事业部										
D 事业部										
E 事业部										
回款										
A 事业部										
B 事业部										
C 事业部										
D 事业部										
E 事业部										

注：表头中英文含义如下：

2Q2016：2016 年第二季度。

FY2016：FY 即 Financial Year 的简写，2016 财年。

$M：百万美元。

YTY：year to year，即年同比增量。

B/W%YTY：年同比变化率，B 表示 Better，W 表示 Worse。

Target：目标值。

B/W%Target：与目标值比变化率。

集团经营趋势分析——3 季度预测完成分析（1）

日期：2016/9/10	3Q2016 预测											
	销售管理指标						关键财务指标					
	销售线索	线索转化率	机会点	机会点成功率	订货		净销售收入		贡献利润		回款	
	($M)	(%)	(SM)	(%)	(SM)	B/W % Target	($M)	B/W % Target	($M)	B/W % Target	($M)	B/W % Target
A 事业部												
产品线 1												
产品线 2												
产品线 3												
……												
B 事业部												
产品线 1												
产品线 2												
产品线 3												
……												
C 事业部												
产品线 1												
产品线 2												
产品线 3												
……												
D 事业部												
产品线 1												
产品线 2												
产品线 3												
……												
E 事业部												
产品线 1												
产品线 2												
产品线 3												
……												

集团经营趋势分析——全年预测完成分析（2）

日期：2016/9/10	FY2016 预测											
	销售管理指标						关键财务指标					
	销售线索	线索转化率	机会点	机会点成功率	订货		净销售收入		贡献利润		回款	
	($M)	(%)	(SM)	(%)	(SM)	B/W % Target	($M)	B/W % Target	($M)	B/W % Target	($M)	B/W % Target
A 事业部												
产品线 1												
产品线 2												
产品线 3												
产品线 4												
B 事业部												
产品线 1												
产品线 2												
产品线 3												
产品线 4												
C 事业部												
产品线 1												
产品线 2												
产品线 3												
产品线 4												
D 事业部												
产品线 1												
产品线 2												
产品线 3												
产品线 4												
E 事业部												
产品线 1												
产品线 2												
产品线 3												
产品线 4												

集团月度核心指标分析

	1Q2016 实际			2Q2016 实际			3Q2016 预测			4Q2016 预测			FY2016 预测			FY2016 实际 1—8 月		
	($M)	B/W % YTY	B/W % Target	($M)	B/W % YTY	B/W % Target	($M)	B/W % YTY	B/W % Target	($M)	B/W % YTY	B/W % Target	($M)	B/W % YTY	B/W % Target	($M)	B/W % YTY	B/W % Target
订货																		
净销售收入																		
销售毛利润																		
净利润																		
净利润率																		
回款																		
经营性净现金流																		
DSO																		
ITO																		
DPO																		
AR 余额																		
存货余额																		

集团各事业部月度核心指标分析

	A 事业部						B 事业部						……事业部					
	FY2016 实际 1—8 月			FY2016 预测			FY2016 实际 1—8 月			FY2016 预测			FY2016 实际 1—8 月			FY2016 预测		
	($M)	B/W % YTY	B/W % Target	($M)	B/W % YTY	B/W % Target	($M)	B/W % YTY	B/W % Target	($M)	B/W % YTY	B/W % Target	($M)	B/W % YTY	B/W % Target	($M)	B/W % YTY	B/W % Target
订货																		
净销售收入																		
销售毛利润																		
净利润																		
净利润率																		
回款																		
经营性净现金流																		
DSO																		
ITO																		
DPO																		
AR 余额																		
存货余额																		

集团整体损益分析

科目	1Q2016 实际		2Q2016 实际		3Q2016 实际 7—8 月		FY2016 实际 1—8 月	
	（$M）	B/W % YTY	（$M）	B/W % YTY	（$M）	B/W % YTY	（$M）	B/W % YTY
净销售收入								
销售成本								
制造毛利								
制造毛利率								
销售毛利								
销售毛利率								
其他业务收支								
销售费用								
管理费用								
研发费用								
其他费用								
财务费用								
投资收益								
税前利润								
所得税								
税后利润								
净利润率								

集团损益分析-按事业部

科目	3Q2016 实际 7—8 月						FY2016 实际 1—8 月					
	A 事业部		B 事业部		……事业部		A 事业部		B 事业部		……事业部	
	($M)	B/W % YTY	($M)	B/W % YTY	($M)	B/W % YTY	($M)	B/W % YTY	($M)	B/W % YTY	($M)	B/W % YTY
净销售收入												
销售成本												
制造毛利												
制造毛利率												
销售毛利												
销售毛利率												
其他业务收支												
期间费用												
销售费用												
管理费用												
研发费用												
净财务费用												
运营资产资金占用												
贡献毛利												
贡献毛利率												
标准分摊率												
贡献利润												
贡献利润率												

集团资产负债简表

科目	1Q2016 实际		2Q2016 实际		3Q2016 实际 8 月	
	($M)	B/W % YTY	($M)	B/W % YTY	($M)	B/W % YTY
物业、厂房及设备						
无形资产						
联营及合营公司投资						
其他非流动金融资产						
递延所得税资产						
其他非流动资产						
非流动资产合计						
存货						
应收账款及其他应收款						
其他金融资产						
现金及现金等价物						
流动资产合计						
资产合计						
借款						
设定收益福利计划						
递延政府补助						
递延所得税负债						
非流动负债合计						
借款						
应付所得税						
应付账款及其他应付款						
产品质量保证准备						
流动负债合计						
负债合计						
权益						

集团资产负债简表-按事业部

科目	FY2016 实际 8 月					
	A 事业部		B 事业部		……事业部	
	($M)	B/W % YTY	($M)	B/W % YTY	($M)	B/W % YTY
应收账款						
未开票应收账款						
开票应收账款						
超长期应收账款						
DSO						
存货						
借货						
超长期借货						
ITO						
应付账款						
DPO						

集团现金流简表

科目	1Q2016 实际		2Q2016 实际		3Q2016 实际 7—8 月		FY2016 实际 1—8 月	
	($M)	B/W % YTY	($M)	B/W % YTY	($M)	B/W % YTY	($M)	B/W % YTY
净利润								
非付现费用								
折旧和摊销								
预提费用								
准备和拨备								
其他								
经营活动应得现金								
运营资产增加								
应收账款的增加								
存货的增加								
应付账款的减少								
经营活动产生的现金流量净额								
投资活动使用的现金流量净额								
筹资活动使用的现金流量净额								
现金及现金等价物余额								

集团现金流简表-按事业部

科目	FY2016 实际 7—8 月						FY2016 实际 1—8 月					
	A 事业部		B 事业部		……事业部		A 事业部		B 事业部		……事业部	
	($M)	B/W % YTY	($M)	B/W % YTY	($M)	B/W % YTY	($M)	B/W % YTY	($M)	B/W % YTY	($M)	B/W % YTY
贡献利润												
非付现费用												
折旧和摊销												
预提费用												
准备和拨备												
其他												
经营活动应得现金												
运营资产增加												
应收账款的增加												
存货的增加												
应付账款的减少												
经营活动产生的现金流量净额												

事业部下各产品线订货完成情况

订货	3Q2016 实际 7—8 月			FY2016 实际 1—8 月		
	($M)	B/W % YTY	B/W % Target	($M)	B/W % YTY	B/W % Target
A 事业部						
产品线 1						
产品线 2						
产品线 3						
产品线……						
B 事业部						
产品线 1						
产品线 2						
产品线 3						
产品线……						
C 事业部						
产品线 1						
产品线 2						
产品线 3						
产品线……						
D 事业部						
产品线 1						
产品线 2						
产品线 3						
产品线……						
E 事业部						
产品线 1						
产品线 2						
产品线 3						
产品线……						

事业部下各地区部订货完成情况（7—8 月）

3Q2016 实际 7—8 月 订货	合计			中国地区部			印度地区部			××地区部		
	($M)	B/W % YTY	B/W % Target	($M)	B/W % YTY	B/W % Target	($M)	B/W % YTY	B/W % Target	($M)	B/W % YTY	B/W % Target
A 事业部												
产品线 1												
产品线 2												
产品线 3												
产品线……												
B 事业部												
产品线 1												
产品线 2												
产品线 3												
产品线……												
C 事业部												
产品线 1												
产品线 2												
产品线 3												
产品线……												
D 事业部												
产品线 1												
产品线 2												
产品线 3												
产品线……												
E 事业部												
产品线 1												
产品线 2												
产品线 3												
产品线……												

事业部下各地区部订货完成情况（1—8 月）

3Q2016 实际	合计			中国地区部			印度地区部			××地区部		
1—8 月 **订货**	($M)	B/W % YTY	B/W % Target	($M)	B/W % YTY	B/W % Target	($M)	B/W % YTY	B/W % Target	($M)	B/W % YTY	B/W % Target
A 事业部												
产品线 1												
产品线 2												
产品线 3												
产品线……												
B 事业部												
产品线 1												
产品线 2												
产品线 3												
产品线……												
C 事业部												
产品线 1												
产品线 2												
产品线 3												
产品线……												
D 事业部												
产品线 1												
产品线 2												
产品线 3												
产品线……												
E 事业部												
产品线 1												
产品线 2												
产品线 3												
产品线……												

订货分客户信用等级分析

客户等级	A 事业部							B 事业部							……事业部						
	1Q2016	2Q2016	3Q2011			FY2016	FY2015	1Q2016	2Q2016	3Q2011			FY2016	FY2015	1Q2016	2Q2016	3Q2011			FY2016	FY2015
			7 月	8 月	7—8 月	1—8 月				7 月	8 月	7—8 月	1—8 月				7 月	8 月	7—8 月	1—8 月	
A																					
B																					
C																					
D																					
E																					
D 类及以下合计																					

注：填各类客户的订货占比。

订货动因分析

日期: 2016/9/10	1Q2016 实际					2Q2016 实际					3Q2016 预测					4Q2016 预测				
	线索 ($M)	线索转化率 (%)	机会点 ($M)	机会点成功率 (%)	订货 ($M)	线索 ($M)	线索转化率 (%)	机会点 ($M)	机会点成功率 (%)	订货 ($M)	线索 ($M)	线索转化率 (%)	机会点 ($M)	机会点成功率 (%)	订货 ($M)	线索 ($M)	线索转化率 (%)	机会点 ($M)	机会点成功率 (%)	订货 ($M)
A 事业部																				
产品线 1																				
产品线 2																				
产品线 3																				
产品线……																				
B 事业部																				
产品线 1																				
产品线 2																				
产品线 3																				
产品线……																				
……事业部																				
产品线 1																				
产品线 2																				
产品线 3																				
产品线……																				

事业部下各产品线收入完成情况

净销售收入	3Q2016 实际 7—8 月			FY2016 实际 1—8 月		
	（$M）	B/W % YTY	B/W % Target	（$M）	B/W % YTY	B/W % Target
A 事业部						
产品线 1						
产品线 2						
产品线 3						
产品线……						
B 事业部						
产品线 1						
产品线 2						
产品线 3						
产品线……						
C 事业部						
产品线 1						
产品线 2						
产品线 3						
产品线……						
D 事业部						
产品线 1						
产品线 2						
产品线 3						
产品线……						
E 事业部						
产品线 1						
产品线 2						
产品线 3						
产品线……						

事业部下各地区部收入完成情况（7—8 月）

3Q2016 实际 7—8 月 **净销售收入**	合计			美国地区部			中国地区部			××地区部		
	($M)	B/W % YTY	B/W % Target	($M)	B/W % YTY	B/W % Target	($M)	B/W % YTY	B/W % Target	($M)	B/W % YTY	B/W % Target
A 事业部												
产品线 1												
产品线 2												
产品线 3												
产品线……												
B 事业部												
产品线 1												
产品线 2												
产品线 3												
产品线……												
C 事业部												
产品线 1												
产品线 2												
产品线 3												
产品线……												
D 事业部												
产品线 1												
产品线 2												
产品线 3												
产品线……												
E 事业部												
产品线 1												
产品线 2												
产品线 3												
产品线……												

事业部下各地区部收入完成情况（1—8 月）

3Q2016 实际	合计			美国地区部			中国地区部			××地区部		
1—8 月 净销售收入	($M)	B/W % YTY	B/W % Target	($M)	B/W % YTY	B/W % Target	($M)	B/W % YTY	B/W % Target	($M)	B/W % YTY	B/W % Target
A 事业部												
产品线 1												
产品线 2												
产品线 3												
产品线……												
B 事业部												
产品线 1												
产品线 2												
产品线 3												
产品线……												
C 事业部												
产品线 1												
产品线 2												
产品线 3												
产品线……												
D 事业部												
产品线 1												
产品线 2												
产品线 3												
产品线……												
E 事业部												
产品线 1												
产品线 2												
产品线 3												
产品线……												

收入动因分析

	3Q2016 7—8月							FY2016 1—8月						
	订货	订未发	发货率	发货	发未收	收货率	净销售收入	订货	订未发	发货率	发货	发未收	收货率	净销售收入
A 事业部														
产品线 1														
产品线 2														
产品线 3														
产品线……														
B 事业部														
产品线 1														
产品线 2														
产品线 3														
产品线……														
C 事业部														
产品线 1														
产品线 2														
产品线 3														
产品线……														
D 事业部														
产品线 1														
产品线 2														
产品线 3														
产品线……														
E 事业部														
产品线 1														
产品线 2														
产品线 3														
产品线……														

事业部下各地区部毛利完成情况（7—8 月）

3Q2016 实际	合计			美国地区部			中国地区部			××地区部		
7—8 月 **销售毛利**	($M)	B/W % YTY	B/W % Target	($M)	B/W % YTY	B/W % Target	($M)	B/W % YTY	B/W % Target	($M)	B/W % YTY	B/W % Target
A 事业部												
产品线 1												
产品线 2												
产品线 3												
产品线……												
B 事业部												
产品线 1												
产品线 2												
产品线 3												
产品线……												
C 事业部												
产品线 1												
产品线 2												
产品线 3												
产品线……												
D 事业部												
产品线 1												
产品线 2												
产品线 3												
产品线……												
E 事业部												
产品线 1												
产品线 2												
产品线 3												
产品线……												

事业部下各地区部毛利完成情况（1—8 月）

3Q2016 实际 1—8 月 销售毛利	合计			美国地区部			中国地区部			××地区部		
	($M)	B/W % YTY	B/W % Target	($M)	B/W % YTY	B/W % Target	($M)	B/W % YTY	B/W % Target	($M)	B/W % YTY	B/W % Target
A 事业部												
产品线 1												
产品线 2												
产品线 3												
产品线……												
B 事业部												
产品线 1												
产品线 2												
产品线 3												
产品线……												
C 事业部												
产品线 1												
产品线 2												
产品线 3												
产品线……												
D 事业部												
产品线 1												
产品线 2												
产品线 3												
产品线……												
E 事业部												
产品线 1												
产品线 2												
产品线 3												
产品线……												

事业部下各地区部毛利率完成情况（7—8月）

3Q2016 实际	合计			美国地区部			中国地区部			××地区部		
7—8月 销售毛利率	($M)	B/W % YTY	B/W % Target	($M)	B/W % YTY	B/W % Target	($M)	B/W % YTY	B/W % Target	($M)	B/W % YTY	B/W % Target
A 事业部												
产品线 1												
产品线 2												
产品线 3												
产品线……												
B 事业部												
产品线 1												
产品线 2												
产品线 3												
产品线……												
C 事业部												
产品线 1												
产品线 2												
产品线 3												
产品线……												
D 事业部												
产品线 1												
产品线 2												
产品线 3												
产品线……												
E 事业部												
产品线 1												
产品线 2												
产品线 3												
产品线……												

事业部下各地区部毛利率完成情况（1—8 月）

3Q2016 实际	合计			美国地区部			中国地区部			××地区部		
1—8 月 **销售毛利率**	($M)	B/W % YTY	B/W % Target	($M)	B/W % YTY	B/W % Target	($M)	B/W % YTY	B/W % Target	($M)	B/W % YTY	B/W % Target
A 事业部												
产品线 1												
产品线 2												
产品线 3												
产品线……												
B 事业部												
产品线 1												
产品线 2												
产品线 3												
产品线……												
C 事业部												
产品线 1												
产品线 2												
产品线 3												
产品线……												
D 事业部												
产品线 1												
产品线 2												
产品线 3												
产品线……												
E 事业部												
产品线 1												
产品线 2												
产品线 3												
产品线……												

毛利变化影响因素分析

	3Q2016 7—8月							FY2016 1—8月						
	销售毛利率变化影响		销售收入结构变化影响				综合影响	销售毛利率变化影响		销售收入结构变化影响				综合影响
	(%) B/W YTY	毛利率变化影响	($M) B/W % YTY	本季累计占比	去年同期占比	结构影响		(%) B/W YTY	毛利率变化影响	($M) B/W % YTY	本年累计占比	去年同期占比	结构影响	
A 事业部														
产品线 1														
产品线 2														
产品线 3														
产品线……														
B 事业部														
产品线 1														
产品线 2														
产品线 3														
产品线……														
……事业部														
产品线 1														
产品线 2														
产品线 3														
产品线……														

毛利变化影响因素分析-按事业部

A 事业部	3Q2016 7—8月									FY2016 1—8月								
	销售毛利率变化影响			销售收入结构变化影响					综合影响	销售毛利率变化影响			销售收入结构变化影响					综合影响
	(%)	B/W YTY	毛利率变化影响	($M)	B/W % YTY	本季累计占比	去年同期占比	结构影响		(%)	B/W YTY	毛利率变化影响	($M)	B/W % YTY	本年累计占比	去年同期占比	结构影响	
美国地区部																		
中国地区部																		
欧洲地区部																		
××地区部																		

……事业部	3Q2016 7—8月									FY2016 1—8月								
	销售毛利率变化影响			销售收入结构变化影响					综合影响	销售毛利率变化影响			销售收入结构变化影响					综合影响
	(%)	B/W YTY	毛利率变化影响	($M)	B/W % YTY	本季累计占比	去年同期占比	结构影响		(%)	B/W YTY	毛利率变化影响	($M)	B/W % YTY	本年累计占比	去年同期占比	结构影响	
美国地区部																		
中国地区部																		
欧洲地区部																		
××地区部																		

各责任中心费用使用情况

责任中心	费用率						费用额					
	3Q2016 7—8 月			FY2016 1—8 月			3Q2016 7—8 月			FY2016 1—8 月		
	($M)	B/W YTY	B/W Target	($M)	B/W YTY	B/W Target	($M)	B/W YTY	B/W Target	($M)	B/W YTY	B/W Target
A 事业部												
B 事业部												
C 事业部												
D 事业部												
费用中心												
市场部												
战略部												
法务部												
行政部												
财务部												
人力部												
……部												
合计												

各责任中心费用使用情况-按事业部

A 事业部	费用率						费用额					
	3Q2016 7—8 月			FY2016 1—8 月			3Q2016 7—8 月			FY2016 1—8 月		
	(%)	B/W YTY	B/W Target	(%)	B/W YTY	B/W Target	(%)	B/W YTY	B/W Target	(%)	B/W YTY	B/W Target
美国地区部												
中国地区部												
欧洲地区部												
××地区部												

……事业部	费用率						费用额					
	3Q2016 7—8 月			FY2016 1—8 月			3Q2016 7—8 月			FY2016 1—8 月		
	(%)	B/W YTY	B/W Target	(%)	B/W YTY	B/W Target	(%)	B/W YTY	B/W Target	(%)	B/W YTY	B/W Target
美国地区部												
中国地区部												
欧洲地区部												
××地区部												

各事业部 AR、回款、DSO 情况

	A 事业部			B 事业部			C 事业部			D 事业部			E 事业部		
	3Q2016 实际 8 月			3Q2016 实际 8 月			3Q2016 实际 8 月			3Q2016 实际 8 月			3Q2016 实际 8 月		
	（$M/day）	B/W % YTY	B/W % Target	（$M/day）	B/W % YTY	B/W % Target	（$M/day）	B/W % YTY	B/W % Target	（$M/day）	B/W % YTY	B/W % Target	（$M/day）	B/W % YTY	B/W % Target
AR 余额															
未开票 AR															
开票 AR															
超长期 AR 余额															
DSO															

各事业部下各地区部 AR、回款、DSO 情况（1）

	合计			美国地区部			中国地区部			××地区部		
	3Q2016 实际 8 月			3Q2016 实际 8 月			3Q2016 实际 8 月			3Q2016 实际 8 月		
	($M/ day)	B/W % YTY	B/W % Target	($M/ day)	B/W % YTY	B/W % Target	($M/ day)	B/W % YTY	B/W % Target	($M/ day)	B/W % YTY	B/W % Target
A 事业部												
AR 余额												
未开票 AR												
开票 AR												
超长期 AR 余额												
DSO												
B 事业部												
AR 余额												
未开票 AR												
开票 AR												
超长期 AR 余额												
DSO												
……事业部												
AR 余额												
未开票 AR												
开票 AR												
超长期 AR 余额												
DSO												

注：（$M/day）为每天的百万美元数额。

各事业部下各地区部 AR、回款、DSO 情况（2）

	合计						美国地区部						……地区部					
	3Q2016 实际 7—8 月			FY2016 实际 1—8 月			3Q2016 实际 7—8 月			FY2016 实际 1—8 月			3Q2016 实际 7—8 月			FY2016 实际 1—8 月		
	($M)	B/W % YTY	B/W % Target	($M)	B/W % YTY	B/W % Target	($M)	B/W % YTY	B/W % Target	($M)	B/W % YTY	B/W % Target	($M)	B/W % YTY	B/W % Target	($M)	B/W % YTY	B/W % Target
回款																		
A 事业部																		
B 事业部																		
C 事业部																		
D 事业部																		
E 事业部																		

AR 回款动因分析-AR 余额按客户信用等级占比分析

客户等级	A 事业部							B 事业部							C 事业部							D 事业部						
	1Q 2016	2Q 2016	3Q2016			2016 年	2015 年	1Q 2016	2Q 2016	3Q2016			2016 年	2015 年	1Q 2016	2Q 2016	3Q2016			2016 年	2015 年	1Q 2016	2Q 2016	3Q2016			2016 年	2015 年
			7 月	8 月	7—8 月	1—8 月				7 月	8 月	7—8 月	1—8 月				7 月	8 月	7—8 月	1—8 月				7 月	8 月	7—8 月	1—8 月	
A																												
B																												
C																												
D																												
E																												
D 类及以下合计																												

AR 回款动因分析-回款结构及效率分析

	3Q2016 7—8月			3Q2016 1—8月		
	（$M）	结构占比		（$M）	结构占比	
		（%）	B/W YTY		（%）	B/W YTY
A 事业部						
现金回款						
融资回款						
票据回款						
其他回款						
综合回款率						
B 事业部						
现金回款						
融资回款						
票据回款						
其他回款						
综合回款率						
C 事业部						
现金回款						
融资回款						
票据回款						
其他回款						
综合回款率						
D 事业部						
现金回款						
融资回款						
票据回款						
其他回款						
综合回款率						

各事业部存货、ITO 情况

	A 事业部			B 事业部			C 事业部			D 事业部			E 事业部		
	3Q2016 实际　8 月			3Q2016 实际　8 月			3Q2016 实际　8 月			3Q2016 实际　8 月			3Q2016 实际　8 月		
	（$M/day）	B/W % YTY	B/W % Target	（$M）	B/W % YTY	B/W % Target	（$M）	B/W % YTY	B/W % Target	（$M）	B/W % YTY	B/W % Target	（$M）	B/W % YTY	B/W % Target
存货余额															
借货															
超长期借货															
ITO															

A 事业部	合计			产品线 1			产品线 2			产品线 3			产品线……		
	3Q2016 实际　8 月			3Q2016 实际　8 月			3Q2016 实际　8 月			3Q2016 实际　8 月			3Q2016 实际　8 月		
	（$M/day）	B/W % YTY	B/W % Target	（$M）	B/W % YTY	B/W % Target	（$M）	B/W % YTY	B/W % Target	（$M）	B/W % YTY	B/W % Target	（$M）	B/W % YTY	B/W % Target
存货余额															
借货															
超长期借货															
ITO															

……事业部	合计			产品线 1			产品线 2			产品线 3			产品线……		
	3Q2016 实际　8 月			3Q2016 实际　8 月			3Q2016 实际　8 月			3Q2016 实际　8 月			3Q2016 实际　8 月		
	（$M/day）	B/W % YTY	B/W % Target	（$M）	B/W % YTY	B/W % Target	（$M）	B/W % YTY	B/W % Target	（$M）	B/W % YTY	B/W % Target	（$M）	B/W % YTY	B/W % Target
存货余额															
借货															
超长期借货															
ITO															

各事业部下各地区部存货、ITO情况（1）

	合计			美国地区部			中国地区部			××地区部		
	3Q2016 实际 8 月			3Q2016 实际 8 月			3Q2016 实际 8Q 月			3Q2016 实际 8 月		
	($M/ day)	B/W % YTY	B/W % Target	($M)	B/W % YTY	B/W % Target	($M)	B/W % YTY	B/W % Target	($M)	B/W % YTY	B/W % Target
A 事业部												
存货余额												
借货												
超长期借货												
ITO												
B 事业部												
存货余额												
借货												
超长期借货												
ITO												
C 事业部												
存货余额												
借货												
超长期借货												
ITO												
……事业部												
存货余额												
借货												
超长期借货												
ITO												

各事业部下各地区部存货、ITO 情况（2）

……事业部	合计			美国地区部			中国地区部			××地区部		
	3Q2016 实际 8 月			3Q2016 实际 8 月			3Q2016 实际 8 月			3Q2016 实际 8 月		
	($M/day)	B/W % YTY	B/W % Target	($M)	B/W % YTY	B/W % Target	($M)	B/W % YTY	B/W % Target	($M)	B/W % YTY	B/W % Target
产品线 1												
存货余额												
借货												
超长期借货												
ITO												
产品线 2												
存货余额												
借货												
超长期借货												
ITO												
产品线 3												
存货余额												
借货												
超长期借货												
ITO												
产品线……												
存货余额												
借货												
超长期借货												
ITO												

各事业部现金流情况

	A 事业部						……事业部					
	3Q2016 实际 7—8 月			FY2016 实际 1—8 月			3Q2016 实际 7—8 月			FY2016 实际 1—8 月		
	($M)	B/W % YTY	B/W % Target	($M)	B/W % YTY	B/W % Target	($M)	B/W % YTY	B/W % Target	($M)	B/W % YTY	B/W % Target
贡献利润												
非付现费用												
折旧和摊销												
预提费用												
准备和拨备												
其他												
经营活动应得现金												
运营资产增加												
应收账款的增加												
存货的增加												
应付账款的减少												
经营活动产生的现金流量净额												

各事业部下各地区部现金流情况（7—8 月）

……事业部	合计			美国地区部			中国地区部			××地区部		
3Q2016 实际 7—8 月	（$M）	B/W % YTY	B/W % Target	（$M）	B/W % YTY	B/W % Target	（$M）	B/W % YTY	B/W % Target	（$M）	B/W % YTY	B/W % Target
贡献利润												
非付现费用												
折旧和摊销												
预提费用												
准备和拨备												
其他												
经营活动应得现金												
运营资产增加												
应收账款的增加												
存货的增加												
应付账款的减少												
经营活动产生的现金流量净额												

事业部下各地区部现金流量情况（1—8 月）

……事业部	合计			美国地区部			中国地区部			××地区部		
3Q2016 实际 1—8 月	（$M）	B/W % YTY	B/W % Target	（$M）	B/W % YTY	B/W % Target	（$M）	B/W % YTY	B/W % Target	（$M）	B/W % YTY	B/W % Target
贡献利润												
非付现费用												
折旧和摊销												
预提费用												
准备和拨备												
其他												
经营活动应得现金												
运营资产增加												
应收账款的增加												
存货的增加												
应付账款的减少												
经营活动产生的现金流量净额												